Kenkyu Sosho No.620

アフリカ土地政策史

武内進一:編

IDE-JETRO アジア経済研究所

研究双書 No. 620

武内進一編

『アフリカ土地政策史』

Afurika Tochiseisakusi
(Land and the State in Africa: The Evolution of Land Policies)

Edited by

Shinichi TAKEUCHI

Contents

Introduction	Land and the State in Africa: Historical Overview	(Shinichi TAKEUCHI)
Chapter 1	Land Policies in Kenya, 1902-2012	(Miwa TSUDA)
Chapter 2	The Evolution of Land Administration and Land Issues in Zambia	(Shuichi OYAMA)
Chapter 3	The Bifurcated Evolution of Land Policies in Sierra Leone	(Takehiko OCHIAI)
Chapter 4	A Chronological Consideration on Tanzanian Land Policies: With Special Reference to the "Customary" Land Right	(Jun IKENO)
Chapter 5	Land Policy on Rural Area in Côte d'Ivoire: From Colonial Era to the Present	(Akira SATO)
Chapter 6	The Evolution of Land Policies in the Democratic Republic of the Congo, Rwanda, and Burundi	(Shinichi TAKEUCHI)
Chapter 7	The Evolution of Land Policies and Conflicts in Southern Somalia	(Mitsugi ENDO)
Chapter 8	Changes in Relationship between State and Society in Ethiopia: An Analysis of Historical Land Policies	(Yuka KODAMA)
Conclusion	The Statebuilding and Land Policies in Africa	(Shinichi TAKEUCHI)

〔Kenkyu Sosho (IDE Research Series) No. 620〕
Published by the Institute of Developing Economies, JETRO, 2015
3-2-2, Wakaba, Mihama-ku, Chiba-shi, Chiba 261-8545, Japan

まえがき

　本書は，2013/14年度にアジア経済研究所で実施された「アフリカにおける土地と国家」研究会の最終成果である。土地問題はアフリカ研究において常に中心的な課題の一つであり，無数の先行研究がある。われわれはこれを，研究会のタイトルが示すように，国家との関係でとらえようと試み，土地政策史の分野に焦点を当てた。やや序章とも重なるが，研究会の問題意識について簡単に説明しておこう。

　なぜ今，われわれは改めてアフリカの土地に注目するのだろうか。土地と国家との関係という問題領域は，二つの研究分野の接点に位置する。一つは，いうまでもなく土地問題である。2008年以降の世界的な食料価格高騰や，それと相前後して頻発するようになった大規模な土地収奪（いわゆるランドグラブ）によって，アフリカの土地問題に対する関心は大きく高まった。近年では，アフリカ連合（African Union），国連食糧農業機関（FAO），G8などさまざまな国際機関が土地をめぐる政策文書を提出し，この問題へのコミットメントを強めている。土地政策の歴史的変遷を跡づけることは，今日の土地政策を理解し，評価するために不可欠の作業である。

　もう一つは，国家ないし国家建設（statebuilding）にかかわる問題領域である。この点については，少し説明しておく必要があろう。国家建設という概念は，とくに2000年代以降，平和構築や脆弱国家支援との関連で国際社会に浸透した。冷戦後に頻発した武力紛争はほとんどが国内紛争であり，それらは国家の統治をめぐる不満から噴出した暴力であった。紛争勃発を防ぐためには国家の統治を改善し，その脆弱性を克服する必要がある。こうした紛争後あるいは紛争予防の課題として，国家建設への関心が高まったのである。その文脈で，治安部門改革（Security Sector Reform: SSR）や税制改革など，国家の根幹をなす制度の構築，改革の必要性が謳われ，国際社会の支援のも

と多くの国で取り組まれた。

　ただし，国家建設の取り組みは，国家レベルの制度構築だけにとどまるものではない。国家建設の過程では，国家が国民から一定程度評価され，自分たちを代表する存在として認識されることが決定的に重要である。そのために，政府の能力強化や民主的制度の構築などのほかに，国民の日々の生活を改善する努力が払われなければならない。こうした観点から，土地問題は極めて重要である。アフリカでは農業や牧畜を通じて土地に生計を依存する人々が人口の多数を占めるし，本書でも扱う所有権問題などを背景として土地をめぐる紛争が多発してきた。国家がどのように土地を管理し，人々の暮らしを方向づけようとしているのか。その点を示すのが土地政策にほかならない。19世紀末に植民地国家が成立して以降，アフリカではさまざまな形で土地に対する政策的介入が行われてきた。今日に至るその変遷を辿ることにより，圧倒的多数の人々の生活基盤である土地に対して，アフリカの国家がいかに介入し，いかにそれを管理する制度を構築したのかが明らかになる。アフリカの土地政策には国家と社会の関係が色濃く反映され，政策史を辿ることで国家建設の重要な一局面が明らかにされる。

　土地政策は，それ自身幅広い概念である。一般的にいえば，土地政策とは，特定の領域において，所有，利用，売買，貸借，相続など土地に関する人々の行動を統制するための国家の行動である。本書も基本的にはこうした観点で土地政策をとらえるが，それにかかわるすべてを均等に扱うことはできない。上記の問題意識との関連で二つの留保を示しておきたい。第1に，多くの住民に影響する政策を中心に取り上げることである。アフリカでは，とくに植民地期においては，農村に圧倒的多数の住民が居住することが普通である。したがって本書では，農村の土地，アフリカ人が主として居住する土地への政策に中心的関心が注がれる。第2に，政策の対象が直接的には土地でなくとも，結果として人々と土地の関係に大きな影響を与える場合には，これを取り上げる。具体的には，植民地期の間接統治政策や独立後のチーフに対する政策がこれに当たる。これらの政策を通じて，住民統治に直接かかわ

る人々（チーフ）の権限が見直され，統治の性格が変化した。多くの章がこの問題に紙幅を割いているのは，それによって，土地と人々の関係が大きく変わったからである。

　土地政策史は，奥行きの深い研究分野である。そこには，多様な政策と多くの先行研究の蓄積が存在する。わずか一つの章で植民地化以降の百年余りを扱うのは，無謀な試みだとの批判があるかもしれない。その批判はある程度当たっている。ただし，上で述べたように，われわれの関心は，アフリカの国家（植民地国家，独立後の国家）が，アフリカ人が居住・利用する土地に対して，どのような政策を実施してきたのかという点にある。その意味で，序章で詳しく述べるように，土地政策の動機・関心には領域統治と資源管理という二つの大きな柱があるとわれわれはとらえている。この観点からアフリカ各国の土地政策史を整理し，比較することが本研究のねらいである。原稿分量の制約が緻密さを多少犠牲にするとしても，アフリカ複数国における土地政策の大きな流れの比較によって得られる含意は大きいと考えている。

＊

　本研究会の方法論について少し述べておきたい。本研究会の関心は，上述のように，国家建設の過程と関連づけつつ土地政策を長期的に跡づけることにある。ただし，多様な土地政策からこうした関心に沿って歴史的な傾向を抽出するのは，簡単な作業ではない。これには，当該国や地域を長年にわたって観察し続けてきた研究者の知識と力量が必要とされる。その意味で，本書は地域研究の立場から土地政策に接近するアプローチをとっている。本研究会の発足にあたっては，こうした作業を担当できる日本人研究者に参加してもらえるかという観点から，対象国を選定した。本書で扱う10カ国が決して十分な数ではなく，ほかに取り上げるべき国が数多く存在することは十分認識しているが，分析対象の拡大には別の機会を期したい。

　地域研究者は，ある政策が講じられる背景やコンテキストに通じており，その政策がフォーマルまたインフォーマルにどのような意図で講じられたのかを理解することに秀でている。また，ミクロな実態調査などを通じて，政

策が社会に与えた影響を把握することにも長けている。研究手法上のこうした特徴は，土地という政治的に機微で，また現地社会と深く関連する問題にかかわる政策を分析する際に強みとなろう。その一方で，本書のような歴史的，定性的な分析のアプローチは，計量分析に比べて政策のインパクトを比較可能な形で評価することが不得手である。また法学者に比べて，土地法の背景となる法制度に関する知識が十分でない。われわれのアプローチには強みと弱みがある。その点を勘案のうえ，今日アフリカで深刻化している土地問題を考えるために，われわれは本書の方法を採用した。今後，他分野の専門家から批判やコメントを受け，議論する機会をもちたいと考えている。

*

　本書の完成には，多くの方々のご協力をいただいた。なかでも吉田昌夫さんのご貢献については特筆する必要がある。吉田さんは，アフリカ土地研究のパイオニアの一人であり，またアジア経済研究所の大先輩でもあるが，本研究会には毎回手弁当で参加され，数多くの貴重なコメントをいただいた。そもそも本研究会も，2000年代後半から吉田さんが自主的に開催されていたアフリカの土地をめぐる研究会，そして40年以上前に吉田さんが書かれた一本の論文（吉田昌夫「タンザニア土地政策史」星昭編『アフリカ植民地化と土地労働問題』アジア経済研究所，1973年，71-104ページ）から着想をいただいたものである。本研究会に優れた先達の参加を得られたことは，われわれにとって本当に幸運であった。吉田さんに，心から御礼申し上げたい。いうまでもないことだが，有り得べき誤りはすべて筆者の責任である。

　2年間の研究会活動においては，児玉谷史朗，佐久間寛のお二人にも講師としてお話を伺った。また，本書の刊行にあたり，研究所の内部，外部各2名の査読者から貴重な指摘を受けた。記して感謝申し上げたい。

2015年7月

編　者

目　次

まえがき

訳語について

序　章　アフリカにおける土地と国家
　　　　──その歴史的概観──……………………………武内進一…3
　はじめに……………………………………………………………………3
　第1節　植民地化以前のアフリカ………………………………………6
　第2節　植民地化と土地収奪……………………………………………8
　第3節　戦間期の政策転換……………………………………………11
　第4節　ポストコロニアル国家の土地政策──1980年代まで──………14
　第5節　冷戦終結後の土地政策──1990年代以降──…………………18
　第6節　本書の構成……………………………………………………21

第1章　ケニアにおける土地政策──植民地期から2012年の土地関連
　　　　新法制定まで──………………………………津田みわ…31
　はじめに…………………………………………………………………31
　第1節　植民地期前期──人種別の土地制度確立──…………………32
　第2節　植民地期後期以後──人種条項の撤廃と私的所有の推進──
　　　　　……………………………………………………………………40
　第3節　2000年代の土地制度改革……………………………………46
　おわりに…………………………………………………………………53

第2章　ザンビアの領土形成と土地政策の変遷 ………… 大山修一 … 63
　はじめに …………………………………………………………… 63
　第1節　BSACによる領土の獲得 ………………………………… 65
　第2節　BSACの統治期 …………………………………………… 67
　第3節　英領植民地期 ……………………………………………… 74
　第4節　カウンダ政権期 …………………………………………… 80
　第5節　1995年「新・土地法」の成立 ………………………… 82
　まとめ　——ザンビアにおける土地制度の特徴—— …………… 84

第3章　シエラレオネにおける土地政策の分枝国家的な展開
　　　………………………………………………… 落合雄彦 … 89
　はじめに …………………………………………………………… 89
　第1節　行政制度と司法制度の現在 ……………………………… 91
　第2節　西部地域における土地政策の展開 ……………………… 99
　第3節　プロヴィンスにおける土地政策の展開 ……………… 104
　むすびに代えて ………………………………………………… 115

第4章　タンザニアにおける土地政策の変遷
　　　——慣習的な土地権に着目して—— ………… 池野　旬 … 121
　はじめに ………………………………………………………… 121
　第1節　ドイツ植民地期（1885〜1919年）………………… 124
　第2節　英統治期（1919〜1961年）………………………… 127
　第3節　独立後初期の土地政策（1960年代）……………… 131
　第4節　ウジャマー村政策期と移行期（1970〜1990年代初期）……… 134
　第5節　現行の土地改革の推進（1990年代初期〜）……… 137
　結語にかえて …………………………………………………… 139

第5章　コートジボワール農村部に適用される土地政策の変遷
　　　　――植民地創設から今日まで――……………佐藤　章…147
　はじめに……………………………………………………………147
　第1節　植民地期コートジボワールでの収奪的な法制度と
　　　　　実態との乖離………………………………………………150
　第2節　慣習的土地利用と移民政策を組み合わせた政策の展開………153
　第3節　土地政策の見直しと1998年土地法………………………157
　第4節　コートジボワールの土地問題の現状……………………160
　おわりに……………………………………………………………164

第6章　コンゴ民主共和国，ルワンダ，ブルンジの土地政策史
　　　　…………………………………………………武内進一…171
　はじめに……………………………………………………………171
　第1節　植民地期初期………………………………………………172
　第2節　ベルギー統治期……………………………………………174
　第3節　独立以降の土地政策――1980年代まで――……………179
　第4節　1990年代以降の土地政策…………………………………183
　まとめ………………………………………………………………188

第7章　ソマリアにおける土地政策史と紛争
　　　　――南部ソマリアを中心として――……………遠藤　貢…197
　はじめに……………………………………………………………197
　第1節　南部ソマリアにおける農業と伝統的な土地利用………198
　第2節　植民地期の土地政策………………………………………200
　第3節　独立後の土地政策関連の試み――1975年法の前史――………203
　第4節　1975年の農業土地法，1976年の農業関連法の概要とその運用
　　　　　………………………………………………………………207
　第5節　シアド・バーレ政権崩壊後の対立図式…………………215

むすびにかえて ……………………………………………………… 218

第8章　エチオピアにおける土地政策の変遷からみる国家社会関係
　　……………………………………………………… 児玉由佳 … 225
　　はじめに ……………………………………………………………… 225
　　第1節　帝政前期（1855〜1936年）
　　　　　　――国家統一による新たな土地制度の導入―― ……… 226
　　第2節　帝政後期（1941〜1974年）――中央集権化推進の試み―― … 231
　　第3節　デルグ政権期（1974〜1991年） …………………………… 235
　　第4節　EPRDF政権期（1991年〜） ……………………………… 242
　　おわりに ……………………………………………………………… 246

終　章　アフリカの国家建設と土地政策 ……………… 武内進一 … 255
　　第1節　国家建設と土地政策 ……………………………………… 255
　　第2節　本書の意義と政策的含意 ………………………………… 262
　　第3節　今後の課題 ………………………………………………… 266

索　引 ……………………………………………………………………… 271

訳語について

本書では，英仏語を翻訳する際に，各章のあいだで訳語の統一に留意した。主要な用語については一覧表に示すとおりだが，幾つかの点について，あらかじめ説明を加えておきたい。

1．土地所有権にかかわる用語について

日本のアフリカ研究においては，「土地所有」という言い方を避けて「土地保有」という用語を用いるべきだとの議論がある。日本で最も早くアフリカの土地制度に関する実証的研究に着手した一人である吉田昌夫は，共同体的土地制度にかかわって「所有」という言葉を避ける理由を次のように説明している。アフリカ農村部においては，いわゆる共同体的土地制度が卓越している。この共同体による土地利用に関しては，「従来しばしば慣習的な土地保有制度を，共同所有（Communal ownership），私的所有（Individual ownership）という対極概念のいずれかに組み入れるという操作が行われてきた。しかしこの場合の共同所有として叙述されている土地には……（中略）……西欧的な近代法で使用されている意味での共同所有関係……が存在しているのではない」（吉田 1975, 8）。すなわち吉田は，共同体的土地制度における共同性にのみ注目し，重層性（同一地片に複数の権利主体が存在する）などの多様な側面に注意を払ってこなかった先行研究を批判し，共同体的土地制度が今日の共同所有と異なる事実を明示するために，「土地所有」ではなく「土地保有」という用語を選択するとしている。これは，大塚史学の共同体理論（大塚 1970）に基づいてアフリカの土地所有制度を分析した赤羽裕の議論（赤羽 1971）に対する反論という意味も込められた，重要な指摘である。

この指摘をふまえたうえで，本書では「土地所有」と「土地保有」という

用語の使い分けについて，次のように考える。今日，アフリカにおける土地制度の重層性に対する認識は深まり，そこで近代的な共同所有関係が前提にされないという認識は，学術的には普通に受け入れられるようになった。一方で，所有権（property rights）を「人と物との関係の側面において現れる人間と人間との関係」（川島 1987, 10）ととらえ，私的所有（private property rights）をその特殊な一形態とみる理解が研究者，実務家を問わず一般的になっている（Moore 1998, 33; UN-HABITAT, IIRR and GLTN 2012, 12; Rights and Resources Initiative 2012, 27-34）。その意味で，"property (rights)" に対応する日本語として「所有（権）」を用いても，吉田が危惧した誤解は招かないと思われる。アフリカの土地制度は急速に変化しており，そこには排他的な私的所有も含めた多様な関係性が存在する。「土地保有」という言葉を一律に用いることは，そうした多様性を反映しにくい。本書では，所有権を権利の束の多様な組み合わせととらえ，私的所有はその一部とみなす。土地所有権には，「土地を通行する権利」「土地に樹木を植える権利」「土地を賃貸する権利」「土地を売却する権利」「土地を相続する権利」「土地に埋葬する権利」など，さまざまな権利の多様な組み合わせがあり得るが，私的所有はそのなかでも特定個人に幅広くかつ強力な権利を保障する特殊な組み合わせといえる。また，「土地所有」という言葉が土地をめぐる権利関係に焦点を当てているのに対して，「土地保有」という用語は土地利用なども含めた幅広いスコープをもつ。本書では，このような理解に基づいて「土地所有（権）」と「土地保有（権）」とを使い分け，"property (rights)" に対応する日本語としては「所有（権）」を採用する。

"fee simple"，"fee tail"，"life estate"，"freehold"，"leasehold" は英国の土地所有権制度に深くかかわるため，訳語については國生（1990）を参考にした。ただし，"freehold" と "leasehold" については，同書でそれぞれ「自由保有」「リース権」と訳されているものの（英語でそのまま記載されていることも多い），われわれの研究会では土地に関する権利であることを明示する方がよいと思い，それぞれ「自由土地保有権」「土地リース権」と訳した。

また，旧仏領，旧ベルギー領植民地でみられる国有地の概念"(terres du) domaine public de l'Etat"および"(terres du) domaine privé de l'Etat"の訳出に際しては，山口（2002）を参考に訳語を決めた。

　土地権利証書に関しては，"title deed"，"certificate"，"titre foncier"（仏語），"certificat foncier"（仏語）など，さまざまな用語が使われており，それぞれ意味内容が異なっている。國生（1990）は"deed"に「累代証書」の訳を当てており，一定区画に対する歴史的な所有権の変遷を示す証書という含意が汲み取れる。本書ではあえて訳語の統一を図らず，各章で各国の具体的な法律に則して土地権利証書に類する用語を使う場合には，原語を表記するようにした。

2．法律関連用語について

　"law"は法を意味する一般的な用語であるが，狭義には議会で採択された法を指す。その点は"act"も同様である。"bill"は議会に提案された法案を指す。一方"decree"と"ordinance"は，議会で採択された法律とは異なり，国家元首など行政部門から発せられた命令・規則である。ただし，両者の区別については判然としない。使用される頻度としては"ordinance"の方が多い。"decree"は，タンザニアの1895年"Imperial decree"で使われるほか，ソマリアでは植民地期初期から独立後まで使われている。とりあえず両者を区別するという観点で，「布告」「条令」という訳語を当てた。

　仏語圏の"décret"，"ordonnance"は，双方ともよく使われる用語である。ただし，"ordonnance-loi"といった用法がみられるなど，議会で採択された法律にも使われる可能性があり，英語圏とは使用法が異なる。そのため，先行研究に倣い，「デクレ」「オルドナンス」と表記する。

主要訳語一覧

act	法／法令
bill	法案
Crown land / Kronland	王領地
concession	コンセッション
constitution	憲法
decree	布告
décret	デクレ
(terres du) domaine public de l'Etat	行政財産国有地
(terres du) domaine privé de l'Etat	普通財産国有地
executive council	行政評議会
fee simple	絶対的所有権
fee tail	限嗣所有権
freehold	自由土地保有権
governor	総督
land tenure	土地保有
law	法／法律
leasehold	土地リース権
legislative council	立法評議会
life estate	生涯所有権
loi	法／法律
loi organique	基本法
native reserve	原住民居留地
ordinance	条令
order in council	勅令
ordonnance	オルドナンス
property (rights)	所有（権）
regulations	規則
right of occupancy	占有権

[参考文献]

＜日本語文献＞
赤羽裕 1971.『低開発経済分析序説』岩波書店.
大塚久雄 1970.『共同体の基礎理論』岩波書店.
川島武宜 1987.『新版 所有権法の理論』岩波書店.
國生一彦 1990.『現代イギリス不動産法』商事法務研究会.
山口俊夫 2002.『フランス法辞典』東京大学出版会.
吉田昌夫 1975.「アフリカにおける土地保有制度の特質と農業社会の変容」 吉田昌夫編『アフリカの農業と土地保有』アジア経済研究所 1-12.

＜外国語文献＞
Moore, Sally Falk 1998. "Changing African Land Tenure: Reflections on the Incapacities of the State." *European Journal of Development Research* 10 (2) : 33-49.
Rights and Resources Initiative 2012. *What Rights? A Comparative Analysis of Developing Countries' National Legislation on Community and Indigenous Peoples' Forest Tenure Rights*. Washington, D.C.: Rights and Resources Initiative.
UN-HABITAT, IIRR (International Institute of Rural Reconstruction) and GLTN (Global Land Tool Network) 2012. *Handling land: Innovative tools for land governance and secure tenure*. Nairobi: UN-HABITAT.

アフリカ土地政策史

序　章

アフリカにおける土地と国家
——その歴史的概観——

武　内　進　一

はじめに

　今日のサハラ以南アフリカ（以下，アフリカ）では，土地をめぐる問題がさまざまな形で表出している。問題の性格は多様だが，代表的なものとして三つに整理できる。第1に，土地の細分化やいわゆるランドグラブ[1]など，土地に対する圧力の高まりである。この圧力は，急速な人口増加[2]や都市住民による農村の土地購入といった国内要因と，新興国の経済成長に伴う世界的食糧需要拡大と農業投資の活発化という国際要因が組み合わさることで，急速に高まりつつある。第2に，土地法の改革とその評価にかかわる問題である。アフリカに関してはしばしば，農民が有する土地権利の不安定性と，それに起因する土地改良投資へのインセンティブの欠如が指摘されてきた。こうした批判に応える形で，とくに1990年代以降土地法改革が各国で進められ，その評価が議論になっている（Alden Wily 2011）。第3に，土地紛争に関する問題である。近年，人口増や市場を通じた土地への圧力の高まりに加えて，強制的，自発的な人口移動など，さまざまな要因から土地紛争の頻発が指摘されている（Anseeuw and Alden 2010; Boone 2014; Takeuchi 2014）。

　土地問題の顕在化に対して，さまざまな政策的対応が講じられてきた。これを適切に評価し，対応の改善を図ることは，アフリカ諸国政府にとっても，

広く国際社会にとっても，喫緊の課題といってよい。政策評価に際しては，特定の政策が採用された背景を理解する必要がある。一般的にいえば，一つの政策は，それ以前の政策の結果や当時の政府がおかれた政治・社会的環境，そして国際的な規範（政策のトレンドや思想潮流）などを考慮して選択される。政策含意を理解したうえで適切に評価し，改善を図るためには，政策形成の背景を知るとともに，政策に対する社会の反応を理解する必要があるだろう。土地政策は国家による社会への介入であり，その帰結や変遷は国家・社会関係を反映する。本書はこの国家・社会関係のうち国家の側に着目し，その長期的傾向を跡づけることを目的とする。

　国家の側に焦点を絞る理由は三つある。第1に，われわれの当面の関心が土地政策にあるからだ。政策を理解し，政策を評価し，そしてよりよい政策形成に向けて検討することがわれわれの当面の関心である。したがって，土地政策という国家の意図に焦点を当てる。第2に，分析対象が長期にわたるためである。土地政策は複雑かつ多様であり，詳細な分析を行うためには一定の紙幅を要する。本書は，各国の土地政策を1世紀以上の時期にわたって跡づける試みであり，社会との長期の相互作用を記述する余裕はない。第3に，国家建設（statebuilding）の観点から政策を理解することが必要と考えるからだ[3]。本書が対象とする19世紀末以降は，アフリカにとって国家建設の時期である。植民地国家，そして独立後の国家が，政治秩序を確立し，社会との関係を構築するためにさまざまな試みを行った。土地政策は国家が社会を統制し政治秩序を打ち立てるために不可欠の手段であり（Young 1994; Herbst 2000; Boone 2014），その変遷には国家・社会関係が反映されている。土地政策を長期的にとらえることにより，特定の政策が国家建設のいかなる局面で，いかなる意図をもって立案・実行されたのか，理解が容易になる。

　一般的にいえば，土地政策とは，特定の領域において，土地の所有，利用，売買，貸借，相続など，土地に関する人々の行動を統制するための国家の行動である。本書が対象とする時期のアフリカについて考えた場合，土地政策の関心は大きく二つにまとめることができる。第1に，資源管理にかかわる

側面である。土地は資源であり，それを誰がどのように管理し，利用するのかが問題となる。これはおもに開発にかかわる関心であり，土地所有権など土地に対する権利のあり方が中心的な課題となる。土地は開発のための中核的生産要素であり，その管理は国家にとって常に重要な問題である。第2に，領域統治にかかわる側面である。土地は領域であり，そこに存在する人間に対して，誰がどのような権力を行使するかが問題となる。これはおもに支配にかかわる関心であり，当該領域の政治秩序形成が中心的な課題となる。19世紀末に成立した植民地国家にとっても，20世紀半ばに成立した独立アフリカ諸国家にとっても，領域統治は最重要課題であった。長いスパンで土地政策史を跡づけることにより，これら二つの関心がせめぎ合いながら政策が形成されてきたことが理解できるだろう[4]。

　近年，アフリカを対象として，この二つの側面の結びつきを強調しつつ土地に関する問題を分析する研究が目立っている[5]。これは，資源管理と領域統治がいずれも今日のアフリカにおいて重要でかつ困難な課題であり，土地問題の分析を通じてこれらの課題を明確にとらえられるからであろう。もとより土地は開発における中心課題の一つであり，先行研究は無数にある[6]。しかし，アフリカ諸国を対象として土地政策の史的展開を跡づけ，複数の事例間で比較する作業は，土地問題や土地政策を理解するうえで必要不可欠な基礎作業でありながら，まとまった形で研究されてこなかった。本書の作業は，今日の土地問題に取り組むために，またアフリカの国家建設についての議論を深めるために，重要な貢献をなすと考える。

　本書では，ケニア，ザンビア，シエラレオネ，タンザニア，コートジボワール，コンゴ民主共和国（旧ザイール），ルワンダ，ブルンジ，ソマリア，そしてエチオピアの10カ国を対象に，土地政策の歴史的変遷を跡づける。本章はその序論として，アフリカ大陸に植民地国家が成立する19世紀末以降今日までの時期について，代表的な土地政策とそうした政策が採用された要因を考察する。なお，本書で取り上げる事例のなかで，エチオピアが唯一植民地化の経験を実質的にもたないが，そこでも本章の分析は参照枠組みとして

有用と考える。以下では，まず第1節で植民地化以前のアフリカにおける人々と土地および国家との関係を概観したのち，第2節から第5節で四つの時期区分に従って土地政策の特徴を検討する。植民地化以降1980年代頃まで，アフリカ諸国の土地政策にはかなりの程度共通性がある。もちろん詳細にみればさまざまな差異があるが，本章では共通性に焦点を当てて，代表的な政策とその変化を明らかにしたい。主要政策の変遷を把握することは，各章のケーススタディを理解するうえで重要な意義をもつ。

第1節　植民地化以前のアフリカ

　植民地化以前のアフリカにおける土地制度がいかなるものであったか，その実態に迫るのは今日極めて困難である。後述するように，今日いわゆる慣習的土地保有制度として理解される制度はかなりの程度植民地期に由来し，植民地以前の実態とは大きな距離がある。ここでは，植民地化以前のアフリカの土地と人々，そして国家[7]とのかかわりを特徴づけたと考えられる，二つの要因を挙げておこう。

　第1に，土地に対する人口の少なさである。世界の他地域と比較して，アフリカは長いあいだ，人口稀少，土地余剰という特質を有してきた。1750年における1平方キロメートル当たりの人口を比較すると，日本が78.3人，ヨーロッパが26.9人，中国が22.2人に対し，サハラ以南アフリカはわずか2.7人であった（Herbst 2000, 16）。広大な領域にわずかな人々しかいないところで，人々が高い移動性をもつことは自明である。人々が土地に緊縛されず，簡単に逃散してしまうなら，政治権力にとって土地そのものの支配は大きな意味をもたない。

　第2に，土地管理にかかわる社会関係において，血縁を中心とするローカルなコミュニティが決定的に重要な位置を占めたことである。コクリ＝ヴィドロヴィッチは，植民地化以前のアフリカにおける社会関係を論じるなかで，

国家との関係やパトロン・クライアント関係に比べ，家族の紐帯を中核とするリネッジが支配的な役割をもっていたと指摘している（Coquery-Vidrovitch 1982, 67）。彼女が主張するように，農村社会は国家や政治的有力者（ビッグマン）に対して自律的であり，地縁関係や擬制的な血縁関係をも含めたローカルなコミュニティが土地の管理に主導的役割を果たしたと考えてよい。

　植民地化以前のアフリカにも数多くの国家が存在した。しかし，多くの場合，それらの国家は，自らの統治する領域から資源を抽出し，それを利用して住民を支配するという統治システムを構築しなかった。ハーブストが指摘するように（Herbst 2000, chap. 2），国家の統治能力が脆弱で，政治権力の中心（首都）から離れた地域に権力を照射する能力をもたなかったことは重要な理由の一つだろう。道路をはじめとするインフラストラクチャーが不十分な状況において，広大な領域を統治することは難しい。また，これらのアフリカ諸国家はしばしば国家財政を長距離交易に依存しており，これも領域内からの資源抽出に依存した統治が成立しなかった要因として重要である。マリ（Mali）やソンガイ（Songhay），そしてコンゴ（Kongo）など近代以前に栄えた国家では，サハラ砂漠を越えた通商やヨーロッパ人との交易が国家財政の基盤となっており，住民の租税支払いや貢納に依存しなかった（Cissoko 1984; Hilton 1985）。この時期の国家は統治対象の領域に強い支配力をもたず，その領域はすぐれて可変的であった。

　コクリ＝ヴィドロヴィッチは「アフリカ的生産様式」を議論するなかで，「小農階級の直接的搾取を目的とする真の専制支配が不在であること」をその特徴として挙げている（Coquery-Vidrovitch 1969, 77）。「アフリカ的生産様式」論の当否はひとまず措くとしても，植民地化以前のアフリカ国家において「小農階級の直接的搾取」が組織的に行われていたとは言い難い。土地の管理という観点でいえば，そこでは人口に対する土地の余剰を前提として，血縁を基盤とし，移動性の高いコミュニティが，国家から相対的に自立しつつ土地を利用していたと考えられる。「五公五民」といった言葉に示される苛烈な農民支配が成立した日本とは異なり，植民地化以前のアフリカでは，

国家による農民からの資源抽出は相対的に穏やかであったといえよう[8]。

第2節　植民地化と土地収奪

　土地をめぐる国家と人々の関係は，植民地化によって劇的な変容を遂げた。この根本的な原因は，ヨーロッパ諸国がアフリカを征服，占領した結果として，19世紀末以降に植民地国家が建設されたことにある。植民地国家はアフリカ人からの土地収奪とヨーロッパ人への移転を主導し，その行為を正当化するための法制度を導入した。これが，アフリカ人と土地をめぐる関係に甚大な影響を与えたのである。ヤングは，植民地国家がコンゴ自由国の住民から「ブラ・マタリ」（Bula Matari）に喩えられた逸話を紹介している。コンゴ川流域を踏破し，コンゴ自由国設立に重要な役割を果たした米国人探検家スタンレー（Henry M. Stanley）は，コンゴ川河口域の住民から「岩をも砕く男」の意をもつこのニックネームで呼ばれた。しかしその後，「ブラ・マタリ」という言葉はしだいに植民地国家を指して使われるようになった。それは，強大な力をもち，恐怖によって支配する異人の権力を象徴したのである（Young 1994, 1）。とくにその初期において，植民地国家はまさに岩をも砕く強力な異人として，アフリカ人の土地を収奪した。

　ヨーロッパによる土地収奪は植民地宗主国にかかわりなく進められたが，その論理や手法は宗主国ごとに違った。英国の場合，植民地の領域は基本的に英国王の支配下にある王領地と位置づけられた。土地の最終的な権利は英国王に帰属するという論理のもとで，植民地政府はアフリカ人から土地を収奪し，ヨーロッパ系企業やヨーロッパ人入植者に土地を与えた。アフリカ人は入植者と隔離され，エスニック集団ごとに指定された居留地で生活することを強いられた。その居留地で，「原住民」は慣習に従って土地を利用し，生活を営むとされた。原住民居留地内の土地の売買は禁じられた。

　留意すべきは，アフリカ人は土地の私的所有権をもたないとみなされたこ

とである。私的所有権は国際的に認められた権利であり，その権利はたとえ征服によって主権が変わっても効力を失わない。英国は，土地に対するアフリカ人の権利は帰属する共同体を通じてのものであって私的所有権に劣ると解釈し，征服した土地を王領地と位置づけてアフリカ人からの大規模な土地収奪を論理的に可能にした（Chanock 1991, 65）[9]。これにより英領植民地には，王領地から私的所有権を伴ってヨーロッパ人入植者に売却された土地と，アフリカ人によって慣習法のもとで利用される原住民居留地とが併存することになった。これは英領植民地において採用された論理であり，実際にどの程度の土地がヨーロッパ人入植者に割り当てられるか，そしてどのくらいのアフリカ人が原住民居留地への移動を余儀なくされるかは，アフリカ人社会の人口密度やヨーロッパ人入植者の多寡に依存した。同じ英領の入植植民地であっても，南アフリカ，ジンバブウェ（南ローデシア），ケニア，ザンビアを比較すれば，ヨーロッパ人入植者数やアフリカ社会へのインパクトは大きく異なる。

　一方，仏領植民地においては，植民地化当初，アフリカ人が土地に対して慣習などを根拠とする固有の権利をもつという考え方はとられなかった（Coquery-Vidrovitch 1982, 73）。これは，アフリカでは土地が余剰で人々が移動耕作に依存していると考えられたことに加えて，フランスが同化主義をとり，アフリカ人であっても条件を満たせば同化民（assimilé）として私的所有権を獲得できたことによる。フランス植民地においてアフリカ人からの土地収奪に利用されたのは，「空き地ならびに無主地」（terres vacantes et sans maître. 以下，無主地）という概念である。無主地はフランス民法旧第539条に規定され，国家が所有権をもつとされた（本書第5章）。アフリカ人が慣習を根拠とした土地権利をもたず，フランス民法に規定された私的所有権だけが土地への権利を規定するとされたため，植民地のほとんどは無主地とみなされた。そして，無主地の所有権が国家にあることを根拠として，植民地政府は入植者やヨーロッパ企業に私的所有権を付与してその土地を譲渡した。

　仏領赤道アフリカではこの論理に従ってあからさまな土地収奪が進められ，

20世紀初頭までに大規模なコンセッション会社が植民地を分割した（Coquery-Vidrovitch 1972）[10]。仏領西アフリカでは大規模な土地収奪が起こらなかったが[11]，これはヨーロッパ人入植者の数が少なかったうえに，すでに利権を確立していたフランス人商人がコンセッション会社の進出に反対したためであった（Coquery-Vidrovitch 1982, 75）。

　大規模な土地収奪を可能にする法制度の構築は，おおむね20世紀初頭までに実施された。アフリカ人の居住地を国土のわずか9％に制限した，南アフリカの「原住民土地法」（1913年）はよく知られているが，同国の土地収奪はもっと早くから進行していた。1843年に英領ナタール（Natal）植民地が成立すると，アフリカ人はロケーション（location）と呼ばれた居留地に居住するよう強制された。1864年の段階で42のロケーションが設立されたが，その面積はナタール植民地総面積（1250万エーカー）のうち200万エーカーにすぎなかった。ロケーション以外の土地は，白人入植者に売却されたか，政府が所有する王領地であったことになる（Thompson 1990, 97）。当時のナタール植民地には少なく見積もっても30万人のアフリカ人がいたが，2万人に満たないヨーロッパ人が最良の土地を占拠した（de Kiewiet 1937, 188）。ケニアにおいて冷涼な中央高地へのヨーロッパ人入植者数が顕著に増加するのは両大戦間期だが，アフリカ人からヨーロッパ人への土地移転の法的根拠は1902年の王領地条令によって確立していた（本書第1章；Meek 1968, 79）。一方，北ローデシア（のちのザンビア）では，セシル・ローズ率いる特許会社の征服が先行し，法制度の整備は正式な英領となった1924年以降に実施された（本書第2章）。

　植民地国家の形成期においては，アフリカ社会の征服とヨーロッパによるヘゲモニー確立の一環として，アフリカ人から広大な土地が収奪され，それを可能とする法制度が制定された。この時期の土地政策は植民地国家の建設と密接に結びついており，ヨーロッパ人の手による政治秩序形成，そしてヨーロッパ人による開発という観点だけに立脚していた。そこにはアフリカ人を主体とする開発という発想は欠落していたのである。

第3節　戦間期の政策転換

　植民地国家は基本的に収奪的な性格を有するが，政策の指向性は時期に応じて変化した。とりわけ1920～1930年代の両大戦間期は宗主国を問わず重要な政策転換の時期であり，アフリカ人小農の育成などアフリカ人を担い手とする経済開発の取り組みが行われるようになった（Coquery-Vidrovitch 1982; Young 1994）。これは植民地期初期の収奪的な土地政策の転換であり，戦間期にはアフリカ人による開発を前提とした政策――たとえば，小農育成政策や土壌保全政策――が打ち出されていった。もっとも，収奪的な土地政策は戦間期に突然転換されたわけではなく，20世紀初頭以降，少なくとも建前としては，アフリカ人の土地権利や福祉に配慮する必要性が謳われるようになっていた。

　こうした政策変化を促した直接的な要因として，2点挙げることができる。第1に，コンゴ自由国の圧政に対する批判である。コンゴ自由国では1890年代から天然ゴムの輸出が大幅に増加したが，採集にあたってアフリカ人に過酷なノルマが課され，達成できなければ厳しい刑罰が加えられた。世紀転換期頃から，とくに英米でこれを問題とする声が強まり，レオポルド2世とベルギーは激しい国際的批判に晒されて（Morel 1969），結果的にコンゴ自由国の廃止とベルギー領コンゴへの継承につながった。この時期以降はどの植民地でも，公的にはアフリカ人の権利尊重を掲げるようになった。第2に，大規模なコンセッション会社による開発が経済的に失敗したことである。仏領赤道アフリカやコンゴ自由国の大規模コンセッション会社は，人道上の批判を受けて活動を見直す以前から，経済的に行き詰まっていた。天然樹木からの採集だけに依存したゴム生産に示されるように，この時期のコンセッション会社の活動は天然資源の収奪的利用に限られ，資源が枯渇すれば次の場所に移動することを繰り返していた[12]。短期的な利益のみを求めたコンセッション会社の活動は，経済開発の観点からまったくの失敗であった。

こうした状況は1910年代までにはすでに明らかであったが，第一次世界大戦が終結し，アフリカにおける植民地経営の制度化が進むなかで，「開発」は植民地国家の主要目標の一つとなった（Young 1994, 149-150）。その文脈で，コーヒーやココアなど換金作物の栽培がアフリカ人に奨励され，戦間期には生産量が急増した。この変化によって，植民地当局はアフリカ人と土地の関係を政策的に再定義する必要に迫られたといえよう。加えてこの時期，ヨーロッパ人のなかに土壌保全への関心が高まり（楠 2014；水野 2009），粗放的とみなされたアフリカ人の土地利用を持続的なものへと改善すべきだとの意見が強まった。資源管理の観点から土地政策が見直されたわけである。

戦間期に本格的に導入され，アフリカの土地と国家あるいは人々との関係に甚大な影響を与えた政策として重要なのは，植民地国家の確立に伴う間接統治の制度化である。1920年代以降ヨーロッパ宗主国による植民地経営が本格化すると，植民地行政のコストを削減して効率性を高め，またアフリカ社会が近代化のなかで混乱し不安定化することがないよう，「慣習」に基づく「伝統」的な統治機構が再編された。広く間接統治と呼ばれるものがそれであり，アフリカ人による統治を植民地行政のなかに位置づけて制度化する試みは，宗主国によって多少のちがいはあるものの，戦間期以降広く実践された。

英領植民地における原則は，ヨーロッパ人とアフリカ人の居住・生活領域を分離し，アフリカ人は自らの領域でヨーロッパ人の監督を受けつつ，慣習に即した統治を実践するというものであった。アフリカ人の領域は，典型的には行政・司法上の権限を有するチーフのもとにエスニック・コミュニティごとに編成され，一般に「原住民（または部族）統治機構」（Native/Tribal Authority）と呼ばれた。英領では，原住民が統治する領域で土地の私的所有権が否定され，その売買が禁じられた。英領植民地の形成に際してアフリカ人の私的土地所有が否定されたことは先述したが，間接統治下において，土地に対する権利は共同体に帰属するとともに上位権力に従属するものとされた（Chanock 1991, 65-66）。すなわち，土地は個人ではなく共同体の権利下にあり，

その権利はチーフそしてパラマウント・チーフ，最終的には英国王の権限に従属するということである。土地利用権はチーフ，サブチーフ，ヘッドマンなどへの恭順を示すことで初めて認められるものであり，権威の源だとみなされた一方，土地の私有化は社会秩序の混乱を招くとして強く警戒された。土地の管理は，「間接統治の英国システムにおける主要基盤」（Meek 1968, 10）だったのである。

　アフリカ人の自律的な統治機構がエスニック集団別に再編され，植民地行政のなかに位置づけられたのは，仏領も同じである（原口 1975）。仏領の場合，同化原則のため，アフリカ人も条件を満たせば私的所有権を獲得できた。しかし，それはあくまで例外的で，実際には私有地のほとんどはヨーロッパ人のものだった。両大戦間期には，仏領においてもアフリカ人統治のために慣習法が有用だと認識され，それが植民地当局によって公式化された。仏領西アフリカでは，1930年代になって国別，エスニック集団別に慣習法を編纂する作業が進められた。もっとも，コクリ・ヴィドロヴィッチがいうように，『慣習法大全』（Comité d'Etudes Historiques et Scientifiques de l'A.O.F. 1939）といった形で文書化されたものは，本来変化し続ける「慣習」を一時点で凍結させたものであることに留意すべきだろう（Coquery-Vidrovitch 1982, 78）。同様の動きはベルギー領でもみられ，この時期，間接統治がアフリカ植民地経営の標準となった。

　間接統治制度は，アフリカ社会における人と土地との関係に甚大な影響を与えた。この制度のもとで，アフリカ人は原住民統治機構などの中間組織を介して植民地国家と結びつけられた。このエスニックな共通性をもつ中間組織はチーフによって代表され，また特定の地理的領域に対応して設立された。この組織は，地方自治体のように地方行政サービスを提供する機能をもつ一方（Hailey 1957, 416），エスニック集団やそのサブグループなど既存のコミュニティに従ってメンバーシップが定められ，その成員だけが一定の領域に対して土地用益権をもった。間接統治制度のもとで，チーフは植民地当局から行政権や司法権を正式に与えられ，従来にない強力な権限を手にした。そし

て，チーフを頂点とするエスニックな共同体が制度化され，かつ土地と強く結びつけられた。これは，統治が土地の支配と強く結びついていなかった植民地化以前と比べて大きな変化であり，特定エスニック・コミュニティの成員であるか否かが土地利用権の有無に直接影響したため，社会のエスニックな分断が進んだ（Feder and Noronha 1987）。間接統治政策，とりわけそこで再編された土地をめぐる社会関係は，エスニック・アイデンティティの強化に極めて重要な役割を果たしたといえる（Mamdani 1996）。

　本節で示したように，植民地期の土地政策は，領域統治の必要性に強く動機づけられていた。とりわけその初期において，資源管理という発想はほとんど存在しなかったといってよい。戦間期以降，アフリカ人を開発主体とした政策がとられるようになると，資源管理の関心に基づく土地政策が打ち出されていく。その一方で，アフリカ人に対する間接統治政策は土地と人々の関係に甚大な影響を与えた。植民地期の統治政策は，必然的に土地と深くかかわらざるを得なかったのである。

第4節　ポストコロニアル国家の土地政策——1980年代まで——

　独立を達成したアフリカ諸国にとって，植民地期の遺産にどう対応するかは，等しく喫緊の課題であった。土地に関していえば，次の2点がとくに重要である。第1に，ヨーロッパ人に譲渡された土地の扱いである。その規模が大きく，居住地から移動を強いられたアフリカ人の数が多ければ，土地の奪還に向けた政治的圧力も強まる。ケニアでは，白人入植地の再配分政策が植民地期末期から開始されていたが，独立後政府はそれを引き継ぎ，最優先課題の一つとして取り組んだ。政府が白人から旧ホワイトハイランドの土地を購入し，アフリカ人に再分配した結果，1960～1970年代にかけてアフリカ人小農6万6000世帯以上が土地を獲得して入植した（Abrams 1979, 19）。ただし，小農に再分配された土地は旧白人入植地の一部にすぎず，大農場のまま

でアフリカ人の手に渡ったり，白人が所有し続けた土地も少なくなかった (Leys 1974)。また，この再入植計画では当時のケニヤッタ政権に近いキクユ人が多数受益者となり，もともと異なるエスニック集団が利用していた土地に入植した。これが，その後のリフトバレー州における土地紛争につながることになる (本書第1章；Boone 2014, 139-157, 261-268)。

　第2に，間接統治のもとで行政権や司法権を含む大幅な権限を与えられたチーフをどのように扱うかという問題である。その対応には国によって大きな差がみられる。ニエレレ政権下のタンザニアでは，社会的不平等の温床だとしてチーフ制が廃止された[13]。もっとも，政策の意図とそれが実際にどの程度既存の制度を変革したかは別問題であり，タンザニアのように広大な国では政策の強度も地域によって異なるため，この政策がどの程度実質的な影響を社会に与えたかは慎重な検討が必要である (Moore 1998)。チーフに関して徹底した変化が起こった国として，ルワンダを挙げることができる。植民地末期の内乱（「社会革命」）によって，それまでチーフ，サブチーフの職をほぼ独占していたトゥチが国外に追放され，代わってフトゥがその職についたからである。さらに，独立時にチーフやサブチーフを長とする行政機構が廃止され，中央集権的な地方行政制度として再編された（武内 2009, 第6章）。

　植民地期の遺産への対応は，国によって大きな差がある。一般的にいえば，後述するケニアは例外だが，ラジカルなイデオロギーのもとで社会改造に取り組んだ国ほど土地に対して積極的な政策介入を実施した。エチオピアは植民地化を経験していないが，1974年の革命によって成立した社会主義政権は，行政機構についても土地再配分についても急進的な政策を打ち出した。エチオピアでは，土地を直接利用する農村コミュニティに対して領主が徴税権をもち，その徴税権は皇帝によって与えられるという封建的な土地所有制度がとられていた。第二次世界大戦後はハイレ・セラシエ1世による集権化が進んだが，1974年に成立した軍事政権はマルクス・レーニン主義を掲げて皇帝と領主権力を追放した。土地は国有化され，領主がもっていた特権が剥奪されるとともに，全土で農地改革が実施された。これに伴って，土地の再配分

のみならず再定住政策が進められ，大規模な人口移動が生じた（本書第8章）。

　一方，シエラレオネは，間接統治下で制度化された慣習権力の行政上の位置づけを変えず，土地再配分政策も実施しなかった。独立から半世紀以上経過した今日においても，シエラレオネ農村部（プロヴィンス）の土地は149存在するチーフダムの議会に帰属すると規定されている。チーフダム議会の前身は植民地期の部族統治機構であり，間接統治下で設置されたものである。プロヴィンスの土地に関する裁定は，一義的に慣習法が法源となっている。このように，シエラレオネの国土の大部分を占める農村部においては，間接統治に伴って導入された行政機構と土地管理制度が基本的に今日まで維持され，大規模な土地再配分政策も実施されていない（本書第3章）。

　独立したアフリカ諸国が採用した土地政策はさまざまだが，共通して指摘できる点がある。まず，多くの国が私的所有権の確立に熱心でなかった。植民地期のアフリカにおける土地の法的なカテゴリーは，三つに大別できた。第1に，私的所有権が確立した私有地である。このほとんどが，白人入植者やヨーロッパ企業に与えられた土地であった。第2に，国有地である。ここには，河床や道路，港湾などのほか，国立公園や国有林地，そして無主地などが含まれる[14]。第3に，慣習法のもとでアフリカ人が利用する土地である。英領入植植民地の原住民居留地のように明確に境界が画定される場合もあるが，その領域は国有地（無主）や王領地との関係でしばしば曖昧だった。1960年前後に独立したアフリカ諸国において，これら三つの土地区分のうち私有地を積極的に拡大させた事例はあまりみられない。マルクス・レーニン主義をイデオロギーとして採用した国々は私的所有権を敵視したし，ザイールのように民族主義を掲げた国でも私的所有権は認められなかった。コートジボワールは親西側外交路線と資本主義を採用した国だが，1963年に国会が私的所有権確立の方針を盛り込んだ土地法案を採択したところ，ウフェ＝ボワニ大統領が大統領権限を用いて棚上げにしてしまった（Ley 1972, 28）。

　独立以降多くの国で拡大したのは，国有地であった。社会主義，マルクス・レーニン主義，そして民族主義を掲げた国々では，私的所有権を廃し，

国家が土地を所有するという政策転換がなされた。マルクス・レーニン主義には私的所有権の廃絶という目標があり，これが政策の根拠となった。タンザニアやソマリア，コンゴ（ザイール）においても，自由土地保有権など植民地期に与えられた無期限の私的所有権が取り消され，土地は国家に帰属することとされた[15]。その他，ブルンジのように，慣習地を国有地に組み入れたことによって国有地が拡大した国もある（本書第4，6，7章）。国有地の拡大は，独立したアフリカの国々がこぞって国家主導型の開発政策を選択したことに対応している。1970年代までの発展途上国の開発政策はおもに国家主導で進められたが，有力な地場民間資本がほとんど存在しないアフリカではとくにその傾向が強かった。こうした開発政策に資源ナショナリズムの影響も加わり，土地や地下資源を国有化する動きが加速した。

　この点で，ケニアではまったく異なる政策がとられた。これには，植民地期末期の「マウマウ」戦争が大きく影響している。1952年以降，ケニアでは反植民地闘争が活発化し，非常事態が宣言された。アフリカ人解放勢力が自らを「ケニア土地自由軍」(Kenya Land and Freedom Army) と称したことに示されるように，この反乱は植民地国家のもとで奪われた土地の奪還運動という側面をもっていた（宮本・松田 1997, 438-444）。抵抗運動に直面した英国は1950年代半ばにアフリカ人農業振興策を打ち出し，換金作物の導入や農業普及，農業金融の整備を行うとともに，アフリカ人小農に私有地を供与する政策に転じた。先述のように白人大農場の解体と並んで，アフリカ人地域でも従来の慣習的な土地保有制度を解体し，私的所有権を与える政策を推進した。

　この政策は独立（1963年）後も引き継がれ，1970年代までに国土の中部，南部地域を中心にかなりの部分が私有地化された。ケニアの土地私有化推進政策は独立直後のアフリカでは例外的だが，国際機関から推奨されていたことは指摘しておくべきだろう。1970年代の土地改革に関する世界銀行の政策文書は，ケニアを成功例として高く評価している（World Bank 1975, 71）。1950年代以降のアフリカ人農業推進政策によって，ケニアの農業生産が急速に増加したことは事実である（児玉谷 1981）。しかし，本書第1章が示すよ

うに，その政策はさまざまなネガティブな影響を生み，エスニック集団間に対立の種をまくことになった。ケニアの事例はアフリカ諸国の土地政策を考察するうえで重要な意味をもっており，終章で改めて検討する。

この時期の土地政策の特徴として指摘すべきもう一つの点は，それが権威主義的，そして家産制的な性格をもつ政権のもとで実施されたことである。権威主義的な植民地統治から独立したアフリカ諸国は，独立後再び一党制や軍政による権威主義的な統治へと移行していった（サンドブルック 1991; Bayart 1993）。こうした体制下で実施された土地政策は，やはり収奪的な性格を帯びていた。ザイールでは，1973年に実施された「ザイール化政策」のもとでヨーロッパ人から取り上げられた農場がモブツ大統領の取り巻きに分配された（Young and Turner 1985, Chapter 11）。エチオピアの革命によって農民を搾取する領主が打倒されたものの，代わって政権を握った若手の党官僚はやはり農民に対して権威主義的な態度で臨んだ（Clapham 1988）。土地の私有化政策を推進したケニアにおいてさえ，土地が有力政治家の政治資源として利用され，権威主義国家の道具になった（本書第1章）。政策実施の主体はヨーロッパ人からアフリカ人へと変わり，また政策の内容も変化したが，国家の社会に対する抑圧的な関係という点では，植民地期と比べてあまり変わらなかった。土地政策の実施に際しては権威主義的，家産制的な手法が用いられ，国有地へのアクセスに特権をもつ政治エリートによって恣意的な土地分配が行われた。

第5節　冷戦終結後の土地政策——1990年代以降——

1990年代以降，土地政策を大きく転換する国々がアフリカで目立つようになった。その内容は，本書の各章が示すようにバラエティに富んでいるが，幾つかの特徴を指摘することができる。ここでは4点指摘しておきたい。第1に，新たな土地政策策定に際して，土地を実際に用益する人々やコミュニ

ティの権利強化，権利の安定化という目的が強調された。個別生産者の権利を強める発想であり，時代を覆う政治経済の自由化傾向と整合的な形で土地権利の強化が図られたといえる。第2に，権利強化の手法として，ほとんどの場合，土地法の改革が選択されたことである。冷戦期にしばしば実施された土地再配分政策は，歴史的経緯から極端な土地不平等構造が残存する南アフリカとジンバブウェを除いて事実上採用されなかった[16]。第3に，アフリカ人の慣習的な所有権を認める方向で法改革がなされたことである。いわゆる慣習的な土地制度が比較的高い効率性をもち，柔軟性に富んでいることは1980年代頃から研究者によって指摘され（Feder and Noronha 1987; Ostrom 1990; Bruce and Migot-Adholla 1994），従来土地権利の公式化，私有化を強く主張していた世界銀行のような機関においても慣習的所有権を重視する議論が目立つようになっていた（Deininger and Binswanger 2001; Deininger 2003）。これも，世界的な思想潮流に合致した動きといえよう。第4に，土地法改革の結果新たに誕生した土地権利は，必ずしもわれわれが通常私的所有権と呼ぶものではない。生産者の権利強化が謳われ，それに即した法改革がなされる一方で，国家を土地の所有者とする規定はエチオピア，ルワンダ，タンザニア，ザンビアなど多くの国で残存し，個人の権利は制約されている。国民に土地権利証書が配布されたルワンダでも，証書の所有者には当該の土地を開発する義務など土地利用に対するさまざまな制約が加えられている。そこには植民地期以降の土地政策との連続性や，紛争後の政治秩序確立の一環として国家が土地への強い権利を保持するという側面が観察される（本書第6章）。今日のアフリカで個人が手にしている土地権利は，しばしば先進国の強力な私的所有権とは異なるものである。

冷戦終結後に土地に対する政策介入が活発化した背景として，幾つかの要因を指摘できる。第1に，冷戦終結の影響によってアフリカ諸国で民主化が進んだことである[17]。冷戦終結は政治体制の転換を促し，それによって土地政策が変化した。典型的なのはマルクス＝レーニン主義や社会主義を採用していた国々で，冷戦終結は私的所有権を敵視する政策の放棄と，個人の所有

権を強める方向へ土地政策の転換を促した。また，事実上国家と融合した一党制が廃棄されたことによって，国家のヘゲモニーを問い直す動きが広がり，そのなかで国家中心的な土地政策が再検討された。ここでも，土地に対する個人の権利を強め，安定化させる方向で政策転換が図られることになる。第2の要因として，武力紛争の影響が挙げられる。1990年代以降アフリカで頻発した武力紛争は，直接の原因ではないにせよ，しばしば土地問題と密接に結びついていた[18]。ルワンダ，ケニア，コートジボワールなどはその典型的な事例といえよう。したがって，紛争後に成立した政権は，紛争再発防止を掲げて，また自らの政権基盤強化のために，新たな土地政策を施行した。上記3カ国をはじめ，近年の土地政策見直しの背景には，時として武力紛争の影が色濃く反映している。第3に，こうした政策転換を後押しした思想潮流がある。所有権の確立が経済発展に与えるポジティブな影響について経済学では古くから議論があるが，1980年代以降新制度派経済学の議論が浸透するにつれて，その政策への影響力が高まった（North 1981）。また，上述した民主化の流れのなかで，所有権の確立が経済発展をもたらすというデソトの議論が政策の根拠として頻繁に参照された（De Soto 2000）。

　一方，近年のアフリカ諸国が直面する土地政策上の課題として深刻なのは，土地ガバナンスの脆弱性である。ここで土地ガバナンスとは，土地の利用，管理，課税，紛争裁定などにかかわる公的なシステムを指している[19]。1990年代以降の土地法改革が生産者の権利強化を目指し，慣習的権利の容認を基本姿勢としてきたにもかかわらず，アフリカでは大規模なランドグラブが頻繁に発生している。これは，とくに2008年の食糧危機以降に顕著になった現象だが（Cotula et al. 2009; Deininger and Byerlee 2011），個人の権利強化という新たな土地法の性格を利用した土地集積はそれ以前から起こっている。たとえばザンビアでは，従来共有地として利用されてきた土地がチーフの裁量で裕福な個人や企業に譲渡され，村人の生活が重大な支障を受ける事態に至った（大山 2009）。生産者の土地権利強化を目指したはずの法制度改革が土地収奪を招くという皮肉は，土地ガバナンスが深刻な問題を抱えている事実を

端的に物語る。土地をめぐる法制度やその執行は広く国家と社会にかかわり，その効果は政治権力のあり方に大きく左右される。土地をめぐるガバナンスは国全体のガバナンスと不可分だが，今日のアフリカでは，そこに恣意的な土地の配分や土地紛争の処理を許す余地が多分に残されている。

　1990年代以降の土地政策では，土地権利の安定化が謳われ，慣習的権利の尊重など実際に土地を利用する人々の所有権を強化する方向での改革が進められている。土地政策における資源管理の発想が強まっているようにみえるものの，依然として国家が土地に対して強力な権限を有することが多いのも事実である。領域統治という動機は依然重要であり，とりわけ紛争経験国の土地政策に典型的にみられる。土地ガバナンスの弱さは，単に資源管理にかかわる技術的な問題だけに由来するものではなく，アフリカの多くの国々が共通して抱える領域統治，すなわち政治秩序形成の課題との関連で理解する必要がある。この点については，ケーススタディをふまえて終章で改めて考察したい。

第6節　本書の構成

　以下本書では，八つの章で10カ国の土地政策が分析される。章立ては，植民地経験に沿って配置した。最初の四つの章はかつて英国の植民地統治を経験した国々（ケニア，ザンビア，シエラレオネ，タンザニア）の事例であり，それに続いてフランス，ベルギー，イタリアの統治を経験した国々の事例が並ぶ（コートジボワール，コンゴ民主共和国・ルワンダ・ブルンジ，ソマリア）。最後に，事実上植民地化を経験しなかったエチオピアが配置される。この章立てによって，植民地宗主国のちがいが今日の土地政策に決定的な意味をもつことを示そうというわけではない。各章を読めばわかるように，そして終章で整理するように，宗主国が同じでも土地政策にはちがいがあるし，長期的には時代に応じた共通の変化が観察される。植民地化を経験しなかったエ

チオピアの土地政策にも，他のアフリカ諸国と共通する点が少なくない。

　各章が示すのは，百年余りにわたる国家建設を土地政策という切り口から描いたものである。各国において，国家が政治秩序を確立し，社会を包摂して関係を構築する過程が，土地政策という観点を通じて整理される。「ブラ・マタリ」という言葉が示すように，アフリカの国家は社会にとっての外来性，異質性が顕著である。エチオピアでさえ，その南部に皇帝権力の支配が及ぶのは19世紀後半のことにすぎない。当該社会にとって異質な国家がどのように土地に介入し，社会を包摂していったのか。その多様なプロセスが各章の記述に示されている。こうした各国の軌跡を跡づけることによって，今日の土地政策の背景を理解し，正確に評価することができるだろう。

　　付記：本章執筆のための調査には，アジア経済研究所運営費交付金のほか，次の科研費補助金を得た。課題番号：23221012，25101004。

〔注〕
⑴　市民社会，政府，国際機関の連合体組織「国際土地同盟」（International Land Coalition）は，2011年の「ティラナ宣言」において，土地取得が以下の条件を一つでも満たす場合「ランドグラブ」と定義している。1）人権を侵害している。2）影響を受ける土地利用者に対して，自由意思による事前の告知に基づく同意（free, prior and informed consent: FPIC）原則を欠いている。3）公正な評価を欠いている。4）透明な契約を欠いている。5）実効的かつ民主的な計画を欠いている（International Land Coalition 2011）。本章では，とくに2000年代後半以降に顕在化したこうした形の土地収奪について，「ランドグラブ」という呼称を当てる。
⑵　World Development Indicators からサブサハラ・アフリカ49カ国の2013年の平均人口成長率を計算すると2.46％となる。この成長率は，ほぼ四半世紀で人口が倍増する水準である。
⑶　「国家建設」は，2000年代に入る頃から学術的，政策的に注目を集めるようになった概念である。1990年代に深刻な武力紛争が頻発するなかで，「国家の破綻」が紛争の根本要因であるとの認識のもとに，紛争予防や平和構築の文脈で国家への注目が高まった（Helman and Ratner 1992-93; Zartman 1995）。同

じ時期，1980年代の構造調整政策への反省から，経済開発における政府の役割が再評価され，国家やガバナンスへの関心が高まった（World Bank 1997）。さらに2001年の「911事件」を契機として，脆弱国家（fragile state）への対応が国際社会にとって喫緊の課題だと認識され，国家建設に関する研究や政策文書が数多く刊行された（Fukuyama 2005; OECD 2008）。「国民統合」（nation building）概念が国民間の言語や文化，意識をめぐる側面に注目するのに対し，国家建設は国家の制度やその機能に中心的な関心をおく（武内 2013）。

⑷　土地問題に資源管理と領域統治の二つの側面があるとの考えは，一定の空間は領域と所有の二つの性格を帯びるというルントの議論をふまえたものである（Lund 2013）。

⑸　たとえば，Berry（2002），Boone（2014），Lund and Boone（2013），Peters（2013）など。Lund and Boone（2013）を序論とする *Africa* 誌特集号には，同様の視角からアフリカの土地問題を分析した論文が所収されている。

⑹　日本のアフリカ研究においても，早い段階から土地制度は主要な研究対象の一つであった。たとえば，青山（1963），星（1973），吉田（1975）など。また，赤羽（1971）は，経済史理論に基づいてアフリカの土地所有を分析し，大きな影響を与えた。

⑺　ここで国家とは，統治の主体と客体をもち，一定領域を基礎とする政治的共同体を意味している。近代国家において統治の主体と客体は政府と国民という形で明確化し，統治領域も固定化するが，近代以前では政府と呼べるほど統治主体が組織化されておらず，その客体や領域も曖昧であることが一般的である。とくに本節では，そうした状況の政治的共同体も含めて「国家」という言葉を用いている。

⑻　植民地化以前のアフリカにおいて土地をめぐる社会関係は多様であり，国家による土地の支配がなかったわけではない。たとえば，植民地化以前の大湖地域には，のちに主権国家となるルワンダやブルンジをはじめ，階層的な社会秩序をもつ国家が複数存在した。大湖地域諸社会は総じて農業生産力が高く，19世紀には王国内の被支配層に対して貢納や賦役が課されていた。ただし，国家の領域はいずれも小さく，貢納や賦役もそれほど厳しいものではなかったと考えられる。たとえば，20世紀初頭のルワンダにおける貢納（インゲン豆とソルガムによる）量については，核家族単位で年間収穫量の4〜8％と推計されている（Vidal 1974, 54-55）。

⑼　英国が征服したアフリカの土地をすべてこのように扱ったわけではない。ケニアの沿岸部では，ザンジバル・スルタンが交付した土地権利証書を私的所有権と認め，植民地化後もその効力を認めた。この所有者は基本的にアラブ系住民であった（本書第1章）。

⑽　事実上ベルギー国王レオポルド2世の私有領であったコンゴ自由国（Congo

⑽　Free State）では，建国直後に無主地が国家に帰属することが定められ（1885年7月1日付けオルドナンス。条文については，武内 2014参照），広大な土地がヨーロッパ企業に譲渡された。コンゴ自由国の土地政策は，同時期の仏領赤道アフリカと共通性が高い。

⑾　ただし，コートジボワールのようにヨーロッパ人入植者がそれなりの規模で存在した国もあり，彼らの土地占拠の影響は今日まで甚大な影響を及ぼしている（Boone 2014, 129-134）。

⑿　たとえば，コンゴ自由国をはじめとするアフリカにおける天然ゴム産出量は，アフリカ人への人権侵害に関する批判が激しくなる世紀転換期頃には，乱獲のためすでに下落傾向にあった。その後，1910年代に東南アジアでの生産量が拡大すると，価格の下落からアフリカの天然ゴム生産はほとんど止まってしまう。19世紀末におけるコンセッション企業の主要輸出産品は天然ゴムや象牙であり，天然資源の収奪的利用に依存していた（Harms 1975）。

⒀　タンザニアがチーフ制を廃止した背景として，植民地政策の執行者として住民の反発を買い，独立運動の過程で民衆の支持を失ったことが重要である（Maguire 1969）。

⒁　仏領やベルギー領植民地の法体系では，国有地を河床や道路などの「行政財産国有地」（terres du domaine public de l'Etat）と無主地などの「普通財産国有地」（terres du domaine privé de l'Etat）に分けることが一般的である。

⒂　ザイールでは，共同体による土地の所有がアフリカ社会固有のあり方だとして，私的所有権が廃絶された。詳しくは，本書第6章参照。なお，独立後のアフリカで土地所有の共同性が強調され，私的所有が敵視された要因として，植民地期のヨーロッパ人による土地収奪への反動という側面も指摘できる。土地の私的所有が事実上白人入植地に限られていた植民地期の経験から，土地の私的所有を政策的に掲げることはアフリカの新政権にとって政治的な危険性をはらんでいた（Chanock 1991, 66-68）。

⒃　この両国でさえ，自由意思による売買を通じた再配分の原則が長く堅持された。1990年代後半以降，ムガベ政権のジンバブウェがラジカルな再配分政策に踏み出すのは，その原則のもとで不平等が改善されなかったことへの反動であった。なお，ルワンダやブルンジで採用されたランド・シェアリングは土地再配分政策の一種だが，紛争後の帰還民対策なので文脈が異なる（本書第6章）。

⒄　アフリカでは，冷戦終結を契機として，一党制を放棄し多党制を採用するという変化が急速に生じた（武内 2009，第2章）。これは民主的政治制度の導入であって必ずしも民主化ではないが，ここでは大まかな特徴をつかむためにこの言葉を用いる。

⒅　ソマリアの紛争における土地要因については，本書第7章参照。土地問題

が紛争要因を構成すると認識されるとき，紛争終結は新たな土地政策導入の契機となるが，どの程度実効性をもった政策が打てるかは戦後の権力構造に依存する。内戦に勝利して強固な政権基盤をもった政権が誕生したルワンダでは実効性をもった土地政策が実施されたが，ブルンジでは新土地法は制定されたものの実効性は乏しく，コンゴ民主共和国では新たな土地法すら制定できていない（本書第6章）。ケニアやコートジボワールの新たな土地法がどの程度の実効性を持ち得るか，しばらく観察が必要だろう。

(19) 土地の利用，管理，紛争裁定に非公式な（慣習的な）システムが重要なことはいうまでもないが，土地法改革の目的を達成するためには公的なシステムが機能することが前提条件であり，今日のアフリカではまさにその点が問題になっている。土地ガバナンスについて，たとえばDeininger, Selod and Burns（2012）は世界銀行の考え方を示している。

[参考文献]

＜日本語文献＞
青山道夫編 1963.『アフリカの土地慣習法の構造』アジア経済研究所.
赤羽裕 1971.『低開発経済分析序説』岩波書店.
大山修一 2009.「ザンビアの農村における土地の共同保有にみる公共圏と土地法の改正」児玉由佳編『現代アフリカ農村と公共圏』アジア経済研究所 147-183.
楠和樹 2014.「牛と土——植民地統治期ケニアにおける土壌侵食論と『原住民』行政——」『アジア・アフリカ地域研究』13（2）267-285.
児玉谷史朗 1981.「ケニアの小農場部門における農民の階層分化」『アジア経済』22（11-12）38-56.
サンドブルック，リチャード1991.（小谷暢訳）『アフリカ経済危機の政治分析』三嶺書房.
武内進一 2009.『現代アフリカの紛争と国家——ポストコロニアル家産制国家とルワンダ・ジェノサイド——』明石書店.
——— 2013.「序論『紛争後の国家建設』」日本国際政治学会編『国際政治』(174) 1-12.
——— 2014.「コンゴ民主共和国の土地関連法制」（武内進一編「アフリカの土地と国家に関する中間成果報告」調査研究報告書　アジア経済研究所 177-217　http://www.ide.go.jp/Japanese/Publish/Download/Report/2013/2013_B103.html).

原口武彦 1975.『部族——その意味とコート・ジボワールの現実——』アジア経済研究所.
星昭編 1973.『アフリカ植民地化と土地労働問題』アジア経済研究所.
水野祥子 2009.「大戦間期イギリス帝国におけるグローバルな環境危機論の形成」『史林』92 (1) 97-129.
宮本正興・松田素二編 1997.『新書アフリカ史』講談社.
吉田昌夫編 1975.『アフリカの農業と土地保有』アジア経済研究所.

＜外国語文献＞
Abrams, P. D. 1979. *Kenya's Land Resettlement Story: How 66,000 African Families Were Settled on 1325 Large Scale European Owned Farms*. Nairobi: Challenge Publishers and Distributors.
Alden Wily, Liz 2011. "The Law is to Blame: The Vulnerable Status of Common Property Rights in Sub-Saharan Africa." *Development and Change* 42 (3) : 733-757.
Anseeuw, Ward, and Chris Alden eds. 2010. *The Struggle over Land in Africa: Conflicts, Politics and Change*. Cape Town: HSRC Press.
Bayart, Jean-François 1993. *The State in Africa: The Politics of the Belly*. New York: Longman.
Berry, Sara 2002. "Debating the Land Question in Africa." *Comparative Studies in Society and History* 44 (4) : 638-668.
Boone, Catherine 2014. *Property and Political Order in Africa: Land Rights and the Structure of Politics*. Cambridge: Cambridge University Press.
Bruce, John W., and S. E. Migot-Adholla eds. 1994. *Searching for Land Tenure Security in Africa*, Dubuque: Kendall/Hunt Publishing Company.
Chanock, Martin 1991. "Paradigms, Policies and Property: A Review of the Customary Law of Land Tenure." In *Law in Colonial Africa*, edited by Kristin Mann and Richard L. Roberts, Portsmouth: Heinemann, 61-84.
Cissoko, S. M. 1984. "The Songhay from the 12th to the 16th Century." In *General History of Africa IV: Africa from the Twelfth to the Sixteenth Century*, edited by D. T. Niane, Paris: UNESCO, 187-210.
Clapham, Christopher 1988. *Transformation and Continuity in Revolutionary Ethiopia*. Cambridge: Cambridge University Press.
Comité d'Etudes Historiques et Scientifiques de l'A. O. F. 1939. *Coutumiers juridiques de l'A. O. F.*, Paris: Larose (3 volumes).
Coquery-Vidrovitch, Catherine 1969. "Recherches sur un mode de production africain." *La Pensée*, 144: 61-78.
―――― 1972. *Le Congo: Au temps des grandes compagnies concessionnaires, 1898-1930.*

Paris: Mouton & Co.
――― 1982. "Le régime foncier rural en Afrique noire." In *Enjeux fonciers en Afrique noire*, edited by E. Le Bris, E. Le Roy, and F. Leimdorfer, Paris : Karthala, 65-84.
Cotula, Lorenzo, Sonja Vermeulen, Rebeca Leonard, and James Keeley 2009. *Land Grab or Development Opportunity?: Agricultural Investment and International Land Deals in Africa*. London: IIED/FAO/IFAD.
de Kiewiet, C. W. 1937. *The Imperial Factor in South Africa: A Study in Politics and Economics*. Cambridge: Cambridge University Press.
Deininger, Klaus 2003. *Land Policies for Growth and Poverty Reduction*, Washington, D. C.: The World Bank.
Deininger, Klaus, and Hans Binswanger 2001. "The Evolution of the World Bank's Land Policy." In *Access to Land, Rural Poverty, and Public Action*, edited by A. de Janvry, G. Gordillo, E. Sadoulet, and J-P Platteau, Oxford: Oxford University Press, 406-440.
Deininger, Klaus, and Derek Byerlee 2011. *Rising Global Interest in Farmland: Can it Yield Sustainable and Equitable Benefits?* Washington, D. C.: The World Bank.
Deininger, Klaus, Harris Selod, and Anthony Burns 2012. *The Land Governance Assessment Framework: Identifying and Monitoring Good Practice in the Land Sector*. Washington, D. C.: The World Bank.
De Soto, Hernando 2000. *The Mystery of Capital: Why Capitalism Triumphs in the West and Fails Everywhere Else*. New York: Basic Books.
Feder, Gershon, and Raymond Noronha 1987. "Land Rights Systems and Agricultural Development in Sub-Saharan Africa." *World Bank Research Observer* 2 (2) : 143-169.
Fukuyama, Francis 2005. *State Building: Governance and World Order in the Twenty-first Century*, London: Profile Books.
Hailey, Baron William Malcolm (Lord) 1957. *An African Survey: A Study of Problems Arising in Africa South of the Sahara* (Revised 1956) . London: Oxford University Press.
Harms, Robert 1975. "The End of Red Rubber: A Reassessment." *The Journal of African History* 16 (1) : 73-88.
Helman, Gerald B., and Steven R. Ratner 1992-93. "Saving Failed States", *Foreign Policy*, (89) : 3-20.
Herbst, Jeffrey 2000. *States and Power in Africa: Comparative Lessons in Authority and Control*. Princeton: Princeton University Press.
Hilton, Anne 1985. *The Kingdom of Kongo*. Oxford: Clarendon Press.
International Land Coalition 2011. *Tirana Declaration: "Securing Land Access for the*

Poor in Times of Intensified Natural Resources Competition." Viewed 15 July 2015 (http://newsite.landcoalition.org/en/tirana-declaration).

Ley, Albert 1972. *Le régime domanial et foncier et le développement économique de la Côte d'Ivoire*. Paris: Librairie Générale de Droit et de Jurisprudence.

Leys, Colin 1974. *Underdevelopment in Kenya: The Political Economy of Neo-Colonialism 1964-1971*. Berkeley: university of California Press.

Lund, Christian 2013. "The Past and Space: On Arguments in African Land Control." *Africa* 83 (1) : 14-35.

Lund, Christian, and Catherine Boone 2013. "Introduction: Land Politics in Africa – Constituting Authority over Territory, Property and Persons." *Africa* 83 (1) : 1-13.

Maguire, G. Andrew 1969. *Toward 'Uhuru' in Tanzania: The Politics of Participation*. London: Cambridge University Press.

Mamdani, Mahmood 1996. *Citizen and Subject: Contemporary Africa and the Legacy of Late Colonialism*. Princeton: Princeton University Press.

Meek, C.K. 1968. *Land Law and Custom in the Colonies* (Second Edition) . London: Frank Cass.

Moore, Sally Falk 1998. "Changing African Land Tenure: Reflections on the Incapacities of the State." *European Journal of Development Research* 10 (2) : 33-49.

Morel, Edmund Dene 1969. *Red Rubber: The Story of the Rubber Slave Trade Flourishing on the Congo in the year of grace 1906*. New York: Negro Universities Press.

North, Douglass C. 1981. *Structure and Change in Economic History*. New York: W.W. Norton & Company.

OECD 2008. *State Building in Situations of Fragility*, Paris.

Ostrom, Elinor 1990. *Governing the Commons: The Evolution of Institutions for Collective Action*. Cambridge: Cambridge University Press.

Peters, Pauline E. 2013. "Conflicts over Land and Threats to Customary Tenure in Africa." *African Affairs* 112 (449) : 543-562.

Takeuchi, Shinichi ed. 2014. *Confronting Land and Property Problems for Peace*. Oxon: Routledge.

Thompson, Leonard 1990. *A History of South Africa*. New Haven: Yale University Press.

Vidal, Claudine 1974. "Economie de la société féodale rwandaise." *Cahiers d'études africaines*, 14 (53) : 52-74.

World Bank 1975. *Land Reform: Sector Policy Paper*. Washington,D.C.: World Bank.

―――― 1997. *World Development Report 1997: The State in a Changing World*. New York: Oxford University Press.

Young, Crawford 1994. *The African Colonial State in Comparative Perspective*. New Ha-

ven: Yale University Press.
Young, Crawford and Thomas Turner 1985. *The Rise and Decline of the Zairian State*. Madison: The University of Wisconsin Press.
Zartman, I William ed. 1995. *Collapsed States: The Disintegration and Restoration of Legitimate Authority*, Boulder: Lynne Rienner Publishers.

＜オンライン統計資料＞
World Development Indicators

第 1 章

ケニアにおける土地政策

——植民地期から2012年の土地関連新法制定まで——

津田 みわ

はじめに

　ケニア共和国（以下，ケニア）では，総陸地面積約 1 億4326万エーカーのうち農耕に適した土地が中央高地とその周辺，およびインド洋沿岸などに集中しており，面積的にも国土の 2 割程度にしか及ばない（ROK 2007, 4, Table 2）。こうした農耕適地の存在そのもの，そしてその偏在は，かつて英国による入植型植民地支配を引き起こし，独立後は土地の再分配問題となって，ケニアにおける土地問題の主要な源泉になってきた。

　2007年大統領選挙を契機として勃発した「選挙後紛争」（Post Election Violence: PEV，以下2007/08年紛争）[1]は，とくにリフトバレー州（当時，以下同。現在州県制は廃止されている）においてはそうした土地再分配をめぐる衝突でもあった。植民地支配以来の土地関連の法制度改革が必要との機運はすでに2000年代になって高まりつつあったが，この2007/08年紛争の発生によってケニアでは大幅な土地関連の法制度改革が実現する運びとなり，現在に至っている。農耕に適した土地という稀少な資源を誰がどう管理し，利用するのか，そしてその土地に居住する人間に対して誰がどのような権力を行使するのか。植民地化以来続くケニアの土地問題は，これら資源管理と領域統治という土地にかかわる二つの関心（本書序章を参照）がともに密接にかかわる

形で展開してきたといってよい。

こうした経緯と現状を念頭におきつつ，植民地期から今日に至る土地政策の変遷を整理することが本章の目的である。

ケニアについては，上述のように入植型植民地であったことを背景に，植民地期から独立後に至る土地制度の変遷に関して分厚い研究成果が積み上げられている（たとえば Berman 1990; Ghai and McAuslan 1970; Boone 2012; McAuslan 2013; 池野 1989; Kanyinga 2000; Kanyinga, Lumumba and Amanor 2008; Migot-Adholla, Place and Oluoch-Kosura 1994）。以下，それら成果を利用しつつ，(1)「人種」[2]別の土地制度確立に至る時期（植民地期前期），(2) 人種条項の撤廃とアフリカ人による私的所有が進められた時期（植民地期後期から独立後1990年代まで），(3) 2007/08年紛争を背景に土地制度の改革が急速に試みられている時期（2000年代の土地制度改革期）の三つの時期区分のもとで，それぞれの土地制度を整理したい。

第1節　植民地期前期——人種別の土地制度確立——

1.「東アフリカ保護領」期

東アフリカを植民地化した英国は，まずインド洋沿岸部とそれ以外の内陸部を含む全域を「東アフリカ保護領」（East Africa Protectorate）とし，そのあと1920年代になって，内陸部を「ケニア植民地」（Kenya Colony），インド洋沿岸部の帯状地域（次項で詳述する）を「ケニア保護領」（Kenya Protectorate）として，法制度上区別して植民地支配を行った。ただし，植民地支配末期までは，「保護領」「植民地」いずれにおいても現地のアフリカ人住民には土地の私的所有権（自由土地保有権［freehold］と土地リース権［leasehold］）を認めず，基本的にヨーロッパ系・アラブ系の住民だけに土地を私的所有させるという，人種別の土地政策がとられた[3]。もう少し詳しくみていこう。

英政府が現在のケニア共和国の領域を「東アフリカ保護領」と宣言したのは1895年であった。保護領ステータス時代のケニアで始まったのが、土地所有の二重システムであった。

保護領時代においては，土地はアフリカ人の土地と英国王の王領地（Crown Lands）とに区分された。そのおもな法的裏づけとされたのが，「1902年王領地条令」であった[4]。当時の東アフリカ保護領弁務官（Commissioner）だったエリオット（Charles Eliot）は，「東アフリカにおける白人入植の祖」と呼ばれた人物であり，「ヨーロッパ人に適している保護領内の，より冷涼な部分では，インド人にいかなる程度であれ土地を獲得させることを拒否」した[5]。1902年王領地条令には「入植者」（settler）とあるのみで人種は明示されていないが，エリオット弁務官のもとで1903年には英国からの移民が増大し，現南アフリカ共和国からも英国系やオランダ系住民（以下，白人と総称する）が入植した。これが後のいわゆる「白人高地部」（White Highlands, 以下，ホワイトハイランド）整備の端緒であった。1906年には，英国植民地相を務めていたエルギン伯爵（Earl of Elgin）も，白人による高地部の独占的所有を認めた（いわゆる「エルギン・プレッジ」[Elgin Pledge]）。

一方，アフリカ人が「現に占有」している土地はアフリカ人のものであり，その処分についてはアフリカ人との合意が前提とされたのがこの時期であった（「1902年王領地条令」）。ただし，この「アフリカ人が現に占有している土地」について想定されている「アフリカ人の有する土地に対する権利」については，「アフリカ人個人は土地所有権を有さず，一般的に用益権の形態をとるのみであり，土地権を有しているのはアフリカ人個人でなく共同体である」との解釈が，東アフリカ保護領期に積み上げられた（平田 2009, 147-178）[6]。

加えて，高地部への白人入植を推進する弁務官／総督[7]のもとで白人入植が進むにつれ，アフリカ人の合意も対価の提供も必要としない，土地所有権移転の制度が必要とされるようになった。そこで総督が発令したのが「1915年王領地条令」[8]であった。同条令が「人種」の表現を盛り込み，「異なる人種間の土地所有権移転には，事前に総督の許可が必要であり，総督は拒否権

をもつ」としたことによって，アフリカ人はもちろんアジア人（インド系住民）をも含む白人以外の住民に対する土地所有権の移転を，総督の拒否権で不可能にすることを明文化したことが，ここではとくに重要であった。アフリカ人に対しては「原住民居留地」(Native Reserves) が総督によって指定されると明記され，これにより，白人入植者の土地とアフリカ人の土地が物理的に分けられることとなったのであった。もちろん，「物理的に分ける」とはいえ，この「1915年王領地条令」でもアフリカ人に土地の私的所有権は与えられなかった。しかも同条例は「アフリカ人が現に占有している土地」「原住民居留地」のいずれも王領地に含むとし，原住民居留地の指定を総督がいつでも取り消せるとした。アフリカ人は，土地に関する諸権利について安定とは程遠い状態におかれ続けた（Ghai and McAuslan 1970, 27-28, 80; Buel 1965, 306）。

2．コーストの「10マイル帯状地域」

前項冒頭でふれた「インド洋沿岸部の帯状地域」とは，具体的には，歴史的な交易拠点でありかつ稀少な農業適地の一部として，東アフリカでも経済・社会的に特段の重要性を有してきた領域——現タンザニアとの国境線から現ソマリアとの境界に近いラム(Lamu)に至る海岸線10マイル（約16キロ）幅の帯状の地域——いわゆる「10マイル帯状地域」(Ten mile strip) であった。ケニア第2の都市モンバサも，この帯状地域に含まれる（図1-1）。

このインド洋沿岸部が土地政策史，土地制度の点で植民地支配初期から内陸部と異なる歴史的経緯をたどったことは，2000年代に入ってなお，コースト[9]の土地問題や土地関連紛争において頻繁に言及される。また後述するように2007/08年紛争を経て制定された新しい土地政策でも，コーストの土地問題について他地域とは別格の扱いが必要であることが独立の項目を立てる形で言及されている（ROK 2009）。ケニアの土地問題と政策史を理解するにあたっては，10マイル帯状地域とそれ以外の内陸部との史的背景のちがいに

第1章　ケニアにおける土地政策　35

図1-1　植民地期のケニアにおける土地分類（～1960年）

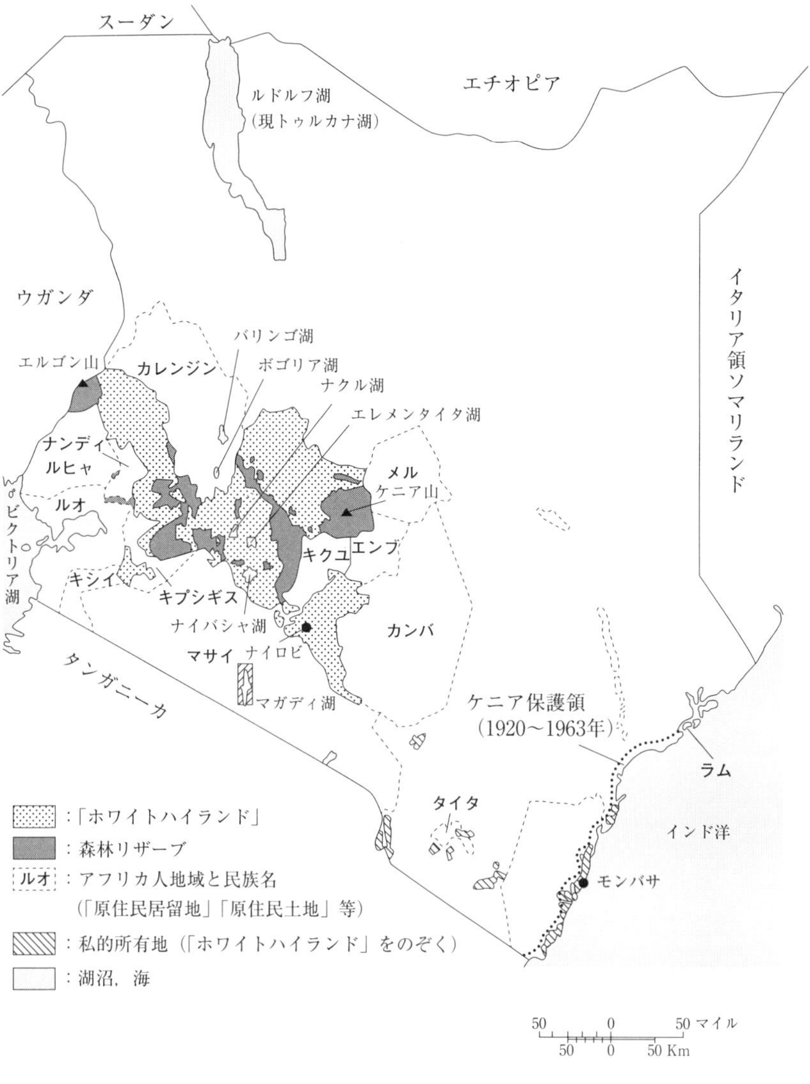

:::: ：「ホワイトハイランド」
▓ ：森林リザーブ
ルオ：アフリカ人地域と民族名
　　　（「原住民居留地」「原住民土地」等）
▨ ：私的所有地（「ホワイトハイランド」をのぞく）
□ ：湖沼，海

(出所)　Odingo（1971, 163［Fig 14, 1］），Ojany and Ogendo（1973, 135），Odhiambo, Ouso and Williams（1977, 118），Kanogo（1987, xvi）および Throup（1988, 40）をもとに筆者作成。

注目しておく必要がある（Ghai and McAuslan 1970; TJRC 2013）。

コーストにおける土地問題の端緒は，18世紀のアラブ系商人の流入以前からコーストの多数派住民だった人々——現在の分類でおもにミジケンダ（Mijikenda），タイタ（Taita），ポコモ（Pokomo）と呼ばれる人々——が，英国による植民地支配によって土地に対する権利取得の枠組みから疎外されたことに求められる[10]。

「東アフリカ保護領」時代，コーストではすでに，事実上アラブ系住民のみが特権的地位を与えられて広大な土地を私有するに至っており，ミジケンダ人，タイタ人，ポコモ人ら地元住民の土地に関する諸権利は認められない構図が出来上がっていた。1920年に「10マイル帯状地域」は「ケニア保護領」となり，1926年には三つの原住民居留地がコーストに制定されたが，ほとんどが10マイル帯状地域の外部（現クワレ・カウンティとキリフィ・カウンティ）に位置するなど，ミジケンダ人らの土地問題は解決には程遠い状態が続いた（TJRC 2013, 176）。

1963年のケニア共和国独立も，この状態には大きな変革をもたらさなかった。ケニア憲法は，植民地時代に設定された私的所有権が（10マイル帯状地域であるか内陸部であるかを問わず）独立後も基本的に保護されると明記し，土地関連のすべての権利についてもその取得の方法にかかわらず基本的に強制的接収の対象とはならないとしたのであった（TJRC 2013, 176; ケニア憲法第75条[11]）。

3．内陸部「ケニア植民地」

一方，インド洋沿岸部の10マイル帯状地域を除くケニア内陸部は，1920年に「ケニア（併合）勅令」（Kenya [Annexation] Order in Council）によって「東アフリカ保護領」ステータスを終了し，「ケニア植民地」とされた。ケニア植民地となって以降も，中央高地を白人専用農地とし人種別の土地制度を敷くという植民地支配の方向性に変化はなかった。植民地期から独立後に至る

このケニアの人種別土地制度については,「はじめに」で述べたように,多くの優れた整理がある。まず,アフリカ人を対象とした土地政策についてMcAuslan (2013), 平田 (2009) に依拠しつつ整理していこう。

「植民地」へのステータス変更は,ケニア内陸部のアフリカ人が「英国臣民」（British subject）とされたことを意味し,また,すべての土地が国王の支配領（His Majesty's dominions）となって,土地の最終的な権限が英国王に属するようになったことを意味した。アフリカ人の原住民居留地としてリザーブされた土地も例外ではなく,すべての土地が国王に帰属しており,原住民居留地を保有するアフリカ人は国王の借地人（tenant at will）となったとされた。こうした任意借地権は「コモンロー上は,当事者の意思表示によって直ちに消滅する借地権であるから,アフリカ人は自らの所有地に対して,国王の意思によっていつでも終了されうる借地権を有するに過ぎないこと」を意味した（平田 2009, 150-151; Sorrenson 1965, 685）。

ただし,こうしたアフリカ人の不安定な土地所有の制度は,1920年代からすでにアフリカ人による土地回復運動が起こっていたことを背景に,わずかずつながらも転換されることとなった。土地の私有化を可能にする大転換が図られたのは植民地支配末期であり,植民地ステータスへの変更当初に行われたのは,原住民居留地の内部での土地保有制度の整備にとどまった[12]が,以下簡単にこの時期の流れをみていこう。

ケニアの原住民居留地政策は,まず白人専用地域ありきであり,ホワイトハイランドに隣接するいわゆる「部族が占有する地域」に関して行政を行う必要が結果的に生じたことによって設けられた（Hailey1957, 768-770）。土地行政を担うアフリカ人地域の統治機構について植民地政府は,政府が任命する「ヘッドマン（Headman,後のチーフ Chief）」[13]を各アフリカ人地域におき,地域における土地利用の責任者とした[14]。

1926年には,アフリカ人の土地に関する権利の安定化を求めた「東アフリカ・コミッション」（East Africa Commisssion）による報告書「経済委員会（1919年最終報告書）」（Economic Commission: Final Report, 1919）が提出された。

それを受けて原住民居留地の制定が遅ればせながら法律上に明記され[15]，「部族ごとの居留地」であるとして24の原住民居留地が設立された（Ghai and McAuslan 1970, 90）。

また，同年の「1926年ケニア（原住民地域）条令」[16]，そして「1930年原住民土地信託条令」[17]は，「原住民居留地は永遠に（for good）アフリカ人社会用にリザーブされる。公的目的のためにのみ原住民居留地の土地所有権を移転できるが，その場合は同価値の土地が補填される」とし，補償の規定を盛り込んだ（Buel 1965, 321; Hailey 1957, 717; Ghai and McAuslan 1970, 89-91）。1920年代にはまた，アフリカ人地域に「原住民評議会」（Local Native Council）がおかれ，土地利用――道路保全，土壌侵食防止のための放牧や樹木伐採の管理――に関する意思決定機関とされた（「1924年原住民統治機構（修正）条令」[18]。

原住民居留地政策にとって一つの画期となったのは，アフリカ人の土地問題を調査する目的で1931年に設立された「ケニア土地委員会（Kenya Land Commission, 通称，カーター委員会［Carter Commission］）」が1934年に提出した報告書（以下，カーター報告書）であった。カーター報告書は，さまざまなカテゴリー下にあるアフリカ人地域の土地[19]について，専用の委員会である「原住民土地信託委員会」（Native Lands Trust Board）が監督・維持する制度を提案した。これを受ける形で，アフリカ人地域における慣習法の効力を承認する内容の制度改革が実施された（Kenya Land Commission 1933, 7, 366-367; Meek 1968, 85）。「1937年原住民統治機構条令」[20]では，原住民評議会に土地の土壌保全――それに関連する土地利用制限――に関する決議行使権が与えられた（Meek 1968, 90-92）[21]。「1938年原住民土地信託条令」[22]は，原住民土地信託委員会によるアフリカ人地域の統治について詳細を定め，また旧条令時代と比べ原住民居留地は1410平方マイル拡大された（Meek 1968, 86）。「1939年ケニア（原住民地域）勅令」は，既存の原住民居留地を修正したものとして新たにカーター報告書で提言された「原住民土地」（Native Lands）を増設した[23]。この勅令はまた「原住民土地信託委員会」について，新設したさまざまなカテゴリーからなる「原住民地域」（Native Areas）[24]における原住

民の利益保護にあたるための組織だとし，それらアフリカ人用とされた土地の行政，管理，発展・統治がアフリカ人の最大の利益に合致していない場合にアフリカ人に代わって植民地総督に進言する権限を同信託委員会に付与した（Meek 1968, 85-86）。さらに同勅令は，「原住民土地」を原住民の法と慣習のもとにある領域と定め，「1915年王領地条令」とは異なって，この「原住民土地」を王領地から除外した点でも重要であった（Meek 1968, 86）。

ただし Meek（1968）によれば，こうしたアフリカ人地域に関する制度構築において重視されていたのは，あくまでもホワイトハイランドの整備であった。とくに「1938年原住民土地信託条令」は，「原住民土地」「原住民居留地」などとしてアフリカ人用と指定した土地の外部について，アフリカ人の土地に関するすべての権利が消滅するとしたこと（第70条）に重要性があった（Meek 1968, 87）。ホワイトハイランドの境界は「1938年ケニア（ハイランド）勅令」[25]，「1938年修正王領地条令」[26]によって画定された（Meek 1968, 85, 88）。この「修正王領地条令」と「ケニア（ハイランド）勅令」で画定されたホワイトハイランドの面積は，約1072万エーカーに及んだ（Meek 1968, 89; Maxon and Ofcansky 2000, 121, 257）。

以上を整理すれば，東アフリカ保護領，ケニア植民地およびケニア保護領では，そのいずれにおいても基本的に土地の二重システムが採用されていたことがわかる。ケニア植民地については白人に，コーストのケニア保護領については事実上アラブ系住民についてのみ，土地の私的所有が認められた。インド系住民もその私的所有が可能な住民の範囲から事実上排除された。アフリカ人住民は，「原住民居留地」「原住民土地」など指定領域について土地に関する権利を有するとされたが，それは私的所有権ではなく，土地の占有権や利用権は基本的に共同体のみに認められるものとされた。

なお，アフリカ人住民の「共同体」自体も優れて植民地化の産物であった点には留意しておく必要がある。「共同体」や「チーフ」は植民地支配による制度構築の過程で創設されたのであり，それによって既存のアフリカ人社会は大きな変容を余儀なくされた。植民地期の土地制度を整理した基本文献

の一つ，Migot-Adholla, Place and Oluoch-Kosura（1994）も，「原住民居留地，信託地では……政治的支配の戦略として，植民地行政官たちがチーフ職をつくり，地方の名望家をチーフにしたり，周縁的地位にあった個人をチーフ職につけたりした。これにより植民地行政官たちは，刑法犯罪を除くすべての地方レベルの問題について裁定を下せる慣習的権威をも創出した」として，植民地期の土地制度がアフリカ人社会を大きく変容させる機能を果たしたことへの注意を喚起している（Migot-Adholla, Place and Oluoch-Kosura 1994, 6-7）。

第2節　植民地期後期以後
——人種条項の撤廃と私的所有の推進——

1．農業政策の転換

1950年代になると，よく知られているように「マウマウ」（Mau Mau）と呼ばれた土地解放闘争がホワイトハイランドを中心に激化し，1952年には植民地政府が非常事態宣言を発令するに至った。白人入植者の死者数こそ限定的であったものの，英国側は，正規軍の出動，英国警察の展開など，鎮圧のための多大なコストを負うようになった。

土地に関する人種条項の維持が困難さを増すなかで，白人入植者重視の農業政策はついに転換されることとなった。人種別による二重の土地制度が廃止され，土地の私有化が進められたのである。植民地政府の農業局次長（Assistant Director of Agriculture）がアフリカ人の農業改善案をとりまとめたのは，1954年であった。提唱者の名をとって「スウィナートン・プラン」（Swynnerton Plan）と呼ばれるこの計画は，アフリカ人に土地の私的所有制を導入することを勧告し，独立以降にわたってケニアの農業政策の基本方針の一つとして継承される重要なものとなった（Swynnerton 1954）。

スウィナートン・プランは，翌1955年に出された『東アフリカ王立委員会

報告書』(East African Royal Commission 1953-55 Report) でも支持された。同報告書は1953年から1955年にかけて英政府がケニアに派遣した東アフリカ王立委員会の報告であり，スウィナートン・プランを支持して，アフリカ人農業振興のためアフリカ人についても慣習的土地保有ではなく土地の私的所有制を導入することを勧告した。この報告書はまた，土地に関する人種制限の廃止を提案に盛り込み，ホワイトハイランドの撤廃を進言した（池野 1990, 6-26）。

1959年末，植民地政府はアフリカ人に対する土地の私的所有制の導入，およびホワイトハイランドの撤廃，という二つの重大な農業政策の転換を行った。これを受け，1950年代末から1960年代初頭にかけて，徐々に土地所有に関して人種条項を撤廃する法制度化が進み，最終的には「1962年登記土地条令」[27]に結実した。名称についても，「1960年ケニア（土地）勅令」により，「原住民居留地」は「特別居留地」(special reserve)，「原住民土地」は「信託地」(Trust Lands) へとそれぞれ改名された[28]。「1962年登記土地条令」は，独立後も「登記土地法」[29]と名称を変更したのみで維持され，2010年代の土地関連法制度の改革期まで，一貫してケニアにおける基礎的な土地法の一つであり続けた。

2．アフリカ人地域とホワイトハイランドにおける土地の私有化

このように，植民地期後期の段階で着手された人種別土地制度の撤廃と，アフリカ人による土地の私的所有制度の導入は，まずは共同体的な土地保有のもとにあるとされてきたアフリカ人地域の内部において，土地の裁決・登記（Adjudication and Registration）を行う形で進められた。すなわち，各人の土地に対する権利を最終的に確定し（裁決），各人の土地に対する私的所有権を登記して権利証書（title deeds）を発行する（登記）というものであった[30]。

アフリカ人に対するこれら一連の土地登記事業は，独立前の段階では，ホワイトハイランドの東部外縁に設定されて「キクユ人居留地」とされたアフ

リカ人地域（原住民土地，原住民居留地など）のみで行われ[31]，早くも1958年には，後のセントラル州キアンブ県にあたるキクユ人居留地での土地登記が終了した（吉田 1978）。また，マウマウに関与したとして抑留されていたアフリカ人を労働者として用い，アフリカ人地域に入植させる事業であった「灌漑入植計画」も実施された（林 1981）。

　植民地末期から独立後にかけての，（旧）アフリカ人地域内の登記可能地についてみてみると，ホワイトハイランドに隣接するセントラル州とリフトバレー州では，それぞれ独立直後の1970年に99.6％，22％が登記済みかそれに準じる状態となった。1979年末にはリフトバレー州でも72％に達した。全体でも，1979年末の段階で，旧アフリカ人地域の登記可能地の約63％の土地で登記あるいは裁決が完了するか，裁決進行中となった（児玉谷 1981, 38-39）。アフリカ諸国の全体的な傾向として「独立後も総じて私的所有権の確立に熱心でなかった」（本書序章）のに対し，ケニアにおける土地の私的所有化は，農耕適地を中心に，スウィナートン・プランで転換した農政に沿って植民地期末期から独立後にかけて急速に進んだといってよい。

　一方，アフリカ人に対する土地の私的所有の推進において，土地問題という観点からより高い重要性をもったといえるのが，ホワイトハイランドの解体とその再配分であった。具体的にみていこう。

　ケニア独立のために英国でアフリカ人代表団参加のうえで開催されていた1962年の第2回憲法制定会議において，(1) ホワイトハイランドの解体方法についてはケニア政府が有償で買い取り，英政府が買い取りのための資金の大部分をケニア政府に融資すること，(2) そしてアフリカ人入植希望者がケニア政府からの融資を得て旧ホワイトハイランドに入植し，農業を始めた後，一定のスケジュールに従って，この融資金を返済すること，(3) また私有財産は憲法によって保障されることなどを英政府側が提案し，アフリカ人側代表がこれを受け入れた（吉田 1978, 223-224）。この合意を受け，旧ホワイトハイランドの農場についての土地所有権の移転は，大別すると「入植計画」と「任意売買」という二つの方法で1960年代以後，独立後も継続して実施さ

れた。

　第1の「入植計画」とは，ヨーロッパ人大農場を政府が買い取り，アフリカ人を再入植させるものであり，入植には「分割形式」「非分割形式」の2形式があった。「分割形式」は1960年代後半まで精力的に進められ，政府が買い取った大農場を小区画に分割してアフリカ人に小農形態で入植させた。「非分割形式」は1960年代後半以後主流になったものであり，大農場のまま分割せず，アフリカ人入植者は自給用の小区画を与えられるのみで，残る大部分の地片において経営管理者のもとで有償労働力を提供するという形式の入植計画であった。

　「分割形式」のもとでは，「100万エーカー入植計画」[32]（47万ヘクタール，3万5000世帯），「ハランベー入植計画」（6500ヘクタール，400世帯），「ハラカ入植計画」（10万5000ヘクタール，1万4000世帯）が実施に移された。合計58万1500ヘクタールが4万9400の区画（平均12ヘクタール／区画）に分割され，同数の世帯が入植したが，分割形式の入植計画の形態での土地移転は，旧ホワイトハイランドの5分の1にしか適用されなかった（池野 1986; 1990）。「非分割形式」のもとでは，「オル・カルー入植計画」（1960年代に86農場5万6000ヘクタールに2000世帯が入植），「シリカ入植計画」（1971年に始まり105農場10万9000ヘクタールに1万2000世帯が入植）が実施に移された（池野 1986, 68）。

　第2の方法が，「任意売買」（willing seller/willing buyer）の原則であった。これは，私有財産を保障する憲法を背景に，白人入植者の私的所有地の強制収用などは行わず，あくまで市場を通じて私的所有権を移転させる方式であった。この制度は，購入のための資金を有しているか，あるいは融資を受けることのできる主体（個人，協同組合，企業など）だけが新たな土地を取得できる制度だったといってよい（池野 1990, 10）。土地の有償による分配で恩恵に浴することができたのは，「政治的に有利な立場にあって融資を利用できる人々」か，植民地支配への協力等を通じて富裕層化していた人々であったことに留意すべきであろう（たとえば，高橋 2010, 307）。

3．私有化の推進と独立後の政治利用

　植民地支配の後期に着手されたこれらの土地制度改革は，長年にわたって多くの批判にさらされてきた。

　そもそも，前項でみたアフリカ人地域における土地所有の私有化とあわせ，このホワイトハイランドへの入植計画について「植民地時代の政策担当者たちは，地方のアフリカ人エリート階層を創り出すと考えていた。アフリカ人エリート階層は，土地に根ざし，民間の企業経営に携わるはずであったし，これらはリベラルな政治的リーダーシップを生むはず」であったことが指摘されている（McAuslan 2013, 47）。ホワイトハイランド解体の直前にあたる1960年の段階で，ホワイトハイランドは741万5000エーカーを占め，3480農場により展開されていた（池野 1990）。これら大農場はむしろ温存され，ヨーロッパ系の企業・個人農場主ら改革前からの所有者に加わる形で，土地の任意売買によってアフリカ人大農場主が生まれていったのであった（池野 1990）。

　私有化政策における土地無し層対策の重要性は明確でなく，ほぼ土地無しとみられた層は当時13万世帯に達していたのに対し，上述したホワイトハイランドへのアフリカ人入植計画はそもそも全体で6万世帯余りしか吸収し得なかった。1960年代末時点には，土地無し世帯は約30万世帯に膨れ上がった（池野 1990, 21）。ホワイトハイランドの解体とアフリカ人による私有化の推進は，植民地支配への協力／敵対関係によってすでに階層化が進行していたアフリカ人のあいだにさらなる階層分化をもたらしたのであり，とくにホワイトハイランドの解体においてはつとに指摘されるように，その階層分化そのものが政策の一部だったのである（池野 1990, 9; McAuslan 2013, 47）[33]。また，キクユ人だった初代大統領のもとで，リフトバレー州の旧ホワイトハイランドとコーストの農業適地への入植農民の構成が少なからず大統領と同じキクユ人に偏ったことは，土地再分配の不公正にかかわる問題としてアフリカ人

社会に深い傷を残すこととなった。初代大統領とその近縁者が，前述の任意売買方式を通じる形でも広大な農業適地を入手していたことにも留意したい（たとえば，高橋 2010, 307-317）。

　加えて，アフリカ人地域においては，いったん進められた土地登記が，登記人の死亡により相続が行われても届け出られないなど，登記が現実の所有・使用状況の反映から程遠い状態におかれ続けていることも土地に関する紛争が多発する原因の一つになっている（池野 1989，第Ⅳ章；太田 2012)[34]。

　これらとあわせて指摘されるべきであるのは，こうした土地の二重システムを解消するための私有化推進と人種条項撤廃という法制度改革と，それによる独立後の土地の再配分が，歴代大統領を中心とする中核的な政治エリートによって政治資源化されたという点である（Kanyinga 2000; TJRC 2013; Boone 2012)。独立後の歴代政権は，「普通の農民を犠牲にする形で広大な土地が一部の政治・行政エリートによって蓄積，着服されることを推進してきた」のである（McAuslan 2013, 49)。もう少し詳しくみていこう。

　上述したように，人種条項撤廃により「原住民」(Native) 区分は廃止され，それにともないケニア保護領・植民地のすべての土地は，王領地，信託地，私有地のいずれかであるとされた。ケニアは1963年に独立するが，植民地支配後期に開始された主要な土地政策の実施に必要な法的枠組みは，ほぼそのままの形で独立後も継続された[35]。そして，この独立を契機に新たに生じた問題としてとりわけ重要であり現在もその対策が急務とされているのは，植民地期の王領地，すなわち独立にともない国有地（Government Land) と改名された土地の私有化であった。「王領地条令」時代に植民地総督が恣意的に行使できるものと定められた王領地の私的所有権移転の権利は，独立後は改名された王領地条令である「国有地法」[36]のもとで，ケニア大統領に継承された（第3条)。この法制度が利用され，歴代のケニア政府のもと，観光地や水源を含む森林地帯，都市部の官庁・公立学校の敷地などが法人や個人に贈与・売却・貸与され続けたのである。

　独立後の国有地に関する私的所有権移転を詳細に研究したカニンガらは，

初代ケニヤッタ（Jomo Kenyatta, キクユ人）政権と第2代モイ（Daniel arap Moi, カレンジン人）政権による権力の乱用と，それによる公用地の私物化を詳細に示し，それによって歴代のケニア大統領以下の政治エリートらがいかに自身の政治的支持層に報償を与え，他方で批判勢力に打撃を与えたかを示した（Kanyinga, Lumumba and Amanor 2008）。マコースランは，2007/08年紛争の調停で誕生した与野党連立政権さえも土地の政治的報償化を押しとどめるには至らなかったとして，土地無し層や貧困層による土地問題への取り組みを求める要求から「自分たちの利益を，政治的プロセスを利用して守った」と独立ケニアの政治エリートらによる土地収奪を厳しく批判している（McAuslan 2013, 49）。独立ケニアの歴代政権を担ってきた政治的エリートたちは，「土地保有の市場化と個人化のプロセスを，土地所有の民主化を創出するために使うのでなく，その反対，すなわち土地所有の権威主義国家化を実現するために使った。そこでは，人々は自分たちの土地を取り上げられていった」のであった（McAuslan 2013, 55-56）。

第3節　2000年代の土地制度改革

1．新たな土地政策の開始

　1990年代に入ると，土地問題の深刻性は度重なる暴力的事件を通じてケニア社会はもとよりケニア政府，国会にも浸透するようになった。ケニアでは1991年末に一党制が廃止されて複数政党制が回復し，翌1992年からは基本的に5年おきに複数政党制のもとでの大統領選挙，国会議員選挙などからなる総選挙が実施されてきた。こうした民主化，政治的自由化の裏側で頻発し始めたのが，旧ホワイトハイランドに重なるリフトバレー州中部における住民襲撃事件であった。事件は入植農民の排斥が目的とみられることに加え，複数政党制選挙における自己の議席維持のため，潜在的野党支持とみられた入

植農民を排斥することも目的だったとみられる。襲撃には，当時モイ政権の中心的支持基盤をなしていたカレンジン人（モイが帰属する民族）に属する国会議員らが深く関与しているといわれる（詳細は津田 2000，とくに104-109，128-137）。事件では多くの場合，植民地末期のホワイトハイランド解体以後にリフトバレー州に入植したキクユ人，ルオ人，ルイヤ人などカレンジン人ではないリフトバレー州住民が襲撃のターゲットになった。リフトバレー州で発生した住民襲撃事件では，1990年代を通じて少なくとも数百人以上が殺害され数千人が国内避難民化した（Boone 2012, 87）。

「先住者」による「よそもの」の排除，複数政党制選挙との関連という二つの特徴は，1997年総選挙の直前にコーストの旧10マイル帯状地域で発生した大規模な住民襲撃事件にも共通してみられた（詳細は津田 2003；松田 2000）。モイ大統領は1998年に「ケニアにおける部族抗争に関する司法調査委員会（Judicial Commission of Inquiry into Tribal Clashes in Kenya，委員長のアキウミ判事〈A. M. Akiwumi〉の名をとって通称アキウミ委員会）」を任命した。アキウミ委員会は翌1999年に長大な報告書を大統領に提出し，歴史的な土地問題の存在が暴力の主要な背景であるとしたうえで，民族的煽動の禁止や治安強化と並び，「部族に基づく」入植は中止すること，私有化した国有地に権利証書を発行することなどを提案した（ROK 1999, 285-286）。しかし，この提案が実行に移されることはなかった。

2002年になって，20年以上大統領の座にあったモイが引退を表明したことは，積み重なる一方だった土地問題にわずかながら変化をもたらす契機となった。同年末の大統領選挙では，野党側の選挙協力組織を母体とする政党の統一候補として大統領選挙に出馬したキバキ（Mwai Kibaki，初代大統領と同じキクユ人）が大勝した。キバキ政権下では，モイ政権時代にリフトバレー州国有地の森林地帯に入植を許されたカレンジン人入植者に対して，入植者，地元国会議員らの反対をよそに数万人規模の移住／強制退去が一方的に進められた。国家レベルの新しい土地政策の策定が始まったのは，このキバキ政権下であった。

キバキは2003年に「公用地の不正分配に関する調査委員会」(Commission of Inquiry into the Illegal and Irregular Allocation of Public Land, 通称, ンドゥング委員会［Ndung'u Commission］）を任命した。ンドゥング委員会は翌2004年に報告書を提出して,「公用地（私有地を除くすべての土地, と同報告書は定義）が政治的報償, あるいは投機的目的のために私有化されている」ことを指摘した。ンドゥング報告書は, 国有地の処分について過度な大統領への権力集中が背景にあると指摘し, とくに広大な国有地面積のある旧ホワイトハイランドにおいて「大統領による恣意的な権力行使」が行われてきたことを批判した。報告書はこうした認識に立って, 新たな法制度構築につながる「抜本的に新しい土地政策が必要である」とした（ROK 2004, Part Four; Boone 2012, 89）。

　新たな土地政策の策定は土地省（Ministry of Lands）が担当し,「国家土地政策草案」(Draft National Land Policy）がキバキ政権の最終年にあたる2007年5月に完成した（5年おきの総選挙実施であるため, 2007年12月に選挙が予定されていた）。国家土地政策草案は, (1) 土地行政の抜本見直しと, (2) 1963年以後を射程とする, 私有地を含むすべての土地に関する所有権の洗い直しが必要であるとし, (3) 過去の土地問題についての補償・不平等の是正・少数者権利の保護など政府方針の実現のために, 国家レベルの土地委員会を新設すること, (4) 土地委員会は中央・地方行政から切り離して国会を上部機関とすることなどを主内容としていた（Boone 2012, 90）。

　紙幅の制限から本章では詳述できないが, このあと行われた2007年総選挙では, キバキが再選とされた大統領選挙での不正疑惑をきっかけに各地で暴動が発生し, あわせてリフトバレー州ではキクユ人を中心とする入植者が大規模に襲撃されるなど2008年2月末に国際的調停により終息するまでの約2カ月間, ケニアは独立以来未曾有の危機となった2007/08年紛争を経験することとなった。

　紛争調停の結果, 大統領選挙で次点とされたオディンガ（Raila Odinga, ルオ人）候補を暫定憲法のもとで首相とする一方でキバキの大統領選挙当選は追認し, 両者に公認を与えた政党連合から半数ずつの閣僚を出す形での連立

政権が発足した。紛争の重要な背景に土地問題が存在することは明らかであり，国際調停でも2009年末までに新たな土地政策を国会で採択することが双方の派閥で合意された。キバキ＝オディンガ連立内閣は，(1) 土地に関する歴史的不正を調査し是正するとの政府方針，および (2) 国有地の処分についての制度改革を盛り込んだ「国家土地政策」(National Land Policy) の内容について，2009年6月に合意した。合意された国家土地政策は，2009年のうちに国会を通過した (ROK 2009)。

　この国家土地政策は，これまで土地に関する各種の調査委員会で指摘されてきた問題をほぼすべて網羅し是正しようとする壮大なものであった。同政策は，(1) 1895年の「東アフリカ保護領」化に遡り，歴史的な土地問題を是正する (ROK 2009, 42)，(2) 放牧地，コースト地域，少数社会集団や女性・子ども・インフォーマルな居住者などの土地問題に取り組む (ROK 2009, 42-54)，(3) 大統領と官僚に過度な権力集中がある現行制度（当時，以下同）を是正し，憲法と法に基づいて運営され国会の任命を経る新しい独立組織として「国家土地委員会」(National Land Commission) を設立する (ROK 2009, 55-60) とし，さらに (4) 開発 (development) の観点に立った土地政策が重要であるとして，私有地を含むすべての分類の土地についての必要に応じた強制収用と補償に言及する (ROK 2009, 12-13, 16) などの項目を含んでいた。これらは，忠実に実現されれば，私的所有権を聖域化してきた植民地以来の土地政策の大きな転換につながる，注目に値する内容であった。

　ただし，同政策の主眼は，まずもって「独立以来不在だった」ケニアの国家としての土地政策を制定することそのものにあり，それにともなって，これまで場当たり的に制定され相互に重複・矛盾する各種の土地関連制度を整理・統廃合することにあったのであり，国家土地政策上にその制定目的として明示されたのは「持続可能な成長と投資，そして貧困削減のため，土地権を安定化すること」という総花的な大枠にすぎなかった (ROK 2009, 1)。また，後述するように，改革の要の一つである国家土地委員会を定めた新法は2012年に制定されたが，「歴史的な土地問題」の認定基準，あるいは土地関

連省など既存組織と同委員会の権力関係など肝要な点で曖昧さが残り，そのことが改革実現の遅れにつながる事態になっている。

2. 2010年憲法と土地関連新法の制定

では次に，この国家土地政策の法制度化についてもう少しみていこう。2007/08年紛争の国際調停では，大統領への過度な権力集中を内容としていたケニア憲法の改正もまた国民和解と今後の紛争予防にとって必須であると連立政権の双方が合意していた（Daily Nation 2008, 29）。2009年制定の国家土地政策はとくに当時のケニア憲法が土地に関して多くの問題を抱えていることを指摘し，新政策の内容を憲法に書き込むべきとの見解を示した（ROK 2009, 9-13）。これらを背景に，2010年，抜本的に新しい憲法が国民投票を経て制定される運びとなり[37]，新憲法には国家土地政策の内容が書き込まれた。新憲法はまた，土地関連のさまざまな新法を制定すべきであることおよびそれらの制定期限を詳細に規定した。憲法，関連諸法ともに施行から日が浅く評価がまだ定まらない段階であるが，以下，内容のポイントを紹介し，暫定的なコメントを加えておきたい。

2010年憲法には，国会承認を経たばかりの国家土地政策に従い，土地だけで独立の1項目（第5章「土地と環境」の第1部。第60～68条）が設けられたうえで新政策の内容が書き込まれた。第60条「土地政策の原則」は国家土地政策で言及された各種原則を要約し，第61条「土地分類」は，国家土地政策が採用した土地の新たな3分類である「公用地」（Public Land），「共同体土地」（Community Land），「私有地」（Private Land）の3分類を採用するとして，第62～64条はそれぞれの定義を示すことにあてられた[38]。第65条「外国人の土地所有」は，国家土地政策に沿って外国人の土地所有をリースのみとし，リース期間を最長99年間までとした。第66条「土地の利用，私有の制限」は国家土地政策に沿って特定の場合には国家が土地の利用・土地権を制限できるとした。「特定の場合」としては，国防，公共の安全，公共のモラル，公

衆衛生，土地利用計画への考慮が書き込まれている。第67条「国家土地委員会」は国家土地政策に沿って国家土地委員会を設立することと同委員会の機能を示した。「機能」としては中央政府（national government）および地方政府（county governments）に代わって公用地を運営すること，土地に関する現在および歴史的な不正を調査し，補償を提言することなど，政策に沿った内容が書き込まれた。第68条「土地法制」は，国会が既存法を再検討し，重複を整理・合理化すること，とくに (1) 私有地の所有規模制限，(2) 公用地・共同体土地・私有地へのカテゴリー変更方法，(3) 離婚時の土地権，(4) 公用地へのアクセス権保護，(5) 過去のすべての公用地払い下げの調査，(6) 相続，(7) その他必要に応じ，新法を制定することとした。

　2010年制定のこのケニア憲法が，国会による関連法の制定期限を憲法施行（2010年8月）後1～5年の幅でそれぞれ厳しく制定したことは，その後の関連法制定過程の実態を理解するうえで留意に値する（付則5）。憲法は第68条の土地法制について18カ月以内に制定するものとし，移行期の法制定については，「国会は憲法で示された立法期限を延長することができるが全議員の3分の2の賛成が採択に必要」としたうえで，「延長は1度のみ，延長期間は最大で1年」ときわめて短期に設定したのであった（第261条）。

3．土地関連新法

　実際にも国会は2012年初頭，立法期限を60日間延長した。これにより期限は2010年8月の憲法施行から20カ月間となった。しかし，それでも2012年中の制定が必須であり，マコースランが指摘しているように，憲法の制定した新法制定の期限は多数の法律の草案作成，検討，修正，国会討議などには到底不十分な「非現実的な」スケジュールであった（McAuslan 2013, 145）。

　結果，2012年4月には土地に関する最初の新法法案が国会を通過し，土地登記の地方分権化を主内容とする「2012年土地登記法」[39]が5月に施行された。2012年4月にはまた，国家土地委員会を定める「国家土地委員会法」[40]，そ

して，公用地・共同体土地・私有地の管理と行政，土地の強制収用と補償，私有地の所有規模制限，私有地・共同体土地・公用地のカテゴリー変更方法，離婚時の土地権処理，相続など多岐にわたる内容をもった「奇妙なごたまぜ」である「土地法」[41]が国会を通過し，いずれも5月に施行された（McAuslan 2013, 147）。

一方，2012年当時連立政権下にあったケニア[42]では，7月にキバキとオディンガが合意して国家土地委員会委員長とその他9人のコミッショナーを任命した。8月には国会承認が得られたものの，大統領らによる委員の正式な任命は遅れ，委員会の発足は2013年2月末にずれ込んだ[43]。発足後も，国家土地委員会と政府の土地・住宅・都市開発省（Ministry of Land, Housing and Urban Development，以下，土地省）とのあいだで，権利証書の発行・無効化権限がどちらに存するかなどをめぐる対立が繰り返し発生しており，国家土地政策の基本理念——政府から独立した組織としての国家土地委員会設立など——は，その滑り出しから多くの課題に直面している。

たとえば，土地省は2013年に6万件の土地権利証書をコーストで発行したが，国家土地委員会は権利証書の発行は自分たち国家土地委員会が決定権者であり，土地省による発行済み権利証書は無効であるとしてケニア高等裁判所（以下，高裁）に提訴した。高裁は2014年10月，土地省と国家土地委員会の話し合いを命じる判断を下し，これを受けて2014年11月にンギル土地大臣（Charity Ngilu，旧東部州出身）とスワズリ国家土地委員会委員長（Muhammad Swazuri，コースト出身）が，土地省が発行した権利証書を承認する旨でいったん合意したものの，最終的な調停は最高裁判所（Supreme Court）の判断を仰ぐ事態になった（*Daily Nation* 2014年11月26日付け第8面）。

課題はこれらにとどまらず，今後，新政策のうち土地の分配に関する歴史的な不正の是正部分についてたとえ一部でも実現するのであれば，現在私有地とされている土地の帰属問題に踏み込まざるを得ず，そのこと自体がまた新たな紛争の火種ともなろう。一方で，高邁な理念を謳った新政策をよそにこのまま歴史的不正の放置が続けば，そのこともまた紛争の原因になり得る。

複数政党制の維持・紛争予防という関心からも，新たな土地政策の今後の実現／非実現のプロセスが注目される。

おわりに

　農耕適地が国土の2割程度と稀少であるうえ中央高地とその周辺およびインド洋沿岸部に偏在しているケニアでは，20世紀の英国による植民地化で中央高地の多くがいわゆるホワイトハイランドとして囲い込まれ，インド洋沿岸では事実上アラブ系住民にのみ土地の私有が認められるなど，長期にわたって人種別の土地制度が敷かれた。

　植民地支配末期になると，この人種別土地制度は撤廃され，旧ホワイトハイランドへのアフリカ人の入植が始まり，その他の地域においても同様にアフリカ人による土地の私有化が推進された。しかし，旧ホワイトハイランドへの入植においては，農耕民優先の名のもとで当時の初代大統領と民族的帰属を同じくするキクユ人などが優先され，受益者には偏りが生じた。私的財産の保護が優先されるなかで，アラブ系住民に偏ったコーストの土地の私的所有権の問題が是正されることもなかった。こうした植民地支配由来の偏った土地所有の実態は独立後も手つかずのまま引き継がれており，現在まで政治的・社会的な中心的問題点の一つとなっている。

　また，植民地時代の王領地について植民地総督が有していた土地の私的所有権移転の権利も，独立後に大きな問題を引き起こした。王領地を国有地に，植民地総督を大統領に変更するのみで継承した法制度のもと，歴代の大統領が，クライアントへの政治的報償として森林や観光地その他の国有地を分配したのであった。

　この，土地の私有化推進と，いったん設定された土地の私的所有権の保護という二大原則は植民地末期から変わらず維持された。ただし，2002年に独立以来の長期政権が倒れたのち，土地の私的所有権に制限を盛り込むような

政府主導の改革が，少なくとも制度的には進められた。その背景には，1990年代初頭の複数政党制回復と民主的な選挙の再開と軌を一にして，キクユ人ら入植農民の排斥が目的とみられる住民襲撃事件がリフトバレー州で頻発してきた歴史がある。2007/08年紛争はその果てに発生した衝突でもあった。2007/08年紛争の勃発を背景に，歴史的不正の調査・是正と国有地の処分についての制度改革を盛り込んだ国家土地政策が2009年に国会を通過した。2010年には新政策に基づく土地制度を書き込んだ新しい憲法が国民投票で可決され施行された。

現在は，植民地期の条令を継承した土地関連諸法の廃止，新法の制定，国家土地委員会の発足など，新たな土地政策に基づく法制度整備と運用がその端緒についたところであるが，新政策の柱の一つである国家土地委員会はその発足当初から権力抗争の火種となり困難に直面している。同委員会の行方を含め，新政策の実現／非実現の行方が注目される。他方，新政策と法制度化を2013年段階で詳細に検討したマコースランは，土地の私有化推進を是とし，いったん設定された私的な土地所有権を保護する政策そのものには，植民地末期の人種別土地制度廃止から今日まで変化はないとの判断を示している。「2009年ケニア国土政策で外枠が示された改革のための多数の提案は，この土地所有の個人化プログラムそのものにはふれず，実際のところ，そのプログラムを加速し拡張することに関心をおいている」(McAuslan 2013, 46) とマコースランは述べており，新たな土地政策がどれほど「新しい」かについても今後の検証が待たれる。

〔注〕
(1) 2007/08年紛争は，大統領選挙結果における不正選挙疑惑への抗議と，植民地期から続く土地問題を背景とした住民排斥など複数の背景を併せ持った，ケニア独立以来最悪の国内紛争であった。詳細は津田 (2009) を参照されたい。
(2) 植民地統治期のケニアにおいては，住民をヨーロッパ系，アラブ系，アジア（インド）系，アフリカ系などに区分したうえでそれら区分に沿うような

土地制度が段階的に確立されていった。こうした経緯を背景に「人種」(race) 表現が用いられるようになった1915年以後の法制度（第1節で詳述する）に従い，本章においてこれらヨーロッパ系，アラブ系，アジア（インド）系，アフリカ系の区分に言及する際には，人種と総称する。

(3) 東アフリカ保護領時代のケニア植民地における土地関連法制度の変遷について，詳細は津田（2014）にまとめたので参照されたい。

(4) Crown Lands Ordinance 1902. 条令の詳細は津田（2014）を参照されたい。

(5) 東アフリカでは，19世紀末からウガンダ鉄道建設のための年季契約労働移民として多数のインド人が移入・定着したほか，事務員，医師，教員，商社員などとして定着するインド人移民が現れ，1910年代には保護領のインド人人口は1万人を超えていた。入植者による高地部の独占的所有制度を形成するにあたって，排除の対象としてアフリカ人はそもそも想定されておらず，念頭におかれていたのはおもにインド人であった（内藤 1995, 114-116）。

(6) 「アフリカ人共同体が所有」するとされた土地の所有権移転にあたっては，合意取り付けとアフリカ人共同体への対価を提供する必要があるとされていた。共同体を単位とする合意が取り付けられ，対価が提供されたおもな事例として，1904年および1911年のマサイ条約（Maasai Treaty）がある。詳細は，たとえば Ghai and McAuslan（1970, 20-25）を参照されたい。

(7) 「1905年東アフリカ勅令」（East Africa Order in Council 1905）によって「弁務官」（Commissioner）は「総督」（Governor）と改名された。

(8) Crown Lands Ordinance 1915. 条令の詳細は津田（2014）を参照されたい。

(9) 本章では，簡便のため，独立後にコースト州となった全域を「コースト」と呼ぶ。コースト州のインド洋沿岸部の特定領域だけが「10マイル帯状地域」，すなわち旧「ケニア保護領」であり，コースト州の残りの領域は旧「ケニア植民地」の一部である。「コースト」と「10マイル帯状地域」が同一ではないことに留意されたい。なお，本文冒頭でふれたように，州県制は2010年の新憲法制定により廃止されている。

(10) 18世紀初めに始まったアラブ人のコーストへの流入，および19世紀末に始まった英国による植民地化と，コーストの土地関連法制度の関係については，津田（2014）の整理を参照されたい。

(11) Constitution of Kenya (Revised Edition 2009〈2008〉). この憲法条文には，（私有の）財産および財産権について，例外的条件が満たされた場合に限定して強制的な収用，財産権の侵害が行われるとして当該条件が列挙されたほか，補償請求を含む法的異議申し立て手続きが明記された（第75条(1)(a～c)；(2)；(3)；(6)；(7)）。

(12) 1930年代までは，アフリカ人住民の土地とされた「原住民居留地」についての法制度化は，「遅れと体系化の欠如」を特徴としていた。詳細は Ghai and

McAuslan（1970, 82）。

(13) アフリカ人地域の末端行政長の名称はいずれかの時点でヘッドマンからチーフに改名された（たとえば Hailey 1957, 446）が，裏づけとなる条令・規則等は未確認である。なお，独立後に採用された州県制（2010年に廃止）では，州・県・ディヴィジョンのさらに下位の単位としてロケーション（Location）がおかれ，その行政長の名称がチーフとされた。

(14) 詳細は，「1902年村落ヘッドマン条令」（Village Headmen Ordinance of 1902），「1912年原住民統治条令」（Native Authority Ordinance）を参照されたい。

(15) 具体的には，報告の提出と同じ1926年のうちに「1915年王領地条令」の規程が修正され，「総督は，王領地内のどの領域をも原住民居留地と宣言できる」とされた。

(16) Kenya (Native Areas) Ordinance 1926.

(17) Native Lands Trust Ordinance 1930.

(18) Native Authority Ordinance 1924. ただし，この条令では原住民評議会の委員長は県長官（District Commissioner）が務めるものとされた。評議会委員も植民地総督が任命する制度のもとにあり（ヘッドマン／チーフもその任命の対象となった），あくまで中央集権的な制度であったことに加え，原住民統治機構に許されたのは，土地の利用に関する意思決定のみであり，所有権に関する意思決定ではなかったことに留意する必要がある（Hailey 1957, 446-450）。

(19) ①王領地から除外する原住民居留地である「原住民土地」，②王領地の一部にとどめる「原住民居留地」と③「原住民暫定居留地」（Temporary Native Reserves），④民族を指定しない「原住民リース地域」（Native Leasehold Areas）の4カテゴリー（「原住民土地」だけが王領地から除外されたことに留意）のこと。報告書はこの4カテゴリーの総称を「原住民地域」（Native Areas）とすることも提案した。詳細は Kenya Land Commission（1933, 7）を参照。

(20) Native Authority Ordinance of 1937 No. 2.

(21) 英国植民地支配期における「原住民の土壌侵食論」言説の編成については，楠（2014）を参照されたい。

(22) Native Land Trust Ordinance of 1938.

(23) Kenya (Native Areas) Order in Council, 1939.「原住民土地」については前記カーター報告書に関する注(19)を参照されたい。

(24) 「原住民地域」についても，注(19)を参照されたい。

(25) Kenya (Highlands) Order in Council, 1938.

(26) Crown Lands (Amendment) Ordinance of 1938.

(27) Registered Land Ordinance 1962.

(28) Kenya (Land) Order in Council, 1960. とくに付則１，２を参照。

⑩　Registered Land Act, Chapter 300.
⑳　アフリカ人に対する私的所有権の設定が始まった初期は，各所に分散した農地の調整（consolidation）も必要とされた。詳細は児玉谷（1981）を参照されたい。
㉛　土地の私有化は，独立後にその他のアフリカ人地域にも広げられた（児玉谷 1981）。
㉜　「100万エーカー入植計画」の目的は二つあり，一つは旧白人農業労働者およびスクオッター（squatter）を中心に入植させ自作農を育成しようとする「低密度計画」（Low Density Scheme）であり，他は都市の失業者を救済する目的をもつ「高密度計画」（High Density Scheme）であった（林 1970）。
㉝　ホワイトハイランドの解体が，独立ケニアにおいて新たなアフリカ人富農層を創出したこと，一方で貧困層への富の分配は進まずアフリカ人富農層との格差が拡大した点については日本のケニア研究においても厚い積み重ねがある。とくに重要なものとして，池野（1986; 1990），児玉谷（1981），高橋（2010），林（1970），吉田（1978）を参照されたい。
㉞　その他，マサイランドにおける独立後の集団ランチ制度導入，共有地分割など土地の私有化およびその問題点については，目黒（2015，とくに第2，3節）を参照されたい。
㉟　「私有地」は，独立にあたっても私的所有権が保護され，植民地期に設定された私有地に関する権利は独立後も維持された。「信託地（改名前は原住民土地。王領地から除外した原住民居留地のこと）」は，独立後も「信託地」（Trust Land）とされた。1969年憲法は「すべての信託地は，それが位置する領域に管轄権を有する地方自治体に属する」「アフリカ慣習法に基づいて治める」，とした。詳しくは「信託地法」（Trust Land Act），2010年に失効した旧憲法第114条以下を参照されたい。また，Kanyinga（2000, chapter 4; 52-55）が独立期の法制度継承をまとめているのでそちらも参照されたい。なお，信託地を慣習法に基づいて治めると定めたことで生じた問題について詳しくは，McAuslan（2013）および，Migot-Adholla, Place and Oluoch-Kosura（1994）を参照されたい。
㊱　Government Lands Act, Chapter 280.
㊲　新憲法制定について詳細は津田（2012）を参照されたい。
㊳　「共同体土地」の定義は，基本的に旧憲法，旧土地政策時代の「信託地」の定義と重なる。詳細は2010年憲法第63条を参照されたい。
㊴　Land Registration Act, 2012 (No. 3 of 2012).
㊵　2012年国家土地委員会法（National Land Commission Act, No. 5 of 2012）は，国家土地委員会を土地に関する絶大な権力を有する組織として規定した。たとえば，同法は国家土地委員会の機能として（1）中央政府や地方政府に代わ

って公有地を管理・運営する，(2) 土地に関する現行および歴史的な不正を調査し，適切な補償を勧告する，(3) 中央政府や地方政府に代わって，あるいは同意のもとで公有地の所有権を移転する，(4) 地方政府に代わって未登記の信託地および未登記の共同体土地を管理・運営する，(5) すべての未登記地について，本法の施行から10年以内に登録されるよう図ると定め，「歴史」の射程についてもとくに制限しなかった（第5条）。また，同委員会はそれら機能を果たすに必要なすべての権限を有するとし，必要に応じて関連情報を収集し，関係者を諮問できるほか，活動においては「厳格な証拠主義にしばられない」ことも明記された（第6条）。しかし，本文でこのあとみるように，同法はその運用段階の初期から，国家土地委員会と土地省など既存組織との権力所掌をめぐる対立の主因となり，法制度上の不備が問題となっている。

(41) Land Act (No. 6 of 2012).
(42) 2007/08年紛争の国際調停の結果始まったこの暫定憲法下の連立政権は，2013年に新憲法のもとでの初の総選挙実施とその結果選出された新大統領のもとでの新たな政権発足によって終了した。なお，2013年に就任した新大統領はウフル・ケニヤッタ（Uhuru Kenyatta，ケニヤッタ初代大統領の実子）である。オディンガはこの大統領選挙でも次点とされ，裁判闘争を経て結果を受け入れた。
(43) 国会承認については Daily Nation online （2012），国家土地委員会の設立史について詳細は，National Land Commission （2014）を参照されたい。

[参考文献]

<日本語文献>

池野旬 1986.「ケニアにおける農業開発と貧困問題」『アジア経済』27 (5) 61-76.
────── 1989.『ウカンバニ──東部ケニアの小農経営──』アジア経済研究所.
────── 1990.「ケニア脱植民地過程におけるヨーロッパ人大農場部門の解体」『アジア経済』31 (5) 6-26.
太田妃樹 2012.「ケニアにおける土地の私有化とその成果──キクユ・ランドにおける農村調査からの一考察──」『スワヒリ&アフリカ研究』(23) 105-127.
楠和樹 2014.「牛と土──植民地統治期ケニアにおける土壌侵食論と『原住民』行政──」『アジア・アフリカ地域研究』13 (2) 267-285.
児玉谷史朗 1981.「ケニアの小農場部門における農民の階層分化」『アジア経済』22 (11-12) 38-56.
高橋基樹 2010『開発と国家──アフリカ政治経済論序説──』勁草書房.

津田みわ 2000.「複数政党制移行後のケニアにおける住民襲撃事件――92年選挙を画期とする変化――」武内進一編『現代アフリカの紛争――歴史と主体――』アジア経済研究所 101-182.
――― 2003.「リコニ事件再考――ケニア・コースト州における先住性の政治化と複数政党制選挙――」武内進一編『国家・暴力・政治――アジア・アフリカの紛争をめぐって――』アジア経済研究所 219-261.
――― 2009.「暴力化した『キクユ嫌い』――ケニア二〇〇七年総選挙後の混乱と複数政党制政治――」『地域研究』9(1) 90-107.
――― 2012.「紛争と民主化――ケニアにおける2007/8年紛争と新憲法制定――」佐藤章編『紛争と国家形成――アフリカ・中東からの視角――』アジア経済研究所 61-99.
――― 2014.「植民地化初期のケニアにおける土地制度とその変遷」(武内進一編「アフリカの土地と国家に関する中間成果報告」調査研究報告書 アジア経済研究所 42-65 http://www.ide.go.jp/Japanese/Publish/Download/Report/2013/2013_B103.html).
内藤雅雄 1995.「東アフリカにおける『インド人問題』――1920年代のケニアを中心に――」『アジア・アフリカ言語文化研究』48-49, 111-135.
平田真太郎 2009.「ケニアにおける土地所有権の社会分析――法システムの機能と進化の観点から――」博士論文, 横浜国立大学.
林晃史 1970.「キクユの土地保有」『アジア経済』11(2) 30-40.
――― 1981.「ケニアの農村開発と労働力吸収能力」『アジア経済』22(11-12) 81-100.
松田素二 2000.「日常的民族紛争と超民族化現象――ケニアにおける1987～98年の民族間抗争事件から――」武内進一編『現代アフリカの紛争――歴史と主体――』アジア経済研究所 55-100.
目黒紀夫 2015.「野生動物保全が取り組まれる土地における紛争と権威の所在――ケニア南部のマサイランドにおける所有形態の異なる複数事例の比較――」『アジア・アフリカ地域研究』14(2) 210-243.
吉田昌夫 1978.『アフリカ現代史Ⅱ』山川出版社.

＜外国語文献＞
Berman, Bruce 1990. *Control & Crisis in Colonial Kenya: The Dialectic of Domination*, London, Nairobi and Athens: James Currey, Heinemann Kenya and Ohio University Press.
Boone, Catherine 2012. "Land Conflict and Distributive Politics in Kenya." (ASR Focus: The Political Economy of Democratic Reform in Kenya), *African Studies Review* 55(1): 75-103.

Buel, Raymond Leslie 1965. *The Native Problem in Africa*, Vol. 1. London: Frank Cass and Co. Ltd.

Daily Nation 2008. "Public Statement: Kenya National Dialogue and Reconcilliation on the Resolution of the Political Crisis Annotated Agenda and Timetable." (7 February) : 29.

Daily Nation online 2012. www.nation.co.ke/news/ House-approves-National- Land-Commission-nominees/-/1056/1484334/-/10hcvnpz/-/index.html (2015年1月30日アクセス).

Ghai, Y. P., and J. P. W. B. McAuslan 1970. *Public Law and Political Change in Kenya: A Study of the Legal Framework of Government from Colonial Times to the Present.* Nairobi, London and New York: Oxford University Press.

Hailey, Lord 1957. *An African Survey (Revised 1956) : A Study of Problems Arising in Africa South of Sahara,* London, New York and Toronto: Oxford University Press.

Kanogo, Tabitha 1987. *Squatters & the Roots of Mau Mau,* London, Nairobi and Athens: James Currey, Heinemann Kenya and Ohio University Press.

Kanyinga, Karuti 2000. *Re-Distribution fro Above: The Politics of Land Rights and Squatting in Coastal Kenya,* Uppsala: Nordiska Afrikainstitute.

Kanyinga, Karuti, Odenda Lumumba, and Kojo Sebastian Amanor 2008. "The Struggle for Sustainable Land Management and Democratic Development in Kenya: A History of Greed and Grievances." In *Land and Sustainable Development in Africa,* edited by Kojo Sebastian Amanor and Sam Moyo, London and New York: Zed Books, 100-126.

Kenya Land Commission 1933. *Report of the Kenya Land Commission*. Nairobi: Government Printer.

Maxon, Robert M., and Thomas P. Ofcansky 2000. *Historical Dictionary of Kenya: Second Edition,* Lanham, Md. and London: The Scarecrow Press, Inc.

McAuslan, Patrick 2013. *Land Law Reform in Eastern Africa: Traditional or Transformative?: A Critical Review of 50 Years of Land Law Reform in Eastern Africa 1961-2011,* New York: Routledge.

Meek, C. K. 1968. *Land Law and Custom in the Colonies, Second Edition,* London: Frank Cass & Co. Ltd.

Migot-Adholla, Shem.E, Frank Place, and W. Oluoch-Kosura 1994. "Security of Tenure and Land Productivity in Kenya." In *Searching for Land Tenure Security in Africa,* edited by John W. Bruce and Shem E. Migot-Adholla, Dubuque: Kendall/Hunt Publishing Company, 119-140.

National Land Commission 2014. The Progress Report (March 2013-January 2014), (国家土地委員会ウェブサイト http://www.nlc.or.ke /resources/quarterly-reports/

よりダウンロード。2015年1月30日アクセス).
Odingo, R. S. 1971. "Settlement & Rural Development in Kenya.", In *Studies in East African Geography and Development,* edited by S. H. Ominde, London: Henemann Educational Books Ltd, 162-176.
Odhiambo, E. S. Atieno, T. I. Ouso, and J. F. M. Williams 1977. *A History of East Africa,* London: Longman Group Ltd.
Ojany, F. F., and R. B. Ogendo 1973. *Kenya: A Study in Physical and Human Geography*, New Edition, Nairobi: Longman Kenya.
ROK (Republic of Kenya) 1999. *Report of the Judicial Commission Appointed to Inquire into Tribal Clashes in Kenya,* Nairobi: Government Printer.
―――― 2004. *Report of the Commission of Inquiry into the Illegal/ Irregular Allocation of Public Land (Main Report)* , Nairobi: Government Printer.
―――― 2007. *Statistical Abstract 2007*. Nairobi: Government Printer.
―――― (Ministry of Lands) 2009. *Sessional Paper No. 3 of 2009 on National Land Policy,* Nairobi: Government Printer.
Sorrenson, M.P.K. 1965. "Land Policy in Kenya 1895-1945." In *History of East Africa Volume Two,* edited by Vincent Harlow and E. M. Chilver, London: Oxford University Press, 672-689.
Swynnerton, R. J. M. 1954. *A Plan to Intensify the Development of African Agriiculture in Kenya,* Nairobi: Colony and Protectorate of Kenya.
TJRC (Truth, Justice and Reconciliation Commission) 2013. Report of the Truth, Justice and Reconciliation Commission: Volume IIB, Nairobi: TJRC.
Throup 1988. *Economic and Social Origins of Mau Mau 1945-1953*, London, Nairobi and Athens: James Curry, Henemann Kenya and Ohio University Press.

第 2 章

ザンビアの領土形成と土地政策の変遷

大 山 修 一

はじめに

　現代のアフリカにおいて，人口の急激な増加，農耕地や都市の拡大，再入植計画，国内外の企業活動の活発化などによって土地取得が盛んになり，土地の分譲や土地権利の保証が重要な問題となっている（Gulliver 1961; von Blanckenburg 1993; Sjaastad and Bromley 1997; Moyo 2007）。多くのアフリカの国々と同様に，ザンビアの土地制度には土地所有証明書（title deeds）による私有と慣習地（Customary Land）における土地の共同保有という二重性が存在する（Mvunga 1980; Le Roy 1985; Firmin- Sellers and Sellers 1999; Benjaminsen and Lund 2003; Maganga 2003）。土地所有証明書に基づく私有では，土地の売買が可能であり，固定資産に対する税金の支払いが義務となっている。他方，慣習地における土地の共同保有では，慣習法が土地の使用権を規定し，国家の権利証書は存在せず，土地に対する税金の支払いも行われないのが一般的である。慣習法は植民地時代の名残であり，アフリカの諸社会から純粋に生み出されたものではなく，民族集団の独自性から表出しているものでもないという（Le Roy 1985）。

　ザンビアでは，1995年に成立した土地法によって，慣習地における土地所有証明書の発行が認められ，土地の私有化が進められている。この手続きには，伝統的権威（traditional authorities）が関与しているものが多く，また，

伝統的権威であるチーフが外部者に対して土地を分譲しているケースもある（大山 2009; 2015）。慣習地における土地の分譲は，住民の居住や作物の栽培，家畜の放牧といった人々の生計活動や生存のための手段とぶつかり，農村における土地の共同保有のあり方に混乱が生じている。土地の囲い込みによって，人々の立ち退きや耕作地の制限が起き，農村における人々の生活——農耕や森林産物の採集，食生活——に大きな影響が及ぶこともある（大山 2011）。

ザンビアには73の民族が存在し，それぞれがチーフや村長といった伝統的権威の社会システムをもっている。現在，各民族の社会構造をみると，パラマウント・チーフを頂点とする集権的な社会から，親族集団やクランの長をチーフとする分節的な社会まで，幅広く存在する。それぞれの民族社会には一人もしくは複数のチーフが存在する。ザンビアでは，2014年に急逝したサタ前大統領が各民族社会のチーフを中心として地域開発を進めることを言及し，各地方出身の国会議員にチーフとの連携を要請していた（Times of Zambia 2012a）。土地の分譲や私有化に関しては，それぞれの民族社会あるいはチーフが，独自のやり方で土地権利の付与を進めている。ザンビアでは国家，企業による土地の大規模取得も行われており（Chu 2013），新聞報道では，国家による土地の接収や企業に対する土地の分譲，土地問題をめぐる争議が頻繁に取り上げられる（Times of Zambia 2012a; 2012b; 2013; 2014; *The Post* 2013など）。ザンビアにおける土地制度の二重性と現代の土地問題の根源は，ザンビアが独立する以前の北ローデシアの占領と領土の形成，そして，その後の植民地統治とヨーロッパ人の入植と強く関係している。

本章では，ザンビアにおける2000年代以降の土地権利の混乱を理解するため，北ローデシアの占領と植民地時代の統治にまで遡り，1890年に始まるイギリス南アフリカ会社による占領と統治，ヨーロッパ人の入植，鉱山開発と入植者への土地の分譲をみていく。また，土地の所有権をめぐる植民地政府とイギリス南アフリカ会社との論争をみたうえで，現在の土地制度の基礎となる1947年における土地制度の確立と土地の分類作業を検証し，ザンビアが

独立した1964年以降，カウンダ政権による1975年土地法，チルバ政権下の1995年土地法の成立までの土地政策の変遷を検討する。

第 1 節　BSAC による領土の獲得

　1886年，南アフリカで金の鉱脈が発見された。セシル・ローズはダイアモンド鉱山を手中に収めた勢いで，金鉱山の開発会社に投資し，莫大な利益を得て，南アフリカ連邦の成立をめざした。ローズは投資と貿易に対する英国の庇護を必要とし，1890年にケープ植民地の首相に就任し，ケープタウンからカイロまでをつなぐ領土の獲得と大陸縦断鉄道の建設という壮大な計画を立てた（Gann 1958, 45）。

　1889年，ローズは30年以上にわたって悲願であった大英帝国の特許を取得し，特許会社の名前はイギリス南アフリカ会社（British South African Company. 以下，BSAC）となった。英国には18世紀後半以来レッセフェールによる放任主義の時期があり，「夜警国家」と「安価な政府」というイデオロギーが強く存在することもあった（長島 1989, 104）。そのイデオロギーが，1914年の第一次世界大戦と1929年の世界大恐慌をきっかけに介入主義へと変化する（秋田 2012, 193）。この変化の時期に，BSAC は1924年まで北ローデシアを統治した。

　BSAC による統治は，英本国にとっても利点があった。政府は本国の納税者に負担をかけず，リスクを負う必要もなかった（Gann 1958, 48）。1891年には，ヨーロッパ列強，とくにポルトガルとドイツによって，ザンベジ川の北側が占領されようとしていた。BSAC が計画を実現に移すため，この地域の占領は重要課題であった。ザンベジ川の北部，すなわち，現在のザンビアの土地そのものは，金やダイアモンドといった鉱物資源に乏しく，それほど魅力的ではないと考えられていたが，ローズは領土の獲得をめざした。

　19世紀の後半に，ザンビアにおける銅の存在は探検家の報告によって英国

では有名であった。BSACはアフリカ人社会のチーフに対して領土の保護を約束し，次々と鉱物開発に関するコンセッションを結んだ（Roberts 1976, 159）。現地社会には，必ずしも，チーフやパラマウント・チーフといった伝統的権威が存在するわけではなかった。南部州にひろく居住するトンガ人社会では，植民地化以前にチーフは存在せず，植民地時代につくられた（児玉谷 1999）。実際には民族社会の権力者でなくても，BSACは権力者とみたてて交渉を行うこともあった。

ローズの要求に従って，1891年に英政府はBSACの活動域をザンベジ川の北側でベルギー領コンゴの境界までと設定し，ニアサランド（現在のマラウィ）を除くことにした。ローズはベルギー領コンゴとの競合に敗れて，銅の産出地であるカタンガ周辺の土地を獲得できず，その領土，現在のザンビアの国土は，いびつな形となった（Roberts 1976, 162）。この領土は，セシル・ローズの名前をとって，バロツエ王国の領地を中心とする地域は北西ローデシア（以下，NWR），ンゴニ王国やベンバ王国の領域を主とする地域は北東ローデシア（以下，NER）と名づけられた。ローデシアという名称は以前から，非公式に使用されていたが，BSACがこの名称を付与したのは1895年5月のことであり，英政府が公式に名称を使用したのは1898年のことであった（Galbraith 1974, 309）。

1896年まで，NWRとNERの両方の領域におけるBSACの占領と統治は国際法における位置づけが不明瞭であった（Roberts 1976, 163）。両方の領域には英国から総督は派遣されず，行政評議会（Executive council）も設置されていなかった。隣国ニアサランドの弁務官（Commissioner），ジョンストン（Johnston Henry Hamilton）はローズとの個人的なつながりで，両領域におけるBSACの統治を認めていた（Buell 1965）。ローズはジョンストンをBSACの従業員とみなし毎年，1万ポンドを支払った（Galbraith 1974, 231）。ザンベジ川より北側の土地を占領することは，ジョンストンにとっては英本国の利益のため，ローズにとってはBSACの利益を得るため，両者の利益が一致したのである。つまり，BSACは英王室によって認められた特許会社であっ

たが，NERおよびNWRの領土はともに1896年まで英政府の管理下になかった（Galbraith 1974, 339）。BSACはニアサランド弁務官との個人的なつながりで，北ローデシアにおける初期の統治を進めたのである。

英政府はBSACに対して，1899年の勅令によってNWRの統治，1900年の勅令によってNERの統治を認め，1889年のアフリカ勅令（African Order in Council）の規定よりも統治体制を明確にした。この勅令によって，NERとNWRにおいて，アフリカ人同士の争議を除き，英国の法律が適用され，法律と適合するかぎり，アフリカ人社会のチーフの役割を認めた（Gann 1963, 93）。

第2節　BSACの統治期

1．北西ローデシア（NWR）の統治

NWRのバロツエランドを中心とする地域については，原住民社会とのコンセッションによる土地の取得が中心であった。英国人探検家ハリー・ウェア（Harry Ware）は1889年にロジ王国のパラマウント・チーフであるレワニカ（Lewanika）（在位1878～1884年，1885～1916年）と会い，衣類や毛布，ライフル銃といった供物を献上し，その領地における鉱物の採掘権を受け取るという確約を得た（Roberts 1976, 160）。ロジ王国は大西洋（現在のアンゴラ）から東へ進んでくるポルトガル，そして，南西アフリカ（現在のナミビア）から北上してくるドイツの脅威，近隣民族のンデベレとの戦闘に苦慮していた。ロジ王国は，好意的に接してきた英国に対して，庇護を求めたのである（Caplan 1968）。

ウェアの得た確約に基づき，BSACはバロツエランドの土地権利を主張し，1890年，レワニカより領土内の採掘権と商業権に関するコンセッションを取得する。このコンセッションは，結んだBSACの従業員の名前からロック

ナー・コンセッション（Lochner Concession）と呼ばれる（Galbraith 1974, 217; Grotpeter, Siegel, and Pletcher 1998）。ロジ王国のチーフ・レワニカはコンセッションにサインする際、英国の庇護を求め、ビクトリア女王とのコンセッションだと考えており、BSACとの採掘権や商業権の取引だという認識はなかった。

BSACは1890年、アンゴラを占領するポルトガル政府とのあいだで、境界に関する条約を結ぼうとし、その境界線として東経20度を主張した。BSACが締結しようとした条約は、バロツエ王国に対して英国の支配下に入ることを要求するものであったが、ポルトガルは自国に帰属すると主張した。NWRの西側の境界線については未確定のまま、その境界線の問題を1903年、イタリア王室の仲裁に委ねることになった。1905年には両政府の折衷案である、東経22度線を境界線とすることで、英国とポルトガルの両政府のあいだで合意がなされた（Galbraith 1974, 222）。その境界線はいまでも、ザンビアとアンゴラの国境となっている。

1899年11月に英政府が発効させた勅令によって、BSACはNWRを統治することになった。NWRの領域は、実際にはバロツエランドよりも大きな地域であり、具体的には、カフエ川までの行政権を取得した（図2-1）。BSACによるNWRの統治は南アフリカのイギリス高等弁務官（High Commissioner）の管理下で行うべきことが定められた（Gann 1958, 62）。

1900年には、BSACはロジ王国のパラマウント・チーフであるレワニカとのあいだに、NWRの鉱物・商業に関するコンセッションを獲得した。この取引は、レワニカ・コンセッション（Lewanika Concession）として知られる。このコンセッションの条件では、BSACはヨーロッパ人入植者に土地を分譲でき、レワニカが入植者への土地分譲に対して認可を下すことになっていたが、英本国の権力や法律と矛盾しないかぎり、現地の法律や慣習は尊重され、自治権が認められた。

NER領に編入されていた、カフエ川とルワングワ水系とのあいだの地域を、BSACは1905年にNWR領へと変更した。この地域では銅が多く産出し、

図2-1 1900年代における北ローデシアの地勢

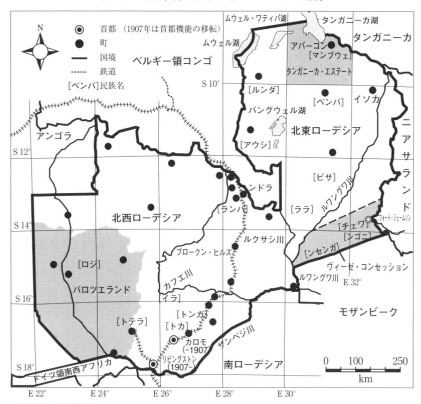

(出所) 筆者作成。
(注) 図中の網掛けにした地域は，本文中で記載したコンセッションやエステートの地域を示す。

　ブロークン・ヒルズやンドラの周辺で銅鉱山の開発が始まる一方で，銅を輸送するための鉄道路線が建設されようとしていた。この地域の土地は，後述するように，NWR領とNER領に挟まれた中間地域であり，自動的にBSACの管理下に入った。BSACによるこの地域の領有権は，著名な探検家ジョセフ・トムソン（Joseph Thomson）の結んだコンセッションに基づいていた。トムソンはセシル・ローズに雇われ，1890年にはビサやアウシ，ララ，ランバといった民族の領域を訪ね歩き，これらの民族とコンセッションを結んだ。

BSACはその後，トムソンのコンセッションに基づき銅鉱山の開発と鉄道の建設を進めようとしたが，保管されていたトムソンが結んだコンセッション契約は，14単語しか書かれていない非常に曖昧なもので，鉱物資源については記載がなかった（Gann 1958, 56-57; Grotpeter, Siegel,and Pletcher 1998）。そのため，BSACはトムソン・コンセッションに準拠した土地の接収や鉱山開発をあきらめ，1906年に採掘権を認めているロジ王国とのロックナー・コンセッションに依拠するため，中間地域をNWR領に編入することにした。

1909年には，バロツエランドを保護地（reserved area）に指定することで，BSACとロジ王国の両者が合意に達し，バロツエランドの自治権をレワニカに与えた（Roberts 1976, 181）。その領地は，レワニカとの話し合いによって，カフエ川の湾曲部まで拡張され，トテラやイラ，トカといった民族が居住する領域についてもバロツエランドに編入された（Mvunga 1980, 8；本章図2-1）。

1900年に締結されたレワニカ・コンセッションは，1911年と1924年の勅令で追認され，原住民居留地としてのバロツエランドの特別な位置づけは，BSACによって認められた。この位置づけは，北ローデシアの統治が1924年に英王室へ移管されてからも，英国植民地政府によって継承された（Mvunga 1980, 8）。

2．北東ローデシア（NER）の統治

BSACは1891年，英政府と交渉し，NERとニアサランド保護領との境界線が確定した（Roberts 1976, 162）。また，BSACはニアサランド弁務官と総領事（Consul-general of British Central Africa）から認証を受け，1893年にアフリカ大湖会社（African Lakes Corporation）からタンガニーカ・エステート（Tanganyika Estate）を獲得する。エステートの土地はアバーコンとイソカの周辺であり，面積は1万1163平方キロメートルであった（Grotpeter, Siegel, and Pletcher 1998）。この取引によって，NERの領土の大枠が決まった。NERには，ベンバやンゴニ，ルンダという民族の強大な王国が存在した。BSAC

はNWRのロジ王国とコンセッションを締結し，ロジ王国に自治権を認めたが，NERの王国については，時に武力を使って征服し，実効支配をめざした。

　ベンバ王国は周辺地域から奴隷を集め，東アフリカ海岸のアラブやスワヒリの商人と奴隷や武器の交易に従事していた（Langworthy 1972, 103）。BSACはこれらの商人を攻撃し，ベンバ王国の経済基盤を破壊した。ベンバ王国は英国の圧倒的な軍事力をまえに，激しい戦闘を交えることなく，1899年に征服された（Roberts 1976, 164-165）。1901年には，NERにおいて小屋税が課税され，成人男性は1軒の小屋につき3シリングの支払いが義務になった（Meebelo 1971, 86）。一方，ルンダ王国のチーフの一人，カゼンベはイェケ王国との戦闘で弱体化していた。1895年にアラブやスワヒリの商人が英軍に敗れると，カゼンベは象牙取引を放棄し，英国の軍事力をまえにベルギー領コンゴに逃亡したのち降伏する。

　しかし，北ローデシアのルワングワ川の東側に位置していたンゴニ王国は，戦士集団をもち（Langworthy 1972, 125），すぐには降伏しなかった。1897年に勃発した両者間の戦争は，1885年にンゴニのパラマウント・チーフであるムペゼニ（Mpezeni）が自分の領地においてドイツ人のカール・ヴィーゼ（Carl Wisse）に自由な交易と狩猟を認め，大規模なコンセッションを与えたことに由来する（Roberts 1976, 168）。この土地は英国とポルトガル領の境に隣接しており，面積は1万平方マイル（2万5860平方キロメートル）であった。1891年にポルトガルとのヴィーゼ・コンセッション（Wiese Concession）によって，この土地は英領に編入された。金の埋蔵に関するヴィーゼの情報に基づき，北チャーターランド開発会社（North Charterland Exploration Company）がロンドンに創設され，高い値段で採掘権を取得した（Roberts 1976, 168）。

　北チャーターランド開発会社は1896年にムペゼニの許可を受け，金の鉱脈を探し始めた。この動きに対して，ムペゼニの息子が1897年12月に挙兵し，BSACのヨーロッパ人技術者とカール・ヴィーゼを監禁した。ニアサランド弁務官は1898年1月に軍隊を派遣し，ムペゼニは英国の圧倒的な武力に降伏し，英国はンゴニの広大な領地を支配下に収めることになった（Tembo

2010)。この征服によって，カフエ川より西側の NWR の地域と，ルワングワ川の東側を支配下に収め，両方の川に挟まれた地域については，ポルトガルやドイツなど他国からの反対もなく，BSAC の支配下に入り，NER 領に編入された（Roberts 1976, 169）。

　北ローデシアではヨーロッパ人の入植が進まず，また，入植するヨーロッパ人農家のほとんどは，資本をもたない者であった。そのため，BSAC は入植者に対して土地を安価に分け与え，入植を奨励する政策をとった。北ローデシアには販売できる土地が広大に存在することもあり，1910年，1エーカー（4047平方メートル）の土地の払い下げ価格はわずか3～8ペニーであった。しかし，この払い下げ価格が低く抑えられ続けた結果，入植者の購入した土地の価格上昇が妨げられ，入植者の土地に対する投資意欲を阻害することになった（Gann 1958, 144; 1963, 127-128）。資本が欠如し，市場もなく，通信手段や鉄道も未整備であった。農業機械の導入も進まず，集約的な農業経営に対するインセンティブも低かった。そのため，農業開発地域は，コッパーベルトから現在の首都ルサカ，リビングストンを結ぶ鉄道沿線，フォート・ジェームソン（現在の東部州の州都チパタ），アバーコン（現在の北部州のムバラ）の3カ所に限られた（Roberts 1976, 183；本章図2-1）。

　1900年，北東ローデシア勅令は，BSAC による NER の統治を正式に認めた（Grotpeter, Siegel, and Pletcher 1998）。統治責任者を定め，英本国との緊密な連携と報告の遵守，ヨーロッパ人に対する行政，警察と原住民弁務官（Native Commissioner）による法の遵守と社会秩序の維持に努めるとともに，ヨーロッパ人に入植地を分譲する際には，アフリカ人が生活するのに必要な代替地を確保することを求めた（Gann 1958, 136-137）。この勅令に従って，BSAC は「土地および証書登記に関する規則」（Lands and Deeds Registry Regulations）を定め，土地の権利を保証する登記手続きを確立しようと意図した。その第2項には，領内のすべての土地は BSAC に帰属することが記されていた（Mvunga 1980, 5）。

3．BSAC と英植民地政府との論争

BSAC の「土地と証書登記に関する規則」は1905年に英政府によって無効とされたが，BSAC は引き続き，土地を分譲し続けた（Mvunga 1980, 5）。BSAC は，各民族社会のチーフより取得したコンセッションを根拠に，NER の土地をヨーロッパ人入植者に分譲したのである。コンセッションは鉱物の開発に限定したものであり，土地の分譲を認めるものではなかった。鉱物開発のコンセッションをもって，ヨーロッパ人に土地を分譲することには法律上の矛盾があり，その矛盾によって BSAC のもつ土地権利の正当性に対して疑義が生じることになった。

土地分譲の正当性に関する議論は，BSAC による行政権の正当性にも及んだ。植民地省（Colonial Office）は1899年，東アフリカ保護領（現在のケニア）において，アフリカ人が使用する放牧地や移動耕作地などを含む空白地に対する所有権は英王室に帰属するという見解を出し，英王室の権威と植民地の土地との明確な関係を示した。1901年，この植民地の位置づけはニアサランドでも認められ，ヌナン主席判事（Nunan Chief Judicial Officer）によって，植民地のすべての土地は英王室に帰属するという判断が下された（Mvunga 1980, 6）。

1911年の勅令によって，NER と NWR は合併されて，北ローデシア（Northern Rhodesia）となり，そののちも BSAC が統治を続けた（Grotpeter, Siegel, and Pletcher 1998）。その際，原住民居留地であるバロツエランドにおけるロジ王国の自治権を認めた。この勅令によって，BSAC が北ローデシアの統治責任者を定め，英本国の国務大臣による承認を受け，統治を進めることが可能となった。

1919年に，大英帝国の植民地および保護領に対する最高決定機関である枢密院（Privy Council）が，南ローデシアの土地をめぐる論争に決定を下した。この論争では，南ローデシア（現在のジンバブウェ）における非占有地は誰

のものなのか議論された。BSACの主張は，最初に占有した人間，つまりBSACとそこから所有権を購入した入植者が土地の権利を所有するというものであった。しかし，枢密院は「土地の占有，すなわち，所有というわけではない」と，BSACの主張を退けた。BSACは枢密院の決定に反論したものの，その決定が覆ることはなかった（Mvunga 1980, 6）。枢密院は北ローデシアについても，植民地（Dominion）を所有できるのは英王室に限定すると判断を下した。英政府の勅令やコンセッションによる裏づけのない土地について，BSACの権利は無効であり，BSACによる権利付与のみではその土地の所有権は無効であると判断されたのである。

　1923年，BSACが北ローデシアの土地の権利を英政府に移管することを合意した。その合意のなかで，バロツエランドの位置づけが確認され，ロジ王国の自治権は引き続き，認められた。BSACは旧・NERの土地のうち旧・タンガニーカ・エステートの土地については，1893年にニアサランドの総督と総領事から承認を受けたことを理由に土地の権利を主張し，その権利が認められた。また，BSACが1895年に北チャーターランド開発会社に譲渡した1万平方マイルのコンセッションの権利も，引き続き認められた。この権利は，1928年に，王領地と原住民居留地に関する北ローデシア勅令のなかで正式に認められた。

第3節　英領植民地期

1．原住民居留地と王領地の創設

　1924年の勅令によって，BSACによる北ローデシア統治は終了した。BSACより英植民地政府に統治が移管され，北ローデシアは英国の直轄植民地（Crown Colony）となった。その結果，総督と行政評議会が英王室により選出された。また，原住民居留地におけるロジ王国の位置づけについても確

認された。1924年の勅令では，英本国の法律と抵触しないかぎり，現地の慣習法を尊重すること，武器・弾薬の所持，飲酒を除き，いずれの法律においても人種で差別しないことが明記された（Grotpeter, Siegel, and Pletcher 1998）。

1億8428万8000エーカーの領土のうち，1924年において北チャーターランド開発会社の所有地は640万エーカー（3.5％）であり，BSACは275万8400エーカー（1.5％）を所有していた。そして，265万4227エーカー（1.4％）がヨーロッパ人入植者に分譲され，その土地面積の割合は6.4％であった（His Majesty's Stationery Office 1926）。

英植民地政府はBSACによる統治の終了後，北ローデシアの財政的な自立をめざしたが，北ローデシアの輸出額は英植民地のなかで，ニアサランドに次いで少なかった。つねに赤字を生み出すなか，初代のスタンレー総督（Governor Stanley Sir Herbert James；在任1924～1927年）は北ローデシアを，それまでに行政に携わった南ローデシアや南アフリカのように「白人の国」として開発しようとした。植民地政府は，土地が肥沃で，交通の便がよい，南部のリビングストンからベルギー領コンゴのカタンガを結ぶ鉄道沿線にヨーロッパ人用の土地を設定し，ヨーロッパ人に自由土地保有権を与えた（Mvunga 1980, 28）。ヨーロッパ人の入植にともないアフリカ人を移住させれば，アフリカ人がヨーロッパ人の安価な労働力となることが意図された（Roberts 1976, 183）。

1924年に植民地政府はBSACからの統治の移管に応じて，勅令を履行するため，東ルワングワ県の北チャーターランド・コンセッション（North Charterland Concession）の土地640万エーカーにおいて原住民居留地を設定すべく，委員会を設立した。しかし，ンゴニ王国のパラマウント・チーフから意見を聴取することなく，原住民居留地について議論がなされたため，アフリカ人の意見聴取方法について疑問が呈された（Mvunga 1980, 12）。スタンレー総督は，原住民居留地にアフリカ人を移動させ，ヨーロッパ人と完全に分離するのではなく，ある程度の接触をもつことがアフリカ人の利益になることを主張したが，原住民居留地の土地権利をアフリカ人に限定することに

ついては反対した。総督は，面積や土地所有の年数など，アフリカ人の同意があれば，ヨーロッパ人が原住民居留地の土地を取得してもよいだろうと考えていた。

総督の意見を取り入れ，北ローデシア植民地政府によってつくられた原住民居留地のコンセプトは1928年勅令によって認められた。その骨子は，以下の3点である（Mvunga 1980, 15-16）。①原住民居留地は，永年にわたって，原住民であるアフリカ人の居住地である。②非アフリカ人，つまりヨーロッパ人も原住民居留地を取得できるが，それは総督が原住民の利益に資すると判断したときのみで，その場合にも，土地の使用は5年間のみに限る。③鉱山開発は許されるが，それにともなう原住民への不当な干渉は認めないというものであった。

1928年勅令によって，ヨーロッパ人用の王領地（Crown Land）とアフリカ人用の原住民居留地（Native Reserve）が設定された。原住民居留地においては現地住民が土地を取得し，慣習法にのっとった権利を行使し，利益を享受することができた。他方，王領地は慣習法の適用外となり，英王室のみが，希望するヨーロッパ人入植者に土地を分譲することができた。王領地は英国の法令に準拠され，その居住者には英王室より自由土地保有権，あるいは土地リース権が付与された（Mvunga 1980, 16）。

王領地と原住民居留地が設置された結果，1928年から1930年までのあいだに6万人のアフリカ人が原住民居留地へ移住することになった。原住民居留地は農耕に適さず，人口過密であることがすぐに露呈した（Roberts 1976, 183）。北ローデシアの伝統的な農耕システムは粗放的で，畑や居住地を頻繁に移動する必要があったが，土地不足のため移動は制限された。原住民居留地では過耕作により土壌が荒廃する一方で，王領地におけるヨーロッパ人の入植は進まず，土地は放置された。原住民居留地に追い込まれた人々，とくに青・壮年世代のアフリカ人男性は人頭税の支払いのため現金収入を必要とし，鉱山やヨーロッパ人農場へと出稼ぎに向かい，ヨーロッパ人の期待どおり安価な労働力を提供することになった。

スタンレー総督の後任となったマックスウェル総督（Maxwell Sir James Crawford：在任1927～1932年）は1931年以降，自由土地保有権から土地リース権へと切り替えるようになった。これまで，入植者は土地を占有してから5年後までに土地の開発を進め，土地の権利を申請すれば，自由土地保有権を取得することができた。しかし，土地リース権は自由土地保有権とは異なり，99年間という期間が定められており，資産価値は低いと考えられた。一方，入植を奨励するために，999年の土地リース権が付与される農地もあった（Gann 1963, 216; Mvunga 1980, 27-28）。

自由土地保有権から土地リース権への変更の理由は二つあり，その一つは自由土地保有権の付与によって，分譲する土地が減少し，将来の入植者に不利益を及ぼす可能性があること，二つ目は，相続人の範囲に制限のない絶対的所有権（fee simple）によって，アフリカ人が王領地の土地を取得するようになると，土地制度が立ち行かなくなるという懸念があったためである。マックスウェル総督が進めた土地リース権への切り替えについて，ヨーロッパ人入植者たちは土地に対する，自らのもつ権利が弱体化すると反発した。1950年代には，英国人入植者の反発が強まり，1960年の王室譲渡条令（Crown Grant Ordinance）によって，土地リース権から自由土地保有権へとふたたび変換された（Mvunga 1980, 29）。

2．原住民信託地の設置

北ローデシア統治の移管後，チーフや村長は領内における自治を認められていたが，新たな規則をつくる場合には，英国人の県長官（District Commissioner）の承認が必要であった。実際には，県長官の権限は強く，ロジ王国のバロツエランド以外では，チーフによる自治権は認められていなかった。1929年には北ローデシアで原住民統治機構条令（Native Authorities Ordinance）が発布された。翌年に各民族のチーフや村長が原住民統治機構に組み入れられた結果，英植民地の行政を担い，間接統治が進められることになった

(Grotpeter, Siegel, and Pletcher 1998)。この条令はチーフによる行政と司法の役割を認め、チーフは役人（clerk）、裁判補佐（court assessor）、使者（messenger）を組織することが可能となった。また、「部族の土地」（tribal land）に対する権利が各民族の原住民統治機構に認められた（Meebelo 1971, 187-188）。

北ローデシアでは、ヨーロッパ人に分譲された王領地と、アフリカ人用の原住民居留地が存在したが、大部分の「部族の土地」はどちらにも分類されていなかった。ヨーロッパ人入植者は1万人前後を推移し、王領地への入植が進まなかった（His Majesty's Stationery Office 1935）。北ローデシアにおける歳出と歳入のバランスをとるためには、入植者の増加が必要であった。そのため、ヤング総督（Young, Sir Hubert；在任1934～1938年）は北ローデシアに原住民信託地（Native Trust Land）の制度を導入することを試みた。ヤング総督は1934年に北ローデシアの総督になる以前、ニアサランド保護領の総督を経験したこともあって、ニアサランドの土地制度を北ローデシアに導入することを考えたのである。

原住民居留地と原住民信託地のちがいは、ただ一つ、ヨーロッパ人への権利保証の年数であった。原住民居留地におけるヨーロッパ人の使用権は最長で5年間であったのに対し、原住民信託地の使用権は最長99年間にも及んだ。ヨーロッパ人に対して原住民居留地や原住民信託地の土地を分譲することには規制がかけられたが、総督の認可があり、公にも資すると判断されたときには、土地の分譲が認められた。しかし、どちらの権利も英本国の国務大臣（Secretary of State）に帰属した。

1941年、植民地の統治を管轄する国務大臣モイネ（Lord Moyne）は、以下の付帯条件をつけ、原住民信託地の計画を認めた（Mvunga 1980, 33）。その条件とは①原住民居留地と原住民信託地は合併しないこと。信託地は別途、国務大臣に帰属する。②ヨーロッパ人に対する原住民信託地の分譲はアフリカ人の利益に資すること。③ヨーロッパ人に対する土地の分譲についてチーフなど原住民統治機構に相談すること。そして、④生産性の高い農業用地が原住民信託地に含まれ、原住民が利用できるようにすること、であった。

原住民信託地の枠組みが決定されて，1942年に鉱物・土地調査委員会（Commission for Mines, Lands and Surveys）が創設され，各地における土壌や自然生態の豊かさ，鉱物資源の分布に関する調査をした。農地に適した肥沃な土地，鉱物資源の埋蔵が確認された場所，ヨーロッパ人の入植地は王領地に分類され，それ以外の場所は原住民信託地に区分された。委員会は緊急性を要する三つの地域，ムクシ県とンドラ県，北チャーターランドの土地分類から着手した。北チャーターランドの土地は北ローデシア政府によって購入され，これらの土地にはヨーロッパ人の入植が開始されており，王領地に指定された。現在の北部州と北西部州は，ヨーロッパ人入植地がまばらであったため，原住民信託地に設定された。

　北ローデシア政府は委員会による土地分類の報告書を受け取ったが，ヨーロッパ人入植者からは激しい反応があった（Mvunga 1980, 34）。それは，アフリカ人の利用のみに制限する原住民信託地が設定されると，ヨーロッパ人の土地取得が難しくなると判断されたためであった。委員の一人，英国人農家のゴー・ブラウンは妥協点を見い出すべく，それぞれの州にヨーロッパ人用の6000エーカー（24平方キロメートル）の原住民信託地を確保することを提案し，ヨーロッパ人農家もこれに同意した（Gann 1963, 372）。

　この合意に基づいて，1947年10月14日に，原住民信託地の制度は勅令（Native Trust Land Order in Council）によって正式に認められた。この勅令は，アフリカ人と土地とのつながりを認め，ヨーロッパ人による土地取得を制限した。このように王領地と原住民居留地，そして第3のカテゴリーである原住民信託地が土地制度の枠組みに導入され，独立以後の土地制度の基礎となった（Gann 1963, 373; Mvunga 1980, 35）。原住民信託地は国土の57％を占めた。アフリカ人の占有する原住民居留地や原住民信託地では，土地の権利は各民族のやり方，つまり慣習法で規定されることになり，各民族の伝統的支配者の裁量に任されることになった。

　第二次世界大戦後に世界各地の食料・資源の需要が高まり，北ローデシアにおける鉄道沿線の王領地にはヨーロッパ人の入植希望者が増え，おもに南

ローデシア向けの食料を生産する大規模農場が拡大した。原住民信託地の創設によってアフリカ人の土地権利は認められたものの，ヨーロッパ人によって土地が奪われるのではないかという不安がアフリカ人に広がった。南・北ローデシアとニアサランドを統一して，ローデシア・ニアサランド連邦 (Federation of Rhodesia and Nyasaland) を樹立しようとする動きがあり，それに対して北ローデシアの伝統的権威120人から反対の請願も出されたが，1953年には連邦国家が樹立した。これにより，北ローデシアが南ローデシアとのつながりを深め，土地収奪に対するアフリカ人の不安はさらに大きくなった (Roberts 1976, 209)。英政府にとって，連邦の樹立は領土と入植者を効率的に統治するための手段であったが，アフリカ人の土地に対するナショナリズムの高まりをもたらすことになった。このような機運のなかで，1960年には農地法 (Agricultural Lands Act) が制定され，農水大臣 (Minister of Agriculture, Food and Fisheries) の任命による農業土地委員会 (Agricultural Lands Board) が王領地の土地権利——自由土地保有権と30年間の土地リース権——を付与し，その権利はヨーロッパ人だけではなく，アフリカ人に対しても開かれるようになった（農地法 第3節 ; Kaunda 1993, 94)。

第4節　カウンダ政権期

1964年に北ローデシアはザンビアとして独立した。独立当初，ザンビアの政治は第一党の UNIP（統一国民独立党：United National Independence Party) を中心とする政権であった。UNIP は人道主義による社会主義を標榜した。独立後，国有地および居留地に関する条令 (Orders, State Lands and Reserves) により，王領地と原住民居留地は大統領に帰属するとされ，1928年の北ローデシア勅令は破棄された。また，原住民信託地についても，1964年の信託地に関する条令 (Orders, Trust Land) により大統領に帰属するとされ，英国の土権が及ぶことのないよう，1947年の勅令が破棄された。王領地は国有地

(State Land）と名称が変更され，原住民居留地と原住民信託地はともに原住民（native）という表現が削除された。名称が変更されたものの，土地制度の枠組みは，独立以前のものが継承された（Mvunga 1982; Malambo 2013）。

　1969年には国民投票によって憲法が改正され，土地制度が転換することになった。1970年の土地収用法（Lands Acquiring Act）の成立によって，政府が未開発地——とくに不在地主による未利用地——を接収することが認められた。1964年のバロツエランド協定（Barotseland Agreement）によって，バロツエ王国の土地に対する権限は認められ，ザンビア大統領には帰属しなかった。このことは，1964年憲法においても認められた（第8条）。バロツエランドにはロジ王国の自治権が与えられていたが，1970年には西部州法（Western Province〈Land and Miscellaneous Provisions〉Act No. 47）の施行によって，バロツエランドは居留地としてザンビア大統領に帰属することになった。ただし，カウンダ大統領が土地制度における伝統的権威の役割を認めたため，伝統的権威による統治から近代国家による統治への転換は極めて不徹底であり，伝統的制度と近代的制度が併存する状態が出現した。

　土地は国家の所有とするカウンダ大統領の考えは，1975年の土地法（Land〈Conversions of Titles〉Act）に表現された。1975年6月30日，大統領は土地法の改正を発表し，翌日に法律が発効した。ザンビアの国土はすべて大統領に帰属することが確認され（土地法 第4節），国有地にそれまで存在した自由土地保有権は廃止され（同・第5節），自由土地保有権と100年を超える土地リース権は100年未満の土地リース権に転換された（同・第5, 6節）。リース権の期間が満了した場合，大統領が認めれば，リース権の期間延長は可能であった（同・第12節）。また，土地の売買は禁止され，土地そのものには市場価値を認めないことにした（同・第13節）。ザンビア政府は法律の改正によって貸借権の移転を直接管轄するようになった結果，建物や農業インフラだけが売買できた。この土地法によって，土地市場は厳しく抑制された（児玉谷 1999）。また，個人の土地に土地リース権が認められていても，その土地に埋蔵する鉱産物や貴金属については政府に開発する権利が認められていた

(土地法 第3節)。

 1975年の土地法の制定によって,植民地期の土地制度が抜本的に変更されたと解釈されることもあるが,独立前の勅令による土地制度と大きな変化はなかった。外国人による居留地の土地使用は5年間までしか認められていなかったが,大統領の認可があれば,外国人は居留地と信託地において99年間までの占有権を得ることができた。1985年の修正土地法（Land〈Conversions of Titles〉[amendment] Act No. 15）により,大統領の認可があれば,外国人は居留地と信託地において最長99年までの土地リース権を取得することが可能となった。つまり,独立後の大統領は,独立前の北ローデシア総督と同等の権限をもつことになった（Roth, Khan, and Zulu 2003）。大統領や県庁,チーフが認めれば,外国人であっても,居留地と信託地において最大250ヘクタールまでの土地所有証明書の取得ができるようになった（Chileshe 2005）。

 1980年に成立した地方行政法（Local Administration Act）によって,55県のそれぞれに県庁（District Council）が開設された（Tordoff and Young 1994）。一党独裁だったUNIPの政権基盤を地方に広げ,強化するねらいがあったが,この法律によって伝統的権威が地方行政組織に正式に組み込まれた。土地省（Ministry of Land）は1985年に,土地取得希望者が土地リース権の取得を申請するまえに,チーフの同意を得ることを義務づけた。こうして,土地取得希望者が居留地と信託地の土地リース権を得るためには,チーフ,県庁,中央政府で手続きをとらねばならず,手続きが複雑で,土地権利の取得には長期間を要することになった（Roth, Khan, and Zulu 2003）。

第5節　1995年「新・土地法」の成立

 ザンビアでは1991年に,初めて複数政党制選挙が実施された。この複数政党制選挙によって誕生したチルバ大統領と与党の複数政党制民主主義運動（Movement for Multiparty Democracy. MMD）は市場経済原理を重視し,経済自

由化の路線をとり，土地についても土地の商品化の促進，土地所有権の強化，外国資本による投資の促進といった観点から土地改革を進めた（児玉谷 1999; Brown 2005; 大山 2009; Chu 2013）。その結果，ザンビアでは，ほかの南部アフリカ諸国と同様に，市場メカニズムに基づく土地の取得制度が急速に整備された。この流れの背景には，市場メカニズムの導入と近代的な法整備によるアフリカの貧困削減という国際的な取り組みがある。ドナー諸国は，土地に対する所有権の確立が貧困を削減し，資本の蓄積を促すという議論を根拠に，市場メカニズムによる土地取得制度の確立と近代的な土地制度の成立を推進している。ザンビア政府は，ドナー諸国の要請に応じる形で，1995年に土地保有制度を改正する土地法（Land Act）を定めた。

改正された土地法の主要な論点として，大きく3点を挙げることができる。1点目は，土地所有証明書（title deeds）と土地の保有権を大幅に強化したことである。ザンビア国内の土地は大統領に帰属し（土地法 第3節第1項），土地法は個人の自由所有権を認めたわけではないが，99年間の土地リース権を認めることによって，事実上，土地の私有が許可されたと認識され，土地の売買がさかんになっている。2点目は，外国人による土地所有の制限を緩和したことである。1995年の土地法では，ザンビア在住の外国人，あるいは大統領の認可を受けた外国人であれば，土地所有証明書を取得し，土地リース権を所有することが可能となった（同・第3節第3項）。3点目については，共同保有の土地の管理を外見的にも，実質的にも変化させたことである。法律のうえでは，居留地と信託地は慣習地にまとめられ（同・第2節），慣習地における土地リース権の取得が認められた（同・第8節）。伝統的権威の認可があれば，外国人投資家やザンビア人が慣習地の土地所有証明書を取得することも可能となった。国家や地域の利益に資することが認められれば，国外あるいは国内の在住者に関係なく，投資家が慣習地の土地を所有することが可能となった。土地権利の付与には，土地省，あるいはチーフの判断が重視され，慣習地の土地権利に対するチーフの裁量が強化された。

2003年以降のザンビアでは，1995年に制定された新・土地法によって，ザ

ンビア国内では慣習地における土地所有証明書の発行数が大幅に増加している。土地省は正確な記録をとっているわけではないものの，年間に約2000件のペースで発行件数が増えている（Brown 2005）。近年，国内における土地収奪の問題が頻繁に報じられる一方で，慣習地に対する土地リース権の付与によってプランテーション農場や工業団地，ホテルやガソリンスタンドなどの建設が進み，経済開発が進んだと高く評価する研究者もいる（Malambo 2013）。

まとめ——ザンビアにおける土地制度の特徴——

　ザンビアにおける土地制度の変遷として，以下の3点の特徴を挙げることができる。1点目は，BSACの英国人探検家や官吏，軍人が主要民族のチーフと交渉し，NWRとNERの占領を進めたことである。BSACはロジ王国とコンセッションを結び，バロツエランドにおけるロジ王国の自治権を認めた。NERのンゴニやベンバ，ルンダの各王国とは武力と交渉を組み合わせることによって，BSACは各民族を征服し，コンセッションを結んだ。2点目は，北ローデシアの統治が，その初期にはBSACによる会社経営であったことである。英政府の承諾を得ず，BSACが北ローデシアの土地を入植者に分譲し続けた結果，土地所有をめぐる正当性について，BSACと英政府とのあいだで議論が交わされた。BSACが勅令やコンセッションによって入手していない土地については，英政府によってBSACの権利は無効であると判断され，1924年にBSACが北ローデシア統治を英政府に移管した結果，北ローデシアの大部分の土地は，英王室に帰属することが確認された。各民族のチーフや村長は原住民統治機構に組み入れられ，間接統治が進められることになった。

　3点目は，植民地政府によってヨーロッパ人向けの土地としての王領地と，アフリカ人向けの原住民居留地，原住民信託地の制度がつくられ，この枠組

みが独立以後にも継続されたことである。ザンビアの土地制度の二重性は，BSAC および北ローデシア政府によって生み出された。すなわち，王領地は英王室によってヨーロッパ人入植者に対して分譲され得る土地であり，英本国の法律に準拠し，入植者には自由土地保有権もしくは土地リース権が与えられた。原住民居留地や原住民信託地については，土地の権利は各民族のやり方，つまり慣習法で規定されることになり，各民族の伝統的権威の裁量に任された。ヨーロッパ人に対して原住民居留地や原住民信託地の土地を分譲することには規制がかけられたが，決定権者，つまり独立前には総督，独立後には大統領によって認可されたときには，ヨーロッパ人に対する土地の分譲が認められた。居留地や信託地の土地権利の付与については，多分に，決定権者の裁量に委ねられてきたのである。決定権者の判断，土地取得希望者の政治力や決定権者とのつながりの強さによって，土地権利の付与が決められてきた歴史があるといえる。

謝辞：本論考の調査は，日本学術振興会科学研究費補助金（25580172，25300011，24255019，60191938，15H02591）によって実施いたしました。記して，感謝いたします。

[参考文献]

＜日本語文献＞
秋田茂 2012.『イギリス帝国の歴史――アジアから考える――』中央公論新社.
大山修一 2009.「ザンビアの農村における土地の共同保有にみる公共圏と土地法の改正」児玉由佳編『現代アフリカ農村と公共圏』アジア経済研究所 147-183.
―― 2011.「ザンビアにおける新土地法の制定とベンバ農村の困窮化」掛谷誠・伊谷樹一編『アフリカ地域研究と農村開発』京都大学学術出版会 246-280.
―― 2015.「慣習地の庇護者か，権力の濫用者か――ザンビア1995年土地法の

土地配分におけるチーフの役割——」『アジア・アフリカ地域研究』14(2) 244-267.
児玉谷史朗 1999.「ザンビアの慣習法地域における土地制度と土地問題」池野旬編『アフリカ農村像の再検討』アジア経済研究所 117-170.
長島伸一 1989.『大英帝国——最盛期イギリスの社会史——』講談社.

<外国語文献>
Benjaminsen, Tor A., and Christian Lund 2003. "Formalisation and Informalisation of Land and Water Rights in Africa: An Introduction," In *Securing Land Rights in Africa*, edited by T. A. Benjaminsen and C. Lund, London: Frank Cass, 1-10.
Brown, Taylor 2005. "Contestation, Confusion and Corruption: Market-based Land Reform in Zambia," In *Competing Jurisdictions: Settling Land Claims in Africa*, edited by S. Evers et al. Leiden and Boston: Brill, 79-102.
Buell, Raymond L. 1965. *The Native Problem in Africa*. London: Frank Caas and Co. Ltd.
Caplan Gerald L. 1968. "Barotseland: The Secessionist Challenge to Zambia," *The Journal of Modern African Studies* 6 (3) : 343-360.
Chileshe, Roy Alexander 2005. *Land Tenure and Rural Livelihoods in Zambia: Case Studies of Kamena and St. Joseph*. A thesis submitted for the degree of Ph.D in Development Studies. University of the Western Cape.
Chu, Jessica M. 2013. "A Blue Revolution for Zambia?: Large-Scale Irrigation Projects and Land and Water 'Grabs'" In *Handbook of Land and Water Grabs in Africa: Foreign Direct Investment and Food And Water Security*, edited by A. Tony et al. London and New York: Routledge, 207-220.
Firmin-Sellers, K., and P. Sellers 1999. "Expected Failures and Unexpected Successes of Land Titling in Africa." *World Development,* 27 (7) : 1115-1128.
Galbraith, John S. 1974. *Crown and Charter: The Early Years of the British South Africa Company*. Berkeley and Los Angeles: University of California Press.
Gann, L. H. 1958. *The Birth of a Plural Society: The Development of Northern Rhodesia under the British South Africa Company 1894-1914*. Manchester: Manchester University Press.
——— 1963. *A History of Northern Rhodesia: Early Days to 1953*. New York: Humanities Press.
Grotpeter, John J., Brian V. Siegel, and J. R. Pletcher eds. 1998. *Historical Dictionary of Zambia Second Edition*. Lanham and London: The Scarecrow Press.
Gulliver, P.H. 1961. "Land Shortage, Social Change and Social Conflict in East Africa". *The Journal of Conflict Resolution,* 5 (1) : 16-26.
His Majesty's Stationery Office 1926. *Annual Colonial Reports Northern Rhodesia Report*

for 1924-1925 No. 1292. London: H. M. Stationery Office.
―――― 1935. *Annual Report on the Social and Economic Progress of the People of Northern Rhodesia Report for 1934 No. 1721.* London: H. M. Stationery Office.
Kaunda, Moses 1993. Land Policy in Zambia: Evolution, Critique and Prognosis. Ph. D thesis of King's College: Cambridge.
Langworthy, Harry W. 1972. *Zambia before 1890: Aspects of Pre-Colonial History*, London: Longman.
Le Roy, Etienne 1985. "The Peasant and Land Law: Issues of Integrated Rural Development in Africa by the Year 2000," *Land Reform* (1/2) : 13-42.
Maganga, Faustin P. 2003. "The Interplay between Formal and Informal Systems of Managing Resource Conflicts: Some Evidence from South-Western Tanzania," In *Securing Land Rights in Africa,* edited by T. A. Benjaminsen and C. Lund, London: Frank Cass, 51-70.
Malambo, Augrey H. 2013. "Land Administration in Zambia since 1991: History, Opportunities and Challenges," *Global Advanced Research Journal of History, Political Science and International Relations*, 2 (4) : 53-66.
Meebelo, Henry S. 1971. *Reaction to Colonialism: A Prelude to the Politics of Independence in Northern Zambia 1893-1939.* Manchester: Manchester University Press.
Moyo, Sam 2007. "Land Policy, Poverty Reduction and Public Action in Zimbabwe." In *Land, Poverty and Livelihoods in an Era of Globalization*, edited by A. H. Akram-Lodhi, S. M. Borras Jr., and C. Kay , London and New York: Routledge, 344-382.
Mvunga, Mphanza P. 1980. *The Colonial Foundations of Zambia's Land Tenure System*, Lusaka: National Educational Company of Zambia Limited.
―――― 1982. *Land Law and Policy in Zambia.* Gweru: Mambo Press.
Roberts, Andrew 1976. *A History of Zambia*, New York: Africana Publishing Company.
Roth, Michael, A.M. Khan, and M.C. Zulu 2003. *Legal Framework and Administration of Land Policy in Zambia*, Lusaka: Government Printers.
Sjaastad, Espen, and Daniel W. Bromley 1997. "Indigenous Land Rights in Sub-Saharan Africa: Appropriation, Security and Investment Demand." *World Development,* 25 (4) : 549-562.
Tembo, Alfred 2010. "African Peasant Reaction to Colonial State Policies in Chipata District of Northern Rhodesia (Zambia) , 1895-1939." *Journal of Humanities*, 10: 39-53.
The Post 2013. "'Massive Land Grabbing' by Foreign Companies." 29 October.
Times of Zambia 2012a. "Sata Assures Chiefs of Rural Uplift." by Kaiko Namusa, 29 November. (http://allafrica.com/stories/201211290483.html 2015年7月20日アクセ

ス）
────── 2012b. "134 Families Face Forced Displacement." by Victoria Phiri, 29 August. (http://allafrica.com/stories/201208291124.html 2015年7月20日アクセス）
────── 2013. "Isoka Gets 20 Hectares for Industrial Cluster." 30 January. (http://allafrica.com/stories/201301300790.html 2015年7月20日アクセス）
────── 2014. "Bangladeshi Investors Given 250 Hectares in Mwansabombwe." by Ben Phiri 19 January. (http://allafrica.com/stories/201401201643.html 2015年7月20日アクセス）

Tordoff, William, and Ralph A. Young 1994. "Decentralisation and Public Sector Reform in Zambia," *Journal of Southern African Studies*, 20 (2) : 285-299.

von Blanckenburg, Peter 1993. "Large Farms as Object of Land Reform: the Case of Zimbabwe." *Quarterly Journal of International Agriculture*, 32 (4) : 351-370.

第3章

シエラレオネにおける土地政策の分枝国家的な展開

落合　雄彦

はじめに

　シエラレオネにおける土地政策は，「西部地域」(Western Area) と呼ばれる，首都フリータウンおよびその周辺の地域と，それ以外の「プロヴィンス」(Provinces) と呼ばれる地域とでは，歴史的に大きく異なってきた。

　西部地域は，1780年代後半に英国から黒人貧民らが入植してきたことを契機に成立した「シエラレオネ植民地」(Colony of Sierra Leone) をその史的起源とする。同植民地では，総督や植民地政府によってさまざまな条令が定められたり，宗主国英国で有効な法令がほぼそのままの形で適用されたりした。シエラレオネでは今日，慣習・慣行を除く同国で有効な成文・不文法全体のことを「一般法」(general law) と総称することがあるが，シエラレオネ植民地とそれを起源とする独立後の西部地域では，そうした一般法を法源としながら英国の不動産法制に準じた土地権利が認められてきた。

　これに対してプロヴィンスは，1890年代後半に英国がシエラレオネ植民地の後背地に成立を宣言した「シエラレオネ保護領」(Protectorate of Sierra Leone) を前身とする地域である。そこでは，植民地時代から独立後の今日に至るまで，「慣習法」(customary law) が土地に関する第一次的な法源とされ，伝統的指導者がその分配・売買・貸借などに大きな影響力をもってきた。

　ところで，マフムード・マムダニというウガンダの政治学者がかつて，

「分枝国家」(bifurcated state) というアフリカ植民地国家概念を提唱したことがある (Mamdani 1996)。マムダニによれば，ヨーロッパ列強諸国は，アフリカを植民地支配するにあたって，「ごく少数の外国人が圧倒的多数の原住民をいかに統治するか」という「原住民問題」(native question) に直面し，同問題に対して二つの異なる対応策を編み出した。一つは「直接統治」(direct rule) であり，そこではヨーロッパ系人が宗主国的な法制に基づいて原住民を直接的に統治する一方，ヨーロッパ文明を受け入れたごく一部の原住民に対しては，「文明化された者」(the civilized) としての市民権を認めた。もう一つは「間接統治」(indirect rule) であり，そこではヨーロッパ系人が原住民を直接的に支配するのではなく，伝統的なチーフが植民地支配権力を背景にしながら慣習法に基づいて原住民を統治するようになった。そしてマムダニは，こうした直接統治と間接統治という2種類の原住民統治構造をもつアフリカ植民地国家を「分枝国家」と名づけたのである (Mamdani 1996, 16-18)。

マムダニのいうところの，直接統治と間接統治からなる二元的なアフリカ植民地国家構造が，シエラレオネにおいて独立後もそのままの形で温存されてきた，というわけでは必ずしもない。しかし，独立後のシエラレオネでは，さまざまな制度や政策が二つの空間――すなわち，直接統治がかつて行われていた植民地を起源とする西部地域と，間接統治が行われていた保護領を前身とするプロヴィンス――においてかなり異なってきたのであり，その意味で，同国には今日なお分枝国家的な性格が色濃く残っている。そして，そうしたシエラレオネの分枝国家的な制度や政策のなかでもとくにその傾向が顕著といえるのが，本章の主題である土地政策にほかならない。

本章では以下，シエラレオネの土地政策が，「シエラレオネ植民地および保護領」(Colony and Protectorate of Sierra Leone) というアフリカ植民地国家（分枝国家）のなかでいかに成立し，その後いかなる展開を遂げてきたのかについて検討していく。

しかし，そうした検討に入る前に，本章ではまず，シエラレオネの行政制

度と司法制度について概観しておきたい。このように土地政策の史的展開を考察するにあたってまず行政制度と司法制度の概観から始めるというのは，一見，不必要な，いわば「迂路」のように映るかもしれない。しかし，シエラレオネの土地政策は，分枝国家的な性格を行政制度や司法制度と相当程度共有し，かつ，それらと密接に相互連関しながら展開されてきたのであり，行政・司法制度の〈いま・ここ〉を最初にしっかりと理解しておくことは，同国における土地政策史の展開の全体像を把握するうえで，たとえ「近道」とまではいえないとしても，そのために有用な一つの「行程」となるにちがいない。そこで第1節では，シエラレオネの土地政策そのものを取り上げるのではなく，まず同国の行政制度と司法制度の現在を土地問題との関わりという視点から整理する。そしてそのうえで，第2節以降において，西部地域とプロヴィンスのそれぞれの土地政策の史的展開について検討していく。

第1節　行政制度と司法制度の現在

1．行政制度

(1) 西部地域とプロヴィンス

シエラレオネという国家は，行政区分でいえば，まず西部地域とプロヴィンスに大別され，後者がさらに北部州（Northern Province），南部州（Southern Province），東部州（Eastern Province）の3州に分けられる（図3-1参照）。

プロヴィンスの各州には，駐在大臣（Resident Minister）が任命され，その事務部門として州長官（Provincial Secretary）以下比較的小規模の組織がおかれている。しかし，そうした州レベルの機構は，いわゆる地方政府ではなく，あくまでも中央と地方のあいだの連絡調整役を担う，中央政府側の出先機関である。

各州の土地問題に関しては，駐在大臣は，重要なステークホルダーとな

る可能性はあるものの，少なくとも法律上はなんら明確な権限や役割を付与されていない（Renner-Thomas 2010, 245）。これに対して，官僚である州長官には，プロヴィンス住民以外の者が関係する土地貸借などをめぐって一定の法的権限が与えられている（Renner-Thomas 2010, 35）。

なお，首都を含む西部地域には，中央政府側の出先機関もなければ地方政府もなく，したがって同地域のレベルには，土地政策を考えるうえで重要な行政上のステークホルダーも存在しない。

図3-1　シエラレオネの行政区分

（出所）　筆者作成。

(2) 地方議会

　西部地域とプロヴィンス３州は，さらに14の県（district）に分けられる（図3-1参照）。そしてそこに，6つの市議会（city council あるいは municipality council）と13の県議会（district council）がおかれている[1]。市議会と県議会のあいだには垂直的な上下関係はなく，それらは水平的で対等な地方自治体として位置づけられ，シエラレオネではそれらを総称して地方議会（local council）と呼ぶ（図3-2参照）。シエラレオネでいうところの地方議会とは，条例を定めたり予算を審議したりするといった純粋に「議会」（議事機関）の機能だけではなく，旧宗主国英国の場合と同様，「政府」（執行機関）としての役割をも果たす地方自治体全体のことを指す。

　2004年地方自治法（Local Government Act, 2004）によれば，議事機関としての地方議会は，直接選挙で選ばれた議長（Chairperson）——市の場合は市長（Mayor）と呼称——を含む12人以上の議員（Councilor）によって構成される（第４条１項）。

　他方，地方議会には，執行機関としての機能を果たすための行政部門もお

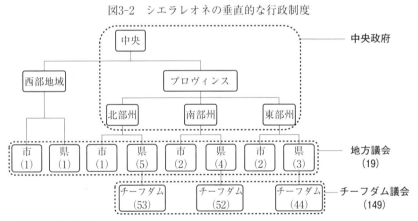

図3-2　シエラレオネの垂直的な行政制度

（出所）　筆者作成。
（注）　カッコ内は地方政府／自治体の数を示す。なお，西部地域には，行政区分としては二つの県がおかれているが，地方議会としては一つの市議会と一つの県議会が設置されている（本文注１参照）。

かれており，その筆頭職員が首席行政官（Chief Administrator）である。地方自治法によれば，首席行政官は，地方議会によって任命される公務員であり，議会の書記を務める。また，議会決定の履行全般に対して責任を負うとともに，議会職員全体を統督するものとされている（第31条）。そして，とくにプロヴィンスの土地問題を考えるうえで重要な役割を担うのが，この首席行政官にほかならない。

地方自治法にはなんら規定されていないが，シエラレオネの土地関連の法令では，首席行政官の前身にほぼ相当するともいえる植民地時代の県長官（District Commissioner）や独立後の県行政官（District Officer）に対して，保護領あるいは独立後のプロヴィンスの土地制度の運用面でかなり大きな権限が与えられていた。たとえば，現地住民以外の者が保護領（プロヴィンス）の土地を賃借する場合，県長官（県行政官）の承認がなければ，賃料支払いの有無にかかわらず，そうした者はいつでも契約解除が可能な任意賃借人の地位にとどまること，現地住民以外の者が保護領（プロヴィンス）で賃借した土地の賃料は，県長官（県行政官）によって7年ごとに改定されることなどが定められていた。このように保護領（プロヴィンス）の土地賃貸借をめぐっては，県長官（県行政官）に大きな権限が付与されてきたのであり，そうした権限は今日，必ずしも明確な法令上の規定は存在しないものの，地方議会行政部門の筆頭職員である首席行政官がすでに継承しているもの，あるいは今後継承すべきものとして理解されている（Renner-Thomas 2010, 245-246）。

(3) チーフダム議会

プロヴィンス3州には12の県があり，それらはさらにチーフダム（chiefdom）と呼ばれる行政区に細分化される。全国には現在，149のチーフダムがある。州別でいえば，北部州5県に53，南部州4県に52，東部州3県に44のチーフダムがそれぞれある[2]。そして各チーフダムは，さらにセクション（section）という区域に分けられ，そのなかにタウン（town），ヴィレッジ（village），コミュニティ（community）がある。

各チーフダムにはチーフダム議会（chiefdom council）がおかれており，その長がパラマウント・チーフ（Paramount Chief）である。2009年チーフ制法（Chieftaincy Act, 2009）によれば，パラマウント・チーフとは，「通常の管轄範囲内において他のいかなるチーフにも従属しないチーフ」（第1条）のことをいう。パラマウント・チーフは原則として終身であるが，大統領によって解任されることもある（第19条）。死亡や解任によってパラマウント・チーフの地位に空席が生じると，1年以内にチーフダム議会が選挙を実施し，新しいパラマウント・チーフを選出する（第2条）。各チーフダムには，パラマウント・チーフを輩出することができる家系（ruling house）が複数存在し，パラマウント・チーフの選挙にあたっては，そうした家系の出身者だけが立候補することを許される（第8条）。

チーフダム議会は，パラマウント・チーフに加えて，その補佐役であるスピーカー（Speaker），各セクションの長であるセクション・チーフ（Section Chief），儀礼を司る儀礼チーフ（Ceremonial Chief），国会議員（Member of Parliament），そして，地方税納税者20人のなかから1人ずつ選ばれる議員などによって構成される（チーフ制法第4条）。チーフダム議会は，チーフダムにおける最高意思決定機関ではあるが，数百人規模になってしまうために実際にはほとんど開催されず，通常のチーフダムの業務は，パラマウント・チーフを議長とする数十人規模のチーフダム委員会（Chiefdom Committee）が担う。

後述するとおり，シエラレオネの法律では，プロヴィンスの土地はすべてチーフダム議会に帰属する，と一応名目的に定められている。しかし，実際には，チーフダム議会自体がすべての土地を所有しているわけでも，その管理や利用に関して重要な役割を果たしているわけでもない。これまでプロヴィンスの土地の管理・運用に関して大きな発言権と影響力をもってきたのは，チーフダム議会と同様に実際の土地所有者ではないものの，しばしばその「管理者」（custodian）とみなされてきたパラマウント・チーフである。

以上，本項では，シエラレオネの行政制度を，①西部地域とプロヴィンス，②地方議会，③チーフダム議会という3層に分け，各層の主要アクターと土

地制度との関係性などについてごく簡単に言及した。次項では、シエラレオネにおける土地政策・制度に関わりが深い司法制度、なかでも2組の法的な対概念——①一般法と慣習法、②イギリス式裁判所と伝統的裁判所——について簡潔に整理する。

2. 司法制度

(1) 一般法と慣習法

シエラレオネの司法制度には、「一般法と慣習法」という法的な対概念がある。

たとえば、現行憲法である1991年シエラレオネ憲法（Constitution of Sierra Leone, 1991）では、5種類の法——すなわち、①憲法、②憲法に基づいて設置された議会の権威のもとで、あるいはそれによって制定された法律、③憲法あるいは他の法律によって付与された権限を遂行する者または機関によって制定された命令、規則、規制、その他の行政委任立法、④既存の法律、⑤コモン・ロー——が同国における法源として挙げられている（第170条1項）。そして、このうちの5番目の法源にあたる「シエラレオネのコモン・ロー」（common law of Sierra Leone）のなかに含まれるのが慣習法である。現行憲法は、慣習法を、「慣習によってシエラレオネにおける特定のコミュニティに適用される法の規則」（第170条3項）と定義している。

他方、憲法のなかには明確な規定や定義はみられないものの、シエラレオネには一般法という法概念が存在する。たとえば、2011年地方裁判所法（Local Courts Act, 2011）では、一般法は「慣習法を除いた、シエラレオネで有効なすべての法」（第1条）と定義されている。つまり、前述の五つの法源でいえば、慣習法がシエラレオネのコモン・ローの一構成要素であるのに対して、一般法はその慣習法を除いた五つの法源全体を指すものといえる。

そして、このように「一般法と慣習法」という対概念がみられるシエラレオネにおいては、前述のとおり、一般法が西部地域、慣習法がプロヴィンス

のそれぞれの不動産法制における第一次的法源とみなされているのである。

(2) イギリス式裁判所と伝統的裁判所

「一般法と慣習法」という法的な対概念がみられるシエラレオネでは，裁判所のあり方もまた二元的あるいは分枝国家的である。

シエラレオネの裁判所は，おもに一般法に基づいて審理を行う「イギリス式裁判所」(English-style court) と，慣習法を中心にして紛争解決などを行う「伝統的裁判所」(traditional court) の2種類に大別される。

イギリス式裁判所は，判例拘束力をもつ「上級裁判所」(superior court of record) と，それがない「下級裁判所」(inferior court of record) の二つに分けられ，上級裁判所には，最高裁判所 (Supreme Court)，控訴裁判所 (Court of Appeal)，高等裁判所 (High Court of Justice) の3種類がある。最高裁判所と控訴裁判所はともにフリータウンを所在地としているのに対して，高等裁判所は首都のほかプロヴィンスの州都などに複数設けられている。

他方，下級裁判所の中核となるのは，下級判事 (Magistrate) や治安判事 (Justice of Peace) が審理を行う治安裁判所 (Magistrates' Court) である。同裁判所は，県都などの全国の主要都市に設置されている。

裁判管轄でいえば，治安裁判所は，軽犯罪および民事のほぼすべての訴訟に対して第一審管轄権を有するが，土地関連の訴訟に関しては，占有回復をめぐる略式訴訟などを除けば基本的に裁判権がない (Renner-Thomas 2010, 31-33)。

土地関連訴訟の裁判権，なかでも西部地域の土地関連訴訟の第一審管轄権をもつのは，高等裁判所である。つまり，西部地域での土地に関する訴訟は，原則として治安裁判所ではなく高等裁判所に対してまずその申し立てをしなければならない。そして，高等裁判所で受理・審理ののち，判決が言い渡され，それを不服とする者が控訴する場合には，さらに上級の控訴裁判所あるいは最高裁判所において審理が行われる。

高等裁判所は，しかし，慣習法が第一次的法源とされるプロヴィンスの土

地関連訴訟については，原則として第一審管轄権をもたない[3]。プロヴィンスでの土地関連訴訟について第一審管轄権をもつのは，伝統的裁判所に分類されるところの地方裁判所（Local Court）である。

各チーフダムには，人口規模や地理的条件などに応じて1～4の地方裁判所が設けられている。その正確な総数は必ずしも定かではないが，全国149のチーフダムに300以上の地方裁判所があるといわれている（Kane et al. 2004, 12）[4]。

2011年地方裁判所法によれば，地方裁判所は，議長（Chairman），副議長（Vice-Chairman），その他のメンバー（member）から構成される（第2条1項）。議長をはじめとする裁判所構成員は，最高裁判所長官によって最終的に任命されるとはいえ法律家ではなく，あくまでも慣習法に精通しているとされる地元の有力者や年長者などである。その裁判管轄権は，軽微な犯罪，婚姻や土地などをめぐる慣習法に関する民事訴訟，一般法に関する少額の債務をめぐる係争などであり（第15条3項），議長は他のメンバーとともに審理を行い，判決を下す（第20条）。

地方裁判所の判決を不服とする者は，県控訴裁判所（District Appeal Court）に控訴できる（第39条1項）。県控訴裁判所では，下級判事が，アセッサー（assessor）と呼ばれる慣習法に精通した者二人の助言を受けながら審理を行う（第40条）。さらに，県控訴裁判所の判決を不服とする者は，高等裁判所に設けられた地方控訴部（Local Appeals Division）に控訴し（第41条），その判決を不服とする者は，さらに上級の裁判所に控訴できる。

第1節では以上，シエラレオネの行政制度と司法制度という二つの制度を土地問題との関わりという視点から鳥瞰した。続く第2節では西部地域の，また，第3節ではプロヴィンスのそれぞれの土地政策の史的展開について検討する。

第 2 節　西部地域における土地政策の展開

1．入植植民地時代（1787〜1807年）

　西部地域の前身となるシエラレオネ植民地の史的起源は，英国の政府や奴隷貿易廃止論者の支援を受けた在英黒人貧民らが，現在のフリータウンがあるシエラレオネ半島に集団入植をした1787年にまで遡る。

　当初，英国の奴隷貿易廃止論者や黒人貧民は，英国の公式植民地ではなく，「自由の国」（Province of Freedom）と呼ばれる「入植者，その継承者および後継者の自由共同体」の建設を目指した（Peterson 1969; Renner-Thomas 2010, 54-55）。しかし，周辺住民の襲撃などを受けて，当初の入植地はほぼ完全に破壊され，初期入植は事実上の失敗に終わった。

　その後，英国では1790年，シエラレオネの入植地の存続と再建を支援しようとする奴隷貿易廃止論者らによってセント・ジョージ湾会社（St. George's Bay Company）という民間会社が設立され，翌年にはそれがシエラレオネ会社（Sierra Leone Company）という特許会社へと改組される。そして，同社の設立を定めた1791年シエラレオネ会社法（Sierra Leone Company Act, 1791）という英国の法律によって，1787年以降現地住民から取得した土地およびシエラレオネ半島に今後獲得するであろう土地をシエラレオネ会社の社有地とすること，その入植地を「『シエラレオネ植民地』という名称の一つの独立した植民地」とすることが正式に認められた（Fyfe 1993, 27; Renner-Thomas 2010, 56）。こうしてシエラレオネ半島につくられた小規模な入植地は，シエラレオネ会社という特許会社が管理・運営するところの「入植植民地」（settled colony）となった。

　初期入植は事実上の失敗に終わったものの，1792年以降，ノヴァスコシア（現在のカナダ南東部）やジャマイカなどから元奴隷らがシエラレオネ植民地へと入植してくるようになると，シエラレオネ会社は，林野を切り拓いて公

道などを整備するとともに土地の測量を行い，入植者に対して「タウン・ロット」(town lot) と呼ばれる住宅用の区画を分配した[5]。また，それとは別に，「ファーム・ロット」(farm lot) と呼ばれる農耕用地も分配した (Clifford 2006, 145)。

このように入植植民地時代には，シエラレオネ植民地の土地がまず英国の法律によってシエラレオネ会社の社有地とされ，同社がそれを入植者に対して分配するという土地政策がとられた。しかし，この当時はまだ，シエラレオネ植民地の境界線さえ明確ではなく，植民地内の土地の権利関係も，しばしば法的な根拠を欠いた総じて曖昧なものでしかなかった。また，会社から入植者に分配された土地が当初の約束よりもかなり狭かったことや，会社が土地分配の見返りとして土地税の支払いを入植者に対して要求したことなどもあって，会社側と入植者側のあいだで土地問題をめぐる対立が絶えず，1800年には一部入植者による騒乱が発生している。

その後1807年，英国議会では，1808年1月1日をもってシエラレオネ植民地をそれまでの特許会社管轄下の入植植民地から英国の「王領植民地」(Crown colony) へと移行させるとする法律が可決・成立した。

2．王領植民地時代（1808～1961年）

1808年の王領化に伴って，シエラレオネ植民地のすべての土地は，少なくとも理論上は英国王に帰属する「王領地」(Crown land) となった。そして，この王領化を契機にしてシエラレオネ植民地では，自由土地保有権 (freehold) や土地リース権 (leasehold) といった，宗主国英国の不動産法制に準じた土地権利概念が浸透していくことになる。

筆者が当時のシエラレオネ植民地の史料を調べたところでは，ある死亡した植民地医務官の私有地売却のために競売を実施するという趣旨の，「土地売却」(Sale of Land) と題する記事が，王領化からわずか2年後の1810年3月14日付け官報にみられた[6]。また，1817年12月27日付けの官報には，「フー

ラベイファーム」(Foura Bay Farm) と呼ばれる「自由土地保有物件」(freehold estate) のやはり競売に関する記事が掲載されており[7]，さらに1818年4月18日付け官報には，1～6年間の定期で家と土地を賃貸したいという趣旨の「貸物件あり」(To be let) という広告記事もみられる[8]。このようにシエラレオネ植民地では，王領化を機に自由土地保有権や土地リース権といった不動産権概念が英本国から移入され，少なくともヨーロッパ系人や，のちにクリオ (Krio) と総称されることになる黒人入植者とその子孫のあいだにおいては，それらが相当程度速やかに普及していったものと推察される。

このように英国的な不動産権概念を導入する一方，シエラレオネ植民地政府は，早い時期から不動産の登記制度を整備しようともした。とくに王領地の自由土地保有権や土地リース権を民間人に譲渡する場合，植民地政府は被譲渡者に登記を義務づけた。しかし，登記しないことへの罰則を設けず，また，登記しなくても土地権利の効力には事実上ほとんど影響がなかったこともあって，不動産登記は当初，社会的にほとんど浸透しなかった。それどころか，不動産登記をすると土地税の課税対象として登録されてしまうため，登記はしばしば敬遠された。

そうしたなか植民地政府は，1857年，王領地の土地権利の譲渡については，1年以内に登記をしなければその効力を無効とするという趣旨の条令を発した。しかし，そうした条令の発布にもかかわらず，登記の動きは社会的に普及せず，結局，同条令は1867年にいったん廃止されている (Renner-Thomas 2010, 121-122)。

その後，シエラレオネ植民地では20世紀に入って，まず1905年一般登記条令 (General Registration Ordinance, 1905) によって登記所 (Office of Registrar General) の設置が正式に規定され (第4条)，さらに，1906年証書登記条令 (Registration of Instruments Ordinance, 1906) によって，王領地の土地権利譲渡にあたっては，被譲渡者が1年以内に証書を登記しなければその効力が失われるという趣旨の規定が約40年ぶりに復活した (第3条)。さらに，同条令では，1857年2月9日以降の土地権利に関する証書は，一定の期間内に登記

しなければ失効するものとされた（第4条）。こうしてシエラレオネ植民地では，1906年証書登記条令によって，不動産の「権利」ではなく「証書」に関する強制的な登記制度が再導入されたのであり，同制度の基本的な枠組みは，独立後も西部地域において継承され，今日に至っている。

3．独立後の時代（1961年以降）

シエラレオネが1961年に英国から独立した当時，植民地を前身とする西部地域では，前述のとおり，自由土地保有権や土地リース権といった英国的な不動産権概念がすでにかなりの程度普及し，強制的な証書登記制度も少なくとも形式的には整備されていた。これに対して，後述するとおり，保護領を起源とするプロヴィンスでは，慣習法が第一次的な法源とされ，伝統的な土地所有形態が支配的であった。このため，独立後のシエラレオネ政府は，西部地域とプロヴィンスで大きく異なる二元的な土地制度のあり方を改め，両者の融合を段階的に図ろうとした（Green 1974, 121-123）。しかし，独立後のシエラレオネでは結局，全国レベルはおろか地域レベルにおいてさえ，土地制度の抜本的な改革は実現しなかった。

西部地域でも，植民地に限定適用されていた植民地期の条令が独立後に法律へと書き換えられたり，そうした法律の条文に部分的な修正が加えられたりすることはあっても，同地域の土地制度のあり方に大きな変更をもたらすようなまったく新しい土地関連法が導入されるということはほとんどなかった。その数少ない例外の一つといえるのが，1966年非市民（土地権利）法 (Non-Citizens [Interests in Lands] Act, 1966) である。同法は，西部地域のみに適用される地域限定法であり，外国人や外国企業といった非シエラレオネ市民が西部地域において取得できる土地権利などについて定めている。具体的には，同法では，非市民は西部地域で自由土地保有権を取得できないものの（第3条），国からのライセンスがあれば土地リース権を取得できること（第4条），自由土地保有権，またはライセンスなしの土地リース権が非市民に

対して付与された土地は，過失や無知による場合を除いて国に没収され，公売に付される可能性があること（第5条）などが定められた[9]。

　しかし，そうした一部の法令を除けば，西部地域の不動産法制は，独立前と基本的にほとんど変わることがなかった。こうした西部地域の土地制度をめぐる「不変」状態が，果たして独立後のシエラレオネ政府の消極的な「無為無策」の産物なのか，それとも，植民地期の不動産法制を独立後もほぼそのままの形で維持しようとするなんらかの積極的な「政策判断」によるものなのかは，現時点では史料的な制約もあって必ずしも定かではない。この点については，筆者の今後の研究課題としたい。

4．小括

　本節では，植民地を起源とする西部地域での土地政策の史的展開を概観した。具体的にいえば，まず18世紀末から19世紀初頭にかけての入植植民地時代には，英国の国内法に基づいて，植民地の土地がシエラレオネ会社という特許会社の社有地とされ，同社がそれを入植者に分配するという政策がとられた。しかし，1808年にシエラレオネ植民地が英国の王領植民地へと移行すると，理論的にはすべての土地が王領地として位置づけられるようになり，この王領化を契機に，自由土地保有権や土地リース権といった，英国の不動産法制に準じた土地権利概念が普及するようになる。また，19世紀中葉になると，強制的な証書登記制度が正式に導入され，同制度はいったん廃止されたものの，20世紀初頭になって復活している。その後，1961年にシエラレオネは英国から独立したが，西部地域の土地制度は，独立以降も植民地時代末期のそれとほとんど変わることなく今日に至っている。そうした独立後の西部地域の土地制度をめぐる「不変」の原因については，現時点では確かなことは明言できないが，西部地域の不動産法制がいまなお植民地遺制を生き続けているという事実，その点だけは確かに指摘し得る。

第3節　プロヴィンスにおける土地政策の展開

　前節では，西部地域における土地政策の変遷を三つの時期——すなわち，①入植植民地時代（1787～1807年），②王領植民地時代（1808～1961年），③独立後の時代（1961年以降）——に分けて論じた。これに対して本節では，プロヴィンスにおける土地政策史を，西部地域のように時代別にではなく，むしろイシュー別に整理したうえで検討してみたい。このようにプロヴィンスの土地政策史を「時代」や「時期」ではなく「イシュー」に分けて分析するのには，次のような少なくとも二つの理由がある。

　第一に，土地制度のあり方が基本的に慣習に委ねられてきたプロヴィンスの場合，土地政策の分析に必要となる政府文書や成文法の数がそもそも西部地域よりもはるかに少ないため，その変遷を資料的に跡づけつつ時代別に考察することが極めて難しい，といういわば消極的な理由がまず挙げられる。

　これに対して，プロヴィンスの土地政策史を時代別ではなくイシュー別に分析するのには，それなりの積極的な理由もまたある。保護領時代からごく近年に至るまで，プロヴィンスの土地に対するシエラレオネ政府の主要な関心は，土地そのものの「管理」ではなく，それを利用した「開発」に向けられてきたといえる。その結果，プロヴィンスにおける土地政策は，狭義の土地政策としてよりも，むしろ開発政策と渾然一体となった形で発露し展開されることになったのである。つまり，プロヴィンスでは，土地政策という確固たる政策が存在し，それが独自の史的変遷を遂げてきたというよりも，それはしばしば個別的な開発政策のなかで具現化されてきたのであって，したがって，プロヴィンスの土地政策あるいは土地関連政策を検討するにあたっては，ひと連なりの潮流を分節化して理解しようとする時期区分のような分析枠組みを用いるのではなく，同政策を開発分野のようなイシューに分けた形で，いわば多面的に検討することこそが望ましく，かつ適切といえるのである。

このような認識のもと，本節では以下，プロヴィンスの土地政策を，①土地所有，②農業開発，③鉱物資源開発という三つのイシューに分けて論じる。土地所有をテーマとする第1項では，「プロヴィンスの土地は誰のものか」をめぐる法的解釈の検討を通して，政府による土地政策の基底部をまず明らかにする。そしてそのうえで，続く第2項では農業開発，第3項では鉱物資源開発との関わりという視点から土地関連政策の変遷をそれぞれ考察する。

1．土地所有

現在のプロヴィンスは，1896年に英国が成立を宣言したシエラレオネ保護領を史的起源とする。

同保護領の成立にあたって発布された1896年保護領条令（Protectorate Ordinance, 1896）では，保護領における鉱物・金属・貴石に関するすべての権利は英国王に帰属するものとされた。他方，土地権利に関しては，シエラレオネ植民地総督が無主地を必要に応じて占有できること，たとえすでに占有あるいは耕作されている土地であっても，総督には公共目的のためにそれを収用する権限があることなどが定められた。しかしながら，同条令では，シエラレオネ保護領の土地は，直轄植民地のように王領地とはされなかったばかりか，同じ西アフリカにある英領の北部ナイジェリア保護領のように，現地住民の既存の土地権利を一応承認しながらもその上位に英国の「上級所有権」（the right of "superior ownership"）が設定されるということもなかった。つまり，シエラレオネ保護領の場合，英国による土地権利の主張は，土地の使用や収用に関する最低限の行政権限を確保し，必要に応じてそれらを限定的に行使するという，いわば「行政介入」的なものでしかなかったといえる（Hailey 1951, 319）。

このようにシエラレオネ保護領では，その成立に伴って英国が土地権利を限定的にしか主張せず，伝統的な土地制度がおおむね温存されたため，当初は成文法的な不動産法制の整備が図られるということもなかった。しかし，

20世紀に入って，民間企業，宣教団体，クリオやレバノン人の商人といった，保護領民以外の「非原住民」(non-native) というカテゴリーに分類される人々や団体がそれまで以上に保護領内の各地に進出し，パラマウント・チーフなどから土地の貸与や贈与を受けるようになると，植民地政府はそうした動きを規制・管理するための法整備の必要性に迫られるようになる。こうしたなかで策定・発布されたのが，非原住民が保護領で取得できる土地権利とそれに関する諸規則を定めた1927年保護領土地条令 (Protectorate Land Ordinance, 1927) である。

　保護領土地条令は，その前文のなかで，「保護領のすべての土地は，当該の原住民コミュニティのために，そしてそれを代表して土地を保有するところの部族統治機構に帰属する」という，保護領の土地所有に関する基本認識を初めて一般法的に示した。1937年部族統治機構条令 (Tribal Authorities Ordinance, 1937) によれば，部族統治機構 (Tribal Authority) とは，「原住民法および慣習に基づいて人々によって選出され，総督によって承認され，本条令のもとで当該地域の部族統治機構として任命されたパラマウント・チーフ，チーフ，議員および名士」(第2条) のことを指し，それは今日のチーフダム議会の前身にあたる。つまり，シエラレオネ保護領ではその成立当初，土地制度のあり方は伝統的な慣習や慣行に委ねられ，それに関する成文法的な規程はほとんど整備されていなかったが，1927年保護領土地条令の前文において初めて，保護領のすべての土地は部族統治機構，今日でいうところのチーフダム議会に属するという認識が一般法的に示されたのである。そして，そうした土地所有に関する保護領土地条令の基本認識は，独立後も法的に変更されていない。

　このように保護領土地条令は，その前文のなかで保護領の土地所有に関する基本認識を示したうえで，続く条文において，非原住民が保護領内で取得できる土地権利などについて以下のように定めた。すなわち，外国人やシエラレオネ植民地出身のクリオといった非原住民が保護領において土地を占有する場合には，必ず部族統治機構の同意を得なければならないこと (第3条)，

非原住民が保護領内において取得できる土地権利は50年以内の土地リース権のみとするが，21年を超えない範囲での延長が認められること（第4条），土地の賃料は県長官によって7年ごとに改定されること（第5条）などである。こうして保護領民以外の非原住民には，最長で71年間の土地リース権の取得が認められる一方，それ以上の期間にわたる土地リース権や自由土地保有権の取得は禁じられた。

　そして，この保護領土地条令の発布以降，保護領内では，同条令に基づいた非原住民による土地賃借がかなり頻繁に行われるようになった。具体的には，非原住民が同条令または独立後のその後継法に基づいて保護領（プロヴィンス）内の土地を賃借した件数は，1978年までに少なくとも2952件に上ったという。その内訳は，商人や銀行などによる商業目的の土地賃借が2477件（84％）と圧倒的に多く，次いで宣教団体による賃借が318件（11％），公的セクターの団体による賃借が89件（3％）であった（Tuboku-Metzger and van der Laan 1981, 6）。

　保護領土地条令は，独立後にプロヴィンス土地法（Provinces Land Act）へと改称され，同法は今日，非プロヴィンス出身者がプロヴィンス内で占有を伴う狭義の土地権利を取得するためのほぼ唯一の一般法的根拠とされている[10]。しかしその一方で，両大戦間期の条令を起源とするプロヴィンス土地法には，すでに時代遅れとなった条文を含めて多くの問題点や瑕疵があるとの指摘もなされてきた。

　たとえば同法では，プロヴィンスの土地はチーフダム議会に帰属するものとされているが，チーフダム議会やその長であるパラマウント・チーフが実際にプロヴィンスの土地をすべて所有しているというわけでは無論ない。プロヴィンスにおいては慣習法上，①家族所有（family tenure），②共同体所有（communal tenure），③個人所有（individual tenure）という少なくとも3種類の土地所有形態が認められてきたのであり，そのなかで最も一般的なのが家族所有であるといわれている（Renner-Thomas 2010, 145-158）。にもかかわらず，プロヴィンス土地法では，あくまでも名目的な土地所有者にすぎない

チーフダム議会については言及がなされ，その権利が保護されているのに対して，実際の土地所有者，とくにその中核を占める土地所有家族 (landowning family) についてはなんらの言及もなされていないのである。この結果，同法においては，実際の土地所有者の権利がほとんど保護されていない状態になってしまっており，こうしたプロヴィンス土地法の瑕疵や前時代性のゆえに，近年進められている土地制度改革の議論では，同法の廃止が俎上に載せられている。

2．農業開発

シエラレオネ保護領での土地政策を考えるうえで1927年保護領土地条令と並んで重要といえるのが，保護領時代に発布された，農業開発に関する一連の条令である。

1896年保護領条令では，土地に対する植民地政府の権利主張は限定的なものにとどまったのに対して，鉱物資源に関しては政府の独占的な権利が明記された。このため，民間企業が保護領内で鉱物資源開発を行うためには，土地所有者ではなく，鉱物資源に対して独占的な権利をもつ植民地政府にまずアプローチし，そこから開発のための許可あるいはライセンスを得る必要があった。しかし，シエラレオネ保護領において鉱物資源開発の動きがみられるようになるのは1920年代以降のことであり，それ以前，民間企業のあいだでニーズや関心が高かったのは，鉱物資源開発ではなくむしろ農業開発，とくにアブラヤシの栽培や買付けをめぐる事業であった。

1907年，英国の油脂メーカーであるリーバ兄弟社 (Lever Brothers) が，英本国の植民地省に対して，シエラレオネを含む英領西アフリカでの大規模なアブラヤシ栽培プランテーションの設置と，アブラヤシを買い付けて採油するための搾油工場の建設のための許可を求めてきたことがある (矢内原 1985, 36)。この要請に対して，当時の植民地省や各植民地政府の関係者は，西アフリカの伝統的な小農生産を保護するという観点から同社によるアブラ

ヤシのプランテーション導入計画には難色を示したものの，関係者との数年にわたる交渉の結果，西アフリカにおけるヤシ油搾油工場の建設については最終的に許可した。そして，この決定を受けてシエラレオネにおいて発布されたのが1913年ヤシ油条令（Palm Oil Ordinance, 1913）である（Hailey 1951, 320）。

　ヤシ油条令は，あくまでも農業開発のためのものであって，厳密にいえば土地政策に関する条令ではない。というのも，シエラレオネ植民地政府は，同条令によって，10平方マイル以内の区域にヤシ油の搾油工場を独占的に建設する権利を最長21年間にわたって民間企業に付与できるようにしたが，そこで企業に付与されたのは，あくまでも一定の域内に搾油工場を独占的に建設・運営するためのコンセッション権であり，土地そのものの占有や使用などに関する権利ではなかったからである。

　ヤシ油条令の発布後，保護領には複数の搾油工場が建設されたが，同条令のもとで付与されたコンセッション権には，周辺住民からアブラヤシを独占的に買い付ける権利が含まれていなかったため，そうした工場では，原材料となるアブラヤシの果実を十分に確保できないという事態がしばしば生じた。この結果，ヤシ油条令は，ヤシ油の供給量拡大という当初の目的を必ずしも十分に果たすことができなかった（Buell 1965, 870; Hailey 1951, 320）。そこで，そうしたヤシ油条令の欠陥を補うとともに，それまでの大規模プランテーション抑制の方針を大幅に転換して農業開発を積極的に振興するために発布されたのが，保護領だけではなく植民地をも対象とした1931年コンセッション条令（Concessions Ordinance, 1931）である。シエラレオネ植民地政府は，このコンセッション条令の発布によって，5000エーカー以下の土地については植民地総督の承認，5000エーカーを超える土地については植民地相の承認があれば，企業などが最長99年間にわたって農業開発用地を賃借できるようにした（Hailey 1951, 321）。

　しかし，この1931年コンセッション条令もまた，その後ほとんど機能しなかった。というのも，企業が同条令に基づいて農業コンセッションを得るた

めには，コンセッション裁判所（Concessions Court）と呼ばれる特別裁判所に開発計画を提出し，そこでの審理を経て開発許可を得るという煩雑な手続きが求められたからである。こうした煩雑さが敬遠され，結局，保護領時代には1931年コンセッション条令に基づく農業コンセッションが実現するということはなかった。また，同条令は独立後にコンセッション法（Concessions Act）へと改称されたものの，やはり企業が同法に基づいて農業コンセッションを取得した事例はなく，同法は今日，形式的にはなお有効なものの，事実上死文化している。

　このようにコンセッション法が長年にわたって死文化した状態のまま放置されてきたという事実にも象徴的に示されているように，シエラレオネの保護領あるいはプロヴィンスでは，民間企業による大規模な農業開発事業とそれに伴う土地獲得，いわゆる「ランドグラブ」は，保護領時代はもちろんのこと，独立後もほとんど生じてこなかった。独立前に農業コンセッション関連のいくつかの条令が制定され，独立後もそうした成文法が形式的に継承こそされてきたものの，政府が農業開発のための体系的な法整備や具体的な振興策の実施に本格的に取り組まなかったため，プロヴィンスにおける農業分野への民間投資は目立った進展をみせなかったのである。

　ところが，シエラレオネは1990年代に入って深刻な国内武力紛争を経験するが，同紛争が2002年に終結して以降，そうしたプロヴィンスの農業開発をめぐる政府の姿勢が一変する。シエラレオネ政府は，2007年，海外直接投資の受入れと輸出の振興を目的としたシエラレオネ投資輸出促進庁（Sierra Leone Investment and Export Promotion Agency: SLIEPA）を新設し，同機関を窓口にしてとくに農業分野への外資導入を積極的に推進するようになった。具体的には，シエラレオネ政府側がアブラヤシやサトウキビといった農作物の大規模栽培に適した候補地区をプロヴィンス内においてあらかじめ調査・選定しておき，そうした候補地区を外国企業に斡旋するとともに，外国企業が農業投資に強い関心を示した場合には，SLIEPAや農林食料安全保障省（Ministry of Agriculture, Forestry and Food Security）といった諸官庁の関係者か，外国

企業側とパラマウント・チーフなどの地元コミュニティ側のあいだに入って，土地リース契約に関する仲介を積極的に行うようになったのである（Renner-Thomas 2010, 290）。この結果，データの信憑性には疑問が残るものの，ある土地問題関連団体の報告書によれば，2009年から2012年までの4年間に，シエラレオネ全土の農耕適地の実に21.4％に相当する115万4777ヘクタールもの土地が，大規模農業開発のために外国企業によって賃借されてしまったか，近い将来に賃借され得る状況におかれるようになったといわれている（Baxter 2013, 14）。

このようにシエラレオネのプロヴィンスにおける農業開発の景観は近年急速に変化し，他のアフリカ諸国でもみられるような「ランドグラブ」現象が北部州ポートロコ県（Port Loko District）や南部州プジュン県（Pujehun District）などを中心にして各地で生じるようになっている（Baxter 2013, 14）。本章では，紙幅の関係でその詳細を論じることはできないが，ここで指摘しておきたいのは，プロヴィンスにおける農業開発政策が紛争後に外資の積極的導入へと本格的に舵を切り，外国企業による「ランドグラブ」状況が実際に各地で発生し始めているにもかかわらず，その不動産法制自体は保護領時代のそれとほとんど変化していないという，まさに「シエラレオネ的」ともいうべき特徴にほかならない。

今日，シエラレオネ政府は農業開発への外資導入を積極的に推進しているが，そのための土地関連法はまだほとんど整備されておらず，コンセッション法が事実上死文化している状況のなか，プロヴィンスで大規模農業開発をしようとする外国企業がその用地確保のために依拠し得る法令は，90年近くも前に制定されたプロヴィンス土地法ただ一つしかない（SLIEPA 2010）。こうしたプロヴィンスの土地制度をめぐる旧態依然性は，前述した西部地域の土地制度のそれとどこかで，しかし確実に通底しているように思われるが，その背景や原因などに関する詳細な分析については，西部地域の場合と同様，筆者の今後の研究課題としたい。

3．鉱物資源開発

　これまでシエラレオネのプロヴィンスにおいて農業開発と同等あるいはそれ以上に重要な開発分野とされてきたのが，鉱物資源開発である。
　シエラレオネ保護領では1920年代以降，ボーキサイト，ダイヤモンド，鉄鋼石などの鉱物資源が次々と発見された。そして，そうした鉱物資源の開発を統制するために発布されたのが1927年鉱山鉱物条令（Mines and Minerals Ordinance, 1927）である（Schwartz 2006, 28）。
　鉱山鉱物条令の発布以降，採掘業者には，鉱物資源の所有者である植民地政府に対して採掘リース料（mining lease rent）を支払うことでライセンスを取得するとともに，土地を形式的に保有する部族統治機構に対しては地表料（surface rent）を支払うことが求められるようになった。そして，採掘業者がこの部族統治機構への地表料支払いを条件に認められるようになったのが，地表権（surface right）という土地権利である。地表権は，鉱物資源開発といった特定の目的のためだけに土地を一定期間使用できる権利のことであり，それは地役権（easement）のような広義の土地権利の一つではあるものの，自由土地保有権や土地リース権といった占有を伴う狭義の土地権利とは一応区別された。
　そして，採掘業者が政府からライセンス，部族統治機構から地表権をそれぞれ得て鉱物資源を採掘するという，この保護領時代に成立した仕組みは，独立後の現在もなお基本的に踏襲されている。今日，鉱物資源開発全般について規定しているのは2009年鉱山鉱物法（Mines and Minerals Act, 2009）という法律である。同法では，鉱物権（mineral rights）という権利概念が示され，それは，①探査ライセンス（reconnaissance licence），②探鉱ライセンス（exploration licence），③零細採掘ライセンス（artisanal mining licence），④小規模採掘ライセンス（small-scale mining licence），⑤大規模採掘ライセンス（large-scale mining licence）の5種類からなる（第22条）。そして，政府への年間料金

(annual charge)の支払いによってこれらのうちのいずれかのライセンスを取得した者は，その行使にあたってチーフダム議会や土地所有者などに地表料を支払うことで独自の鉱区を確保し，開発を行うものとされている[11]。

なお，農業開発の場合，企業はプロヴィンス土地法に基づいて最長71年間の土地リース権を取得し，開発を行わなければならないのに対して，鉱物資源開発の場合には，採掘業者は土地リース権を取得してもかまわないが，必ずしもその必要はなく，鉱物権のうちのいずれか一つを取得していれば地表権を得るだけで開発を行うことができる。しかし，土地リース権とは異なって地表権には法定上限期間が設けられていないため，採掘業者は，鉱物資源の権利を独占する政府からライセンスを取得しているあいだはプロヴィンスの土地を事実上使用し続けることが可能となり，逆に鉱物資源が枯渇したり，国際資源価格の低迷などによって採掘の採算がとれなくなったりすれば，操業をやめて土地使用を停止することもできる。鉱物資源開発に関しては，農業開発分野で近年みられるようになった「ランドグラブ」問題はほとんど顕在化していないが，労働条件をめぐる労使対立問題や採掘に伴う環境破壊問題などに加えて，その土地使用期間が少なくとも地元コミュニティ側にとっては恣意的かつ不安定であるという問題点がみられる。

4．小括

本節では，プロヴィンスの土地政策あるいは土地関連政策を，①土地所有，②農業開発，③鉱物資源開発という三つのイシューに分けて論じた。このように土地政策を時代別ではなくイシュー別に検討した理由としては，第1に，プロヴィンスの場合，土地政策の検討に必要な公的文書や成文法がごくわずかしか存在せず，その史的変遷を資料的に跡づけることが難しいこと，第2に，同地域では，土地政策が独自の政策として展開されてきたというよりも，しばしば開発政策と密接に連関する形で発露してきたこと，という2点を指摘できる。

まず土地所有に関しては，19世紀末の保護領成立当初，植民地政府は独自の土地権利をほとんど主張せず，土地の管理や運用のあり方を慣習にほぼ委ねた。しかし，1927年に保護領土地条令を発布し，同条令によって，保護領のすべての土地は部族統治機構に帰属するという立場を一般法的に初めて示すとともに，非原住民が保護領で取得できる土地権利を最長71年間の土地リース権に制限した。そして，こうした土地所有をめぐる法的立場は，保護領がプロヴィンスへと移行した今日もなお基本的に踏襲されている。

他方，必ずしも十分に機能しなかったものの，植民地政府は，1913年ヤシ油条令や1931年コンセッション条令といった農業コンセッション関連の諸条令を定め，アブラヤシを中心とする農業開発を推進しようともした。しかし結局，保護領時代からシエラレオネ紛争が展開された1990年代までは，民間企業による大規模農業開発はほとんど行われなかった。ところが，紛争終結後の2000年代に入ってシエラレオネ政府は，経済成長のために農業開発への外資導入を積極的に推進するようになり，その結果，プロヴィンスでは今日，外国企業による「ランドグラブ」問題が各地で生じている。

鉱物資源開発分野では，植民地政府は，1927年鉱山鉱物条令の発布以降，土地リース権のような占有を伴う狭義の土地権利ではなく，特定目的での土地使用を認める地表権という広義の土地権利概念を援用することでその開発を振興してきた。具体的には，採掘業者は，鉱物資源の権利を独占する政府から鉱物権，土地の権利をもつ土地所有家族やパラマウント・チーフなどから地表権をそれぞれ取得して開発を行ってきた。

そうした農業開発や鉱物資源開発に関する法律を含むプロヴィンスの土地関連諸法令は，量的にみて限定的であり，また質的にみても，近年新たに制定された鉱山鉱物法などを例外とすれば，かなり前時代的であって，現在進められている土地制度改革の議論では，それらの大幅な見直しや新法の整備が検討されている。

むすびに代えて

　本章では，シエラレオネにおける土地政策の分枝国家的な展開を，植民地を起源とする西部地域と，保護領を前身とするプロヴィンスの二つに分けて詳述してきた。ここでは最後に，今日のシエラレオネで進行中の土地制度改革をめぐる議論について若干言及し，本章のむすびに代えたい。

　シエラレオネは1990年代に大規模な国内紛争を経験したが，同紛争の一因として指摘されたのがプロヴィンス農村部の土地問題であった。たとえば，文化人類学者のポール・リチャーズは，シエラレオネの農村部では，パラマウント・チーフらが土地をめぐる権限や影響力を濫用して若者を経済的に搾取したり，彼らの土地アクセスを制限したりした結果，多くの若者の離村が促されたとし，そのことが1990年代の紛争の発生・長期化につながった，と分析する（Richards 2005）。そうしたリチャーズの分析の真偽はともかくも，農村部の土地問題が紛争の発生・長期化の一因となっていたのではないかという認識は，紛争中からそれなりの説得力をもって語られたのであり，そうしたこともあってシエラレオネでは，2002年の紛争終結以降，土地問題を所管する土地国家計画環境省（Ministry of Lands, Country Planning and the Environment: MLCPE）が中心となり，国連開発計画（United Nations Development Programme: UNDP）などの協力を受けながら，土地制度全般の見直し作業が進められるようになった。そして，その成果としてとりまとめられたのが，今後の土地制度改革のガイドラインとなる「国家土地政策原案」（Drafted National Land Policy）である。ここでは，2013年8月に発行された「国家土地政策」（MLCPE 2013）という政府文書をもとに，同原案の内容をみておこう。

　まず，国家土地政策原案では，中央・県・チーフダムという三つの行政レベルにそれぞれ土地関連の委員会組織を設置するという方針が示されている。なかでもとくに重要なのが中央におかれる国家土地委員会（National Land Commission）であり，同委員会には，全国の土地問題を所管する権限と国有

地を管理する権限がMLCPEから移譲されることになっている。これに対して，チーフダムのレベルにおかれるチーフダム土地委員会（Chiefdom Land Committee）には，チーフダム議会やパラマウント・チーフに代わって共同体所有地を管理することが期待されている。また，プロヴィンスでは現在，プロヴィンス土地法による土地貸借などを除けば，不動産登記は行われていないが，国家土地政策原案では，強制的な登記制度をプロヴィンスにも拡大するという方針が示され，その実現のために県やチーフダムのレベルにまで登記事務所を開設することが提案されている（MLCPE 2013, 15-16）。

このほか，土地の権利や賃料に関する紛争処理専門機関を各地に設けること，自由土地保有権や土地リース権といった一般法上の土地権利と，家族所有や共同体所有といった慣習法上の土地所有形態のあいだの調和を図ること，プロヴィンスの土地をめぐる「原住民と非原住民」という区別を廃止し，それを「シエラレオネ市民と非シエラレオネ市民」という区別に置き換えたうえで，非シエラレオネ市民がプロヴィンスで取得できる土地権利を最長99年の土地リース権に変更すること，土地制度改革のなかで新たな土地関連税を導入することなどの諸方針が示された（MLCPE 2013）。

こうした国家土地政策原案に盛り込まれた諸施策は，これまでの西部地域とプロヴィンスの二元的な土地制度の調和を図るとともに，その前時代性を克服し，より効果的な土地管理・活用，公正な土地アクセスの保障，土地権利の適切な保護，健全な土地市場の形成，土地紛争の予防といった諸目的の達成を目指そうとする実に包括的かつ野心的な取り組みといえる。個々の施策の妥当性や実現可能性については疑問もあり，今後より具体的な検討が必要とはなろうが，国家土地政策原案が志向するような本格的な土地制度改革が今日のシエラレオネにおいて強く求められている，という点については，もはや疑問の余地はなかろう。独立後のシエラレオネでは，土地をめぐる実態や環境が大きく変容してきたにもかかわらず，本章で詳述してきたとおり，西部地域にせよプロヴィンスにせよ，土地制度自体は植民地時代末期以来ほとんど変化してこなかったのであり，やや木目の粗い言い方をするならば，

すでにそれは制度的な「耐久年限」を明らかに超えてしまっているからである。

　しかし，今日進行中のシエラレオネの土地制度改革は，もともと1990年代の国内紛争を契機とし，紛争後にいわば平和構築の一環として始まったものであり，そこでは当初からドナー主導の色合いがかなり濃かったといえる。いうまでもなく土地制度改革は，国民全体に与える影響が極めて大きく，かつそれは単なる法改正以上の，政治，経済，社会，文化などと密接に連関し，複雑な利害や思惑が絡み合うプロセスにほかならない。したがって，そうした土地制度改革に向けた議論を推し進め，それを今後具現化していくためには，引き続きドナーからの技術的あるいは資金的な支援を仰ぎつつも，シエラレオネ側のオーナーシップとコミットメントが何よりも必要とされよう。その点に関していえば，2007年に大統領に就任したアーネスト・バイ・コロマ（Ernest Bai Koroma）と彼が率いる全人民会議（All People's Congress: APC）政権は，それまでのシエラレオネ人民党（Sierra Leone People's Party: SLPP）政権以上に土地制度改革に対して積極的に取り組んできたようにみえる。

　2014年に突如発生したエボラ出血熱の感染拡大は，そうした独立後のシエラレオネにおける初めての本格的な土地制度改革の動きに大きく水をさした。しかし，エボラ禍が去り，日常性が取り戻されれば，シエラレオネの，他のアフリカ諸国と比して「遅咲きの土地制度改革」もまた，なんらかの進展をみせることだろう。近い将来，本章で取り上げた土地関連諸法令が廃止あるいは大幅に修正されたり，土地法といったまったく新しい基本法やその関連諸法令が制定されたり，土地に関する行政機関が漸進的に整備されたり，土地係争をめぐる司法手続きや裁判管轄権が見直されたりするような状況が生じるかもしれない。今後しばらくのあいだは，そうしたシエラレオネの「遅咲きの土地制度改革」の趨勢を注視することにしたい。

〔注〕
(1)　シエラレオネには，県が14あるが，県議会は13しかない。これは，西部地

域都市県（Western Area Urban District）にはフリータウン市議会（Freetown City Council）がおかれてはいるものの，県議会は設置されていないためである。

(2)　チーフダムは，もともと間接統治下の保護領で制度化された行政単位であり，植民地を前身とする西部地域には当初からみられず，少なくとも今日もなお同地域には正式な意味でのチーフダムは存在しない。また，プロヴィンスであっても都市部（市）の場合，やはり正式な行政単位としてのチーフダムは設定されていない。しかし，西部地域とプロヴィンス都市部（5市）にも，象徴的な意味での「パラマウント・チーフ」はおり，そのもとに「チーフダム」が形式的に設けられている。具体的には，プロヴィンス地方部にある149の正式なチーフダム以外に，西部地域には12，プロヴィンス都市部には5の「チーフダム」が存在する。

(3)　高等裁判所は，原則としてプロヴィンスの土地関連訴訟に関しては第一審管轄権をもたないが，後述するプロヴィンス土地法をめぐる訴訟については例外的に第一審の裁判権を有する（Renner-Thomas 2010, 30）。

(4)　地方裁判所のなかには，形式的に設置はされていても，なんらかの理由で実際の業務を行っていない裁判所が散見される。たとえば，Koroma（2007, 14）が2007年に30のチーフダムを調査したところ，設置されているはずの56カ所の地方裁判所のうち，実際に機能していたのは50カ所であったという。

(5)　タウン・ロットの面積は約348平方メートルであり，これがその後のシエラレオネにおける土地売買の基本面積単位となった（McKay 1968, 70）。

(6)　The Sierra Leone Gazette. March 14, 1810, p. 3.

(7)　The Royal Gazette and Sierra Leone Advertiser. December 27, 1817, p. 20.

(8)　The Royal Gazette and Sierra Leone Advertiser. April 18, 1818, p. 83.

(9)　非市民（土地権利）法の条文については，落合（2014）を参照されたい。

(10)　プロヴィンス土地法の条文については，落合（2014）を参照されたい。

(11)　鉱山鉱物法では，たとえば大規模採掘ライセンス取得者が支払う地表料については，実際の土地所有者50％，県議会15％，パラマウント・チーフ15％，チーフダム行政10％，開発基金10％という比率で配分されることになっている（第34条A項）。しかし，筆者が2013年12月25日にポートロコ県マランパ・チーフダム（Marampa Chiefdom）のモハメド・アギブ・ダウォ（Mohamed Agibu Dawo）第1地方裁判所議長に対して実施した聞き取り調査によれば，同チーフダムにおける大規模な鉄鉱石採掘の場合，開発ライセンスをもつロンドン・マイニング社（London Mining）が2013年に地元に支払った地表料は年間約15万ドルであり，それは，土地所有者50％，ポートロコ県議会15％，パラマウント・チーフとその輩出を認められた6つの家系15％，マランパ・チーフダム議会10％，地元出身の国会議員10％という比率で配分されていた。

このように鉱物資源開発の地表料については，鉱山鉱物法でその一応の配分基準が示されてはいるものの，実際の配分のあり方は開発事業ごとに異なっている。

［参考文献］

＜日本語文献＞
落合雄彦 2014.「シエラレオネにおける土地関連法」(武内進一編「アフリカの土地と国家に関する中間成果報告」 調査研究報告書 アジア経済研究所 98-129 http://www.ide.go.jp/Japanese/Publish/Download/Report/2013/2013_B103.html).
矢内原勝 1985.「輸出用1次産品の小規模対大規模生産――小農対プランテーション――」『三田学会雑誌』77(6) 17-38.

＜外国語文献＞
Baxter, Joan 2013. *Who is Benefitting? The Social and Economic Impact of Three Large-scale Land Investments in Sierra Leone: A Cost-benefit Analysis* (http://www.christianaid.org.uk/).
Buell, Raymond Leslie 1965 (1928). *The Native Problem in Africa.* Volume 1, second impression, London: Frank Cass (New York: Macmillan).
Clifford, Mary Louise 2006 (1999). *From Slavery to Freetown: Black loyalists after the American Revolution.* Reprint edition, Jefferson, NC: McFarland.
Fyfe, Christopher 1993 (1962). *A History of Sierra Leone.* Reprint edition, Aldershot: Gregg Revivals (Oxford: Oxford University Press).
Green, L. C. 1974. "Land Law in Sierra Leone." In *Family Law in Sierra Leone: A Research Report*, by Barbara E. Harrell-Bond and Ulrica Rijnsdorp, Leiden: Afrika-Studiecentrum, 118-136.
Hailey, William Malcolm 1951. *Native Administration in the British African Territories, Part Ⅲ. West Africa: Nigeria, Gold Coast, Sierra Leone, Gambia.* London: His Majesty's Stationary Office.
Kane, Minneh, Keith Mackiggan, Chris Mburu, Ibrahim Gassama, Emma Morley, and Christian Eldon 2004. *Sierra Leone: Legal and Judicial Sector Assessment.* Legal Vice Presidency, The World Bank (http://siteresources.worldbank.org/).
Koroma, Braima 2007. *Local Courts Record Analysis Survey in Sierra Leone* (http://siteresources.worldbank.org/).

Mamdani, Mahmood 1996. *Citizen and Subject: Contemporary Africa and the Legacy of Late Colonialism*. Kampala: Fountain Publishers, Cape Town: David Philip, London: James Curry.

McKay, J. 1968. "Commercial Life in Freetown." In *Freetown: A Symposium*. edited by Christopher Fyfe, and Eldred Jones, Freetown: Sierra Leone University Press, 65-76.

MLCPE (Ministry of Lands, Country Planning and the Environment), the Government of Sierra Leone 2013. *National Land Policy: Abridged Version of the Final Draft Policy Document*. Freetown: MLCPE.

Peterson, John 1969. *Province of Freedom: A History of Sierra Leone 1787-1870*. London: Faber and Faber.

Renner-Thomas, Ade 2010. *Land Tenure in Sierra Leone: The Law, Dualism and the Making of a Land Policy*. Keynes, UK: AuthorHouse.

Richards, Paul 2005. "To Fight or to Farm? Agrarian Dimensions of the Mano River Conflicts (Liberia and Sierra Leone)." *African Affairs* 104 (417) : 571-590.

Schwartz, Priscilla 2006. *Sustainable Development and Mining in Sierra Leone*. Belvedere Kent, UK: Pneuma Springs Publishing.

SLIEPA (Sierra Leone Investment and Export Promotion Agency) 2010. *Leasing Agricultural Land in Sierra Leone: Information for Investors* (http://www.oaklandinstitute.org/) .

Tuboku-Metzger, F. C., and H. L. van der Laan 1981. *Land Leases in Sierra Leone: A Survey of Leases Granted under the Protectorate Land Ordinance of 1927*. Research Reports 12, Leiden: African Studies Centre (http://www.ascleiden.nl/) .

第4章

タンザニアにおける土地政策の変遷

——慣習的な土地権に着目して——

池 野 旬

はじめに

　1990年代以降に，多くのアフリカ諸国が土地法制の改革に着手している。そのなかにあってタンザニアは，「慣習的な土地保有を所有権として尊重しながら法制改革を行おうとしている」（Alden Wily 2013, 14）国の一つとみなされている。「慣習的」という用語は魅力的であるが，本当にタンザニア政府は伝統的な土地慣行を生かしながら21世紀の土地問題に対処しようとしているのであろうか。本章の問題関心は，ここにある。以下では，タンザニアで現在進行中の土地法制改革において「慣習的」と認識されているのはいかなる土地権であるのかを，19世紀末に始まる植民地期の土地政策にまで遡って明らかにしていきたい。

　まずは問題の所在をさらに詳しく説明することから始めたい。タンザニアで現在進行中の土地改革の基本法となっているのは，1999年土地法（Land Act. 以下，法令は，制定年，名称の順で記載し，全体で法令名とする）と1999年村落土地法（Village Land Act）である。1999年土地法では，国土すべてを公有地（public land）とみなし，大統領にタンザニア国民の管財人（trustee）という権限を付与している。公有地は，①村落地（各村落の管理する土地），②保護地（国立公園，森林保護区，海洋公園等），③一般地（①，②以外の土地）

の三つに下位区分される (Fimbo 2004, 20; McAuslan 2013, 98-99)。2006年刊のタンザニア政府文書 (Tanzania 2006。ただし，Bruce 2014, 62より再引用) によれば，国土面積のうち，上記の①が70％，②が28％，③が2％を占めている。

　このように国土の過半を占めている村落地に関して，その運営・管理を1999年土地法とは別途に定めたのが，1999年村落土地法である。同法の第2条では，使用する用語の概念規定がなされている。慣習的な土地権に関しては，慣習占有権 (customary right of occupancy) という用語の記載があり，「本法第27条に従った慣習占有権証書 (certificate) の発給により創設される占有権を意味し，看做 (みなし) 占有権 (deemed right of occupancy) も含む」権利概念と規定されている。

　詳しい歴史的な経緯については本文で明らかにしていくが，1999年土地法制定直前にタンザニアで個人・企業等が保持し得た土地権は，制定法に基づき認定された認可占有権と，慣習法に基づくとされる看做占有権の2種類のみである。上記の条文で言及されている「慣習占有権証書の発給により創設される占有権」とは認可占有権に分類されるべき土地権である。一方，上記の条文で言及されている看做占有権は，同法の別の箇所で，「アフリカ出自のタンザニア市民 (a Tanzanian citizen of African descent) あるいはアフリカ出自のタンザニア市民のコミュニティが，慣習法のもとで慣習法に従い土地を占有し利用する権利 (title)」であると規定されている。この規定は，慣習法に淵源を有する土地権という，従来の看做占有権に対する認識と合致している。

　とすれば，1999年村落土地法で言及されている慣習占有権とは，認可占有権に分類されるべき土地権を主体としながら，看做占有権を付随的に内包しているという，従来は大別されていた二つの土地権概念を横断する概念規定となる。両者を融合して新たな土地権概念を創設する試みというよりは，看做占有権を認められている地片に対しても慣習占有権証書を将来的に発給して，認可占有権に一元化しようとする意図が透けてみえる。換言すれば，1999年村落土地法では看做占有権の取り扱いに苦慮しており，慣習的な土地

保有に対して明快な処理がなされているわけではない。

　そもそも看做占有権とは，どのような土地権として植民地期以降に温存あるいは改ざんされてきたのであろうか。本章ではこのような問題関心から，植民地期には原住民（native）[1]と称され，1999年村落土地法では「アフリカ出自のタンザニア市民あるいはアフリカ出自のタンザニア市民のコミュニティ」と称されているアフリカ系の（主として農村）居住民の有する土地権（現行法の「慣習占有権」と区別するため，以下では「慣習的な土地権」と表記）に着目しながら，植民地期以降のタンザニア（正確にはタンザニア本土）[2]の土地政策を再検討することをめざしている。

　以下では，五つの時期に区分して記述していく。それぞれの時期を扱った節の冒頭でその時期の慣習的な土地権の状況を短く解説し，次いでそのような見方の論拠となる特徴的な土地法令や行政上の動向について説明を加えていく。この5期のうち第1期とは1885年に始まるドイツによる植民地期であり，第2期は英統治期，すなわち第一次世界大戦後の委任統治期と第二次世界大戦後の信託統治期である。そして，1961年の独立に続く1960年代が第3期である。1967年の「アルーシャ宣言」（Arusha Declaration）以降にタンザニアは農村を基盤とした社会主義的な国家建設路線を採用し，国内各地でウジャマー村（英 Ujamaa Village／スワヒリ Kijiji cha Ujamaa．ウジャマーとはスワヒリ語で家族的な連帯感を意味し，転じて社会主義も意味する）の建設をめざした。しかしながら，土地政策に関しては1967年で区切るより，ウジャマー村建設が加速化される1970年代初期を区切りとした方が理解しやすい。そのため，第4期には，1970年代初期からウジャマー政策が放棄される1980年代初期までと，それに続く1990年代初期頃までの移行期とを含んだ。最後の第5期は，1990年代初期に始まる現行の土地改革の胎動期から現在までである。

第1節　ドイツ植民地期（1885～1919年）

　この時期には，領域内で多種多様であった慣習的な土地権や土地割当・紛争調停の慣行が，かなり維持された。その理由は，植民地政府の行政能力が不足していたために原住民地域の慣習的な諸制度への介入が少なかったことと，ヨーロッパ人等の非原住民の入植が限定的であり大規模な土地収奪が発生していなかったことである。

　アフリカ分割を決定した1884～1885年のベルリン会議において，ザンジバルのスルタンの勢力下にある海岸部の10マイル帯を除くタンザニア本土部分と，現在のルワンダ，ブルンジとが，ドイツ帝国の勢力圏下にある領域と認定された。当初は特許会社であるドイツ東アフリカ会社（Deutsch-Ostafrikanische Gesellschaft）が植民地経営を担い，ヨーロッパ人の入植をもくろんだが，軍事的に実効支配が確立されていない植民地であったことから入植希望者は少なく，1885～1890年に三つのプランテーションしか開設されなかった（Sippel 1996, 11-12）。この間の1888年4月28日にドイツ東アフリカ会社は，ザンジバル・スルタンから上記の海岸部10マイル帯を租借した。そして，所有者がその権利を証明する文書を提示できない土地を無主地（unowned or unclaimed land）として賠償なしに公有地（public land）に組み込もうとしたために，武力を伴う抵抗運動を招くこととなった（Sippel 1996, 14-15）。ドイツ帝国軍が反乱を鎮圧したのち，ドイツ帝国政府とドイツ東アフリカ会社は1890年11月20日に協定を取り結び，1891年1月1日よりドイツ帝国政府が植民地支配に乗り出し，ドイツ東アフリカ会社は経済活動に専念することとなった（Henderson 1965, 125, 132; Mascarenhas 1971, 106）[3]。

　ヨーロッパ人等の非原住民の入植が促進されるのは，1895年11月26日に発布された1895年帝国条令（独 Kaiserliche Verordnung/英 Imperial Decree）以降である。同条令では，植民地内の無主地を王領地（独 Kronland/英 Crown Land）とし，その占有に関する排他的な権限を政府に付与した（Sippel 1996,

20)。この条令に基づき，自由土地保有権あるいは土地リース権（2種類に下位区分）という土地権で，王領地からヨーロッパ人等の入植者へ土地が譲与された。当初は自由土地保有権での譲与が多かったが，次第に期間を定めた土地リース権の形態をとることが多くなり，土地開発の条件を満たせば土地リース権から自由土地保有権に転換する方式がとられた（James and Fimbo 1973, 30-31；吉田 1997, 19-20）。

　先行研究で数値が必ずしも一致していないが，ドイツ植民地期末期の1913年末時点での非原住民への土地割譲は133万9643エーカー[4]（領域面積の0.5％）であり，ヨーロッパ人人口5336人（ドイツ人は4107人）のうち農業目的の入植者は882人（Henderson 1965, 144, 155; Mascarenhas 1971, 106; Richter 1996, 75；吉田 1997, 22; Rwegasira 2012, 54）にすぎず，面積・人数ともに多くはなかった。また，割譲地は領域内で分散しており（図4-1参照），ホワイトハイランドと称されるヨーロッパ人入植者専用の巨大な領域が創設された隣国ケニアとは，非原住民の入植の様相がおおいに異なっていた。ドイツ領東アフリカで非原住民入植が限定的であったのは，1905～1906年に領域の南部地域3分の1を巻き込む反植民地武力抵抗運動，マジマジ蜂起（Maji Maji rebellion）が発生し，レッヘンベルク総督（Freiherr von Rechenberg. 任期1906～1912年）が「いかなる大規模なヨーロッパ人入植も，流血を伴ってしか解決できないような，原住民との紛争をもたらさざるを得ない」（Iliffe 1979, 142）と判断して，入植者による大規模農場経営に代えてアフリカ人小農による換金作物生産を奨励する農業政策に転換したためである（Henderson 1965, 147-148, 151；吉田 1997, 21）。

　さて，1895年帝国条令は非原住民の入植に合法的な基盤を与える一方で，アフリカ人がすでに占有している土地の保持（property or possession）を認め，さらに耕地の移動や人口の増加に備えるために追加的な地片の権利（直後の条令で約4倍の面積と定められる）を認める法令でもあった（Fimbo 1974, 234; Sippel 1996, 19-20；吉田 1997, 19-20; Meek 1968, 101）。ただし，1914年でも79人のドイツ人行政官（administrators）しかおらず，地方行政組織である県（独

図4-1 ドイツ領東アフリカのヨーロッパ人プランテーションの分布

(出所) Sippel (1996, 26) に基づき,筆者作成。
(注) 1) ドイツ領東アフリカは,領域内に現在のルワンダ,ブルンジを含んでいる。
 2) 原図には年号が記されていないが,ドイツ植民地末期の1913年末頃と推定される。
 3) 地名は1913年当時のもの。

bezirke) にはアラブ人・スワヒリ人が下級行政官として配置されてはいたものの[5],人員不足は覆いがたく,この脆弱な統治体制では土地問題に介入していく余力はなかったといえよう。また,ドイツ期に領域内の各地の慣習法について調査がなされたわけでもなく,さらには成文法化されて積極的に慣習的な土地権が保護されたわけではなく,慣習的な土地慣行のもとにあるア

フリカ人の占有は暗黙裡に容認されているにすぎなかったのである (James and Fimbo 1973, 31; Sippel 1996, 13; Richter 1996, 47)。

第2節　英統治期（1919～1961年）

　この時期にも非原住民の入植は限定的であり，間接統治体制のもとで慣習的な土地権と土地割当・紛争調停慣行が維持された。もちろん，それらは地域ごとに多様であり，また内外の社会経済環境の変化に応じて経時的に変容していった（たとえば，吉田 1997, 34, 40-92）。このような原住民の慣習的な土地権は集合的に，占有権（right of occupancy）として植民地政府の成文法において言及されるようになる。

　英政府は1920年タンガニーカ勅令（Tanganyika Order in Council）により総督（Governor）職を設置（Thomas 1971, 108; Richter 1996, 46）してドイツ領東アフリカの実効的支配を開始していた。そして，1922年7月20日にドイツ領東アフリカのうち現在のルワンダとブルンジに相当する領域を除いたタンガニーカ（すなわち現在のタンザニア本土部分）は，国際連盟のもとで英国による委任統治領となった（Fimbo 1974, 237）。国際連盟の委任規定第6条に，「土地の保持と移転（holding or transfer）にかかわる法律の制定にあたっては，委任統治者は，原住民の法と慣行を考慮に入れ，原住民の権利を尊重し権益を保護しなければならない」と規定されており，英植民地政府[6]はこの足かせのもとで非原住民の入植を行わねばならなかった（Ingham 1965, 692; James and Fimbo 1973, 31）。

　さて，英植民地政府による最初の本格的な土地法令は，1923年土地条令（Land Ordinance）である。この条令は，以下の3点で重要である。

　①ドイツ期の譲与地の土地権の承認

　この条令が制定された1923年1月26日以前に譲与された，すべての土地の権利が追認された。すなわち，ドイツ植民地期の自由土地保有権ならびに土

地リース権が，有効な土地権として英統治下でも認められた。ただし，土地権は認められたが，ドイツ帝国臣民の保持していた土地そのものは没収されて，敵国人財産（Ex-enemy property）として，おもに英国人，ギリシャ人，インド人に払い下げられた（Hailey 1957, 727；吉田 1997, 92-93）。

②公有地（Public Land）の設定

タンガニーカ領域内のすべての土地は，占有の有無にかかわらず，公有地とされた。公有地という概念自体はすでに1920年タンガニーカ勅令で導入されていたが，上記の①に該当する土地権の扱いは曖昧であった（Fimbo 1974, 236-237; Richter 1996, 46）。1923年土地条令では，①に該当する土地権は有効であると規定された（Fimbo 2013b, 4）。原住民が慣習法下で保持している土地は公有地に含まれ，1923年土地条令第4条では，すべての原住民の土地と当該地に関する諸権利は，総督の権限下におかれ，委任統治領内の原住民の公益（common benefit）のために管轄され，総督の同意なしには当該地の占有や利用の権利は有効とならないと規定された（吉田 1997, 22）。

③非原住民への土地譲与に対する占有権（right of occupancy）概念の導入

公有地から非原住民に譲与される土地の権利は，基本的に占有権となった。占有権は，ドイツ植民地期の土地リース権に類似している。占有権は期限付き（最長99年）の土地権であり，1926年には農耕地に，1927年には放牧地に対して開発を条件として譲与され，1948年に開発条件が強化された。土地の放置や，5年間の無利用により権利が剥奪された。占有権の売却，担保設定，料金賦課，転貸，遺贈等の土地権の移転については，総督の許可を必要とした（Meek 1968, 103; James 1971, 114; Fimbo 1974, 237）。

この1923年土地条令を修正した1928年土地（修正）条令（Land [Amendment] Ordinance）が，1961年の独立以降まで土地法制の基本法となっていく（Richter 1996, 60-61）。1928年の注目すべき修正点は，占有権という土地権概念が原住民にも適用され，制定法のなかに明記されたことである（James and Fimbo 1973, 33; Richter 1996, 64-68; Twaib 1996, 84; Rwegasira 2012, 57）。非原住民と原住民の占有権はいずれも植民地総督に譲与する権限が与えられていたが，

a）土地登記の必要性の有無，b）借地料支払いの有無，c）開発条件の有無（a～cのいずれも，非原住民の場合には「あり」），d）土地権移転の自由度で，相違していた（Hailey 1957, 729; James 1971, 116；吉田 1997, 24-25; Fimbo 2013a, 11）。このような相違のため，先行研究に従い，以下では非原住民の占有権を認可占有権（granted right of occupancy），原住民の占有権を看做占有権（deemed right of occupancy）と明確に区分しておきたい[7]。本章の冒頭でふれたタンザニアの現行法で言及されている看做占有権とは，この植民地期の看做占有権の系譜につながる権利である。

さて，上記のような法令の整備と並んで，土地政策の運用にかかわる諸制度の整備も進められた。第1に，地方行政組織の充実が図られた。1925年に第2代総督に就任したキャメロン卿（Sir Donald Cameron）は北ナイジェリアでの行政経験をもとに，11州（province）に州長官（provincial commissioner）を配置し，その下にある22県（district）に県長官（district commissioner）をおく行政体制を完成させた（Buell 1965, I-454; Ingham 1965, 552; Thomas 1971, 108, 168）。その後，基本的に県の数は増大し，1959年には9州57県となる。原住民に対しては，同一民族集団が一人の首長のもとで一つの県のなかに収まるようにするため，同一民族集団内のサブグループをでき得るかぎり統合することがめざされた（Thomas 1971, 108-109, 168）。

第2に，間接統治のための組織が整備された。キャメロンは間接統治方式でアフリカ人を支配するために，1926年原住民統治機構条令（Native Authority Ordinance）[8]を発布して，行政・立法組織として原住民統治機構（Native Authority）を創設し，さらに財政組織として原住民財務局（Native Treasury），司法組織として原住民裁判所（Native Court）と，間接統治を担う主要な3組織を整備していった。原住民統治機構はタンガニーカ内の各地に設置され，植民地政府に任命された首長たちで構成されており，統治する地域のために総督の認可のもとで地域限定の法律を制定することになっていた。植民地総督は，原住民統治機構を再編する権限，他の原住民統治機構のもとに従属することを命じる権限を有しており，アフリカ人の民族集団の伝統的な政治体

系には存在しなかったパラマウント・チーフ制の導入等を指示することもあった（Thomas 1971, 108）。ちなみに，1952年時点で386の原住民統治機構が存在し（Buell 1965, I-454），この数は現在認知されている民族集団数約120よりはるかに多い。原住民財務局はアフリカ人が自立的な財政活動を行うよう領域内の各地に創設された組織であり，1952年に存在した386の原住民統治機構は，51の原住民財務局に関連づけられていた（Hailey 1957, 474）。原住民裁判所はアフリカ人が自立的な裁判を行うよう創設され，200シリング以下の係争，刑事事件，婚姻，相続を扱い，そのなかにはアフリカ人のあいだでの土地問題も含まれており，いわゆる土地慣習法を保存する大きな力となったと，吉田（1997, 25）は指摘している。1920年の条令では高等裁判所（High Court）の管轄下にあった原住民裁判所は，1929年原住民裁判所条令によって，行政官の管理下におかれることになった。当該地の原住民法と慣行（native law and custom）にのっとって原住民裁判所は運営され，その判決の控訴はまずは原住民控訴裁判所（native courts of appeal）へ，ついで県行政官，州長官，そして最終的には総督へと至る経路が想定されていた。すなわち，原住民裁判所は司法制度の一部ではなく，原住民行政の制度の一部に位置づけられており，1951年時点で約800存在していた（Hailey 1957, 476; Ingham 1965, 573-575）。

第3に，非原住民の入植を認めない地域を指定して，植民地政府がアフリカ人の土地権の保護にも努めている。とはいっても，1926年には南部高地のイリンガ（Iringa）県で4万エーカーを非原住民に割譲（Hailey 1957, 728）しており，ヨーロッパ人等の入植は完全に否定されたわけでも，積極的に推進されたわけでもなく，ドイツ植民地期と同様に限定的な奨励のもとにあった。英統治期の非原住民への割譲面積はドイツ植民地期末期から急激には増大しておらず，1951年には自由土地保有権97万4575エーカー，土地リース権134万1151エーカー，合計231万5726エーカーであり（Hailey 1957, 729），独立直前の1960年でも農業牧畜用の割譲総面積は248万8743エーカーで，これはタンガニーカ領域面積のわずか1.1％にすぎず，タンガニーカは独立までアフ

リカ人小農が優越する植民地であった（吉田 1997, 26）。

第3節　独立後初期の土地政策（1960年代）

タンガニーカは1961年に独立（ザンジバルと合邦してタンザニアとなるのは1964年）し，土地法制にかかわる施策として，①植民地期に譲与された土地権の変更と，②新規の開発計画[9]にかかわる土地権の設定を早々に実施した。しかしながら，それらの対象となったのはごく限定された地域のみであった。それ以外の多くの地域では，慣習的な土地権が1928年土地（修正）条令で言及されている看做占有権として温存されていたが，土地割当・紛争調停の担い手が曖昧となるという変化が起こっていた。

まず，土地法制にかかわる2種類の施策についてふれておきたい。
①植民地期の土地権の変更＝自由土地保有権の抹消
政府はまず1963年自由土地保有権（転換）・政府土地リース権法（Freehold Titles [Conversion] and Government Leases Act）を発布して，植民地期の自由土地保有権を期間99年間の政府土地リース権（government lease）に転換して，他の土地リース権並みの開発条件を課した。さらに，1969年政府土地リース権（占有権への転換）法（Government Leaseholds [Conversion to Right of Occupancy] Act）を発布し，政府土地リース権を，1970年4月1日以降に占有権に転換することとした（Gondwe 2010, 18）。その結果，1970年4月1日以降に公有地に設定され得る土地権は，占有権（認可占有権と看做占有権とに下位区分）のみとなった（Twaib 1996, 83）。ただし，自由土地保有権下にある土地は国土の1％程度であったから「自由土地保有権の廃絶は象徴的な意味しかなく」（Shivji 1998, 8），また非原住民の保持する土地に対する土地権の変更であるから原住民が慣習的に保持している土地の権利には影響が及ばなかったといえよう[10]。そして，フィンボ（Fimbo 1974, 244-246）は，政府土地リース権も占有権も私的所有の1形態であり，自由土地保有権から政府土地リー

ス権への転換は土地の国有化を意味せず，また占有権下にある土地の売却に政府が規制をかけることに合法的な根拠はなく，さらには「公有地」概念の設定もなんの歯止めにもならないと，政府の勝手な土地権解釈に早くも1974年に異議を申し立てている。

②新規の開発計画に伴う土地法整備

独立直後の農業振興の手法は二つあり，既存の農業・牧畜方法の漸進的な改善をめざす改良アプローチ（Improvement Approach）と並んで，「トラクターの使用をふくむ農業機械化と，種々の社会サービスの供給，つまり教育から医療にいたる社会サービスから水道・下水道施設をも含めた公共サービスを供給することによって，タンザニア農業・農村生活の様相を一挙に近代化しよう」（犬飼 1976, 67）とする変革アプローチ（Transformation Approach）が採用された。後者は，国内各地に新規に農民を入植させる種々の村落入植計画（Village Settlement Scheme）として実施され，1963年に設立された村落入植庁（Village Settlement Agency）が外国からの資金的・技術的支援を得ながら担当することとなった。

村落入植計画では，新村設定地域に慣習的な土地権をもつとは限らない農民を入植させるために，1965年に相次いで発布した2法で条件整備を行った（吉田 1997, 37）。まず1965年農村入植委員会法（Rural Settlement Commission Act）によって政府は村落入植計画全体を統括する村落入植委員会の委員長（Commissioner for Village Settlements）を指名し，委員長は入植権（settlement right）と称される村落入植計画用地総体に対する占有権（＝認可占有権）を，1965年土地保有（村落入植）法（Land Tenure [Village Settlements] Act）に基づいて大統領から譲与される。そして，委員長は各入植村の村落入植組合（Village Settlement Cooperative Society）に入植権を割り当て，各村の入植組合は村落民に派生的な土地権（derivative rights）を譲与する（Fimbo 2004, 13-14; 吉田 1997, 37-38）。すなわち，占有権を保持するのは，村落入植組合という「行政」組織であった（McAuslan 2013, 21-22）。過度の資金投入を見込んだ村落入植計画は1966年には失敗が露呈する（オメリ 1980, 67-70）が，そもそも

計画では50世帯から構成される60入植村を設立すること（James and Fimbo 1973, 103）しか企図されておらず，成功したとしても裨益世帯数や対象地域は限定的であった。

　さて，上記の①，②の対象となった小地域を除いて，国内各地では旧来の慣習的な土地権が存続し得た。しかしながら，土地行政の担い手に関して問題が発生しつつあった。植民地期には原住民統治機構等が慣習的な土地権にかかわる土地割当・紛争調停を担当していたが，独立後早々に1963年アフリカ人首長条令（撤廃）法（African Chiefs Ordinance [Repeal] Act）と1963年原住民統治機構条令（撤廃）法（Native Authorities Ordinance [Repeal] Act）が発令され，原住民統治機構が廃止され，それを担っていた首長たちの行政権限が剥奪された。代わって州長官（Regional and Area Commissioners）ほかの地方行政官が配置されたが，土地問題の担当者が明確に規定されていなかったために，植民地期に原住民地域の土地行政を担っていた首長，クラン長，村長，長老会議等が次第に機能不全に陥っていくなかで，空隙が生じたという（James 1971, 65; James and Fimbo 1973, 68-69; Fimbo 2013a, 8）。村落開発委員会（Village Development Committee），県レベルの天然資源委員会（Natural Resources Committee），県行政官（District Executive Officer），県評議会（District Council）等々のさまざまな公的機関や公職者が時には権力を濫用して土地問題を取り仕切ろうとし，異なる土地行政関係者によって同一地片が別個の被譲与者に割り当てられる事態も少なくなかったという（James and Fimbo 1973, 69）。この混乱は，1972年政府行政分権化（暫定規定）法（Decentralization of Government Administration [Interim Provision] Act）に基づいて設立された県開発評議会（District Development Councils）が村落に土地を割り当てる権限を有するようになり，解決が図られた（Fimbo 2013a, 8-9）。しかし，新たに設立されたのであるから，県開発評議会が慣習的に土地割当・紛争解決の権限を有してきたわけではない。その設立以前の種々の行政組織についても，もちろん慣習的に土地割当・紛争解決を担ってきた場合も少なくはないが，国内すべての地域社会で行政組織がそのような役割を果たすことについて合意が

醸成されていたわけではなかった。

第4節　ウジャマー村政策期と移行期（1970〜1990年代初期）

　この時期に，慣習的な土地権は受難する。前節でふれた村落入植計画は本節で説明するウジャマー村のさきがけともいうべき計画であり，上記のように特別の土地法を整備したうえで実施されたが，全国規模で展開されたウジャマー村については法律が整備されないままで集村化が実施されたことから後々禍根を残すこととなった。多くの地域住民は強制的な移住等によって慣習的な土地権に基づいて利用していた土地から引き離され，村落政府による土地割当に従うことになった。1980年代以降にウジャマー村政策が放棄され，土地に対する行政組織としての村落の権限が弱体化するなかで，土地紛争が多発したのは当然といえよう。

　1967年2月のアルーシャ宣言をもって，タンザニアは独自の社会主義国家の建設をめざすこととなった。国家建設の中核は，集村化し共同農場で農業集団化を実践するウジャマー村を，3段階の過程で建設することであった (Nyerere 1968, 337-366)。地域住民が自発的にウジャマー村建設を行うことが当初は想定されていたが，その進展が遅々たるものであったため，タンザニア政府は次第に強制的にウジャマー村を建設していくようになる (McAuslan 2013, 51; 吉田 1997, 191-203)。強制的なウジャマー村建設にかかわる土地法として，まず1973年7月に1973年農村土地（計画策定・利用）法（Rural Lands [Planning and Utilisation] Act）が発布され，大統領が特定地域を指定し，地方行政を所管する大臣が当該地域の農耕活動を規制することで，州行政当局が強制的な再入植計画，すなわち「集村化作戦」（Operation Vijiji. スワヒリ語でvijijiは村落［複数］を意味する）を実施することが可能となった（Fimbo 2004, 15）。さらに，1976年末までに地域住民はウジャマー村に居住するよう1973年8月にニエレレ大統領が指令し，全国規模で「集村化作戦」が展開される

ことになる（Kikula 1997, 22）。1973年以前のものも含めた集村化作戦は，タンザニア本土21州（当時）のうち，都市主体のダルエスサラーム州と伝統的に集村形態の居住形式が普及していたキリマンジャロ州ならびにウエスト・レイク州を除く18州で，場合によっては複数年次にわたって実施された[11]。タンザニア政府は，1975年村落・ウジャマー村（登録・指定・行政）法（Villages and Ujamaa Villages [Registration, Designation and Administration] Act）を発布して，村落を中央政府に登録させ，村落政府が自治的な村落行政を行うよう指示した。これ以降，登録を済ませた村落のうちウジャマー村建設の第3段階まで達した村落のみをウジャマー村と認定し，それ以外の村落は登録村（あるいは開発村や単に村落）と称するようになる。1977年11月段階で村落総数8159村のうち登録村は7373村に達したが，ウジャマー村は皆無であった（オマリ 1980, 80）。

　まことに奇妙なことながら，上記の1975年法には土地保有に関する条項はなく，同法の施行規則（subsidiary legislation）である1975年行政命令（Directions）で言及されているという。この行政命令では，1972年に新設された県開発評議会によって土地を割り当てられた各村の村落評議会（village council）が，村内に在住する世帯にその必要性と開発する能力に応じて農耕地や居住地を割り当てることが指令されていた（Fimbo 2004, 16; Fimbo 2013a, 9）。タンザニアの土地法や農村開発の専門家たちは，「政府は，集村化に関して村落住民に対する法規を気まぐれなやり方で適用した」（McAuslan 2013, 55）のであり，「1975年法には，村民に土地を割り当てる村落評議会の権限の範囲が明示されていない」（Swantz 1996, 157）ことや，世帯や村民に割り当てる土地の上限が設定されていなかったために，村落政府による土地割当はウジャマー村の理念の達成を保証するものでもなかったのであり，なによりも「県開発評議会も村落評議会も，土地割当の権威とは慣習法によって認識されていないため，土地は慣習法のもとで保持されているとはいえない」（Fimbo 2013a, 9）と，一様に厳しい見方を示している。おそらく最も手厳しいのは，「集村化は実質的に，慣習的な体制（customary regimes）下で慣習的な諸権利

の剥奪と土地の強制収用を意味した。その遂行にあたって，適切な法制上の手続きは実施されなかった。事前協議（prior consultation）という植民地期の方針すら無視された。概して，独立後の政府の実践は，法制に対する配慮を欠いている」というシヴジ（Shivji 1998, 13）の指摘であろう。

さて，国内外の政治経済的な制約要因のために，ウジャマー村政策は頓挫していく（池野 2010, 76）。しかし，新たに1982年地方政府（県行政機構）法（Local Government [District Authorities] Act）が発布され，村落を「占有権の配分主体とする方針は変わらず」（吉田 1999, 16）維持された。実際には村落の境界等が未確定であったことから，タンザニア政府は，5年以内に村落の境界を画定して村落内の土地利用状況を測量・確定・登録することを1987年に決定したが，1991年6月段階で全国の登録村8471村のうち1836村しか村境の測量を終えられていなかった（吉田 1999, 16）。村落民に権威の正当性が疑われている村落政府が土地割当・紛争調停を担い続けたのであり，土地紛争が多発することになった（Twaib 1996, 105-107）。

そして，1992年にタンザニア政府は深刻な事態に遭遇する。政府は，ウジャマー村政策期の集村化作戦による大量移動で慣習的な土地権は賠償なしに消滅していることと，当該事実は司法の審議権外にあることとを規定する1992年土地保有規制（新設村）法（Regulation of Land Tenure [Established Villages] Act）を制定しようとした（Fimbo 2004, 17）。これに不満を抱く二人の農民が高等裁判所に訴え，さらに控訴裁判所（Court of Appeal．タンザニアの最高裁）で審議されて，慣習的な土地権が憲法で擁護される「所有権」（"property"）であること，集村化作戦で土地を剥奪された者も賠償対象であることが判決として言い渡され，タンザニア政府が敗訴したのである（Twaib 1996, 107-110; Fimbo 2004, 17; McAuslan 2013, 55）。

第5節　現行の土地改革の推進（1990年代初期〜）

　この時期には，ウジャマー政策期の強制移住によって侵害された慣習的な土地権が回復されることはなく，むしろ現状追認的な解決が図られようとしている。土地法制では「慣習」という用語が使用されているが，その内実はやや異質のものといわざるを得ない。

　土地問題に対処するため，政府は1991年1月にシヴジ（Issa G. Shivji）を委員長とする「土地問題に関する大統領諮問委員会」を発足し，1992年11月に答申（Tanzania 1994．ただし一部のみ）を得ている。同答申は国内各地の土地管理について現状を強く批判していたために，政府はその後の施策に反映しなかったと指摘されている（Shivji 1998; 吉田 1999, 16, 23-27; McAuslan 2013, 96; Fimbo 2013b, 9-12）。とはいえ，早急に土地政策の立て直しを図る必要があり，1995年に「国家土地政策」（National Land Policy）が国会で承認され（McAuslan 2013, 97），この政策指針に基づき制定されたのが，本章の冒頭でふれた1999年土地法と1999年村落土地法であった。

　1999年村落土地法では，村落（評議会）が管理する村落地は，①慣習地（customary land），②村落共同地（communal village land），③その他の土地，の三つに下位区分されており，このうち慣習地とは，「慣習法のもとで個人，家族，集団が占有あるいは利用している土地。看做占有権下にある土地が含まれる。すでに占有されているため，村落評議会の割当の対象とならない。村落評議会によって慣習占有権が譲与された土地も含まれる」と定義されている。新たに土地割当の希望が村落民から提起されれば，村落評議会は基本的に空き地である「その他の土地」を当該村落民に割り当て，当該地はそれ以降に慣習占有権が設定されている慣習地に分類されるようになり，慣習占有権証書なる土地権利証書が発給されることになる。すべての慣習占有権に対して，当該地域で伝統的に望ましいとされてきた耕作実践や最良とみなされてきた放牧実践に従って良好な状態で土地を占有し利用すること，慣習

法・条例等を含む土地にかかわる諸規則に従うこと,土地に対する課税等がなされる場合に支払い義務を伴うこと等が,同法第29条で保有の条件として課せられている。なお,「その他の土地」は村落民以外にも割り当て得る。

同法第2条の概念規定では,集村化作戦を「1970年1月1日から1977年12月31日までの時期に開始あるいは実施された村落内外での入植・再入植」と定義し,同法第15条では,集村化作戦による土地割当は有効な割当（valid allocation）であり,その割当地の土地権は認可占有権であり,本法でいう慣習占有権として土地権利証書を入手し得ると規定し,この土地割当と競合するような「1970年1月1日に先だって存在した慣習法の規則や慣行に従って土地を占有し利用する権利」は消滅すると明記している。他方,第3条第1項(h)には,「本法あるいは1967年土地収用法（Land Acquisition Act）に基づき,占有権,長期にわたる占有あるいは慣習的な土地利用を,国家によって無効にされるか介入されるかによって損害をこうむった人物に対して,完全で公正で即座の賠償を支払うこと」を明記しており,この点は無償で土地没収を正当化しようとした前記の1992年法案と大きく異なる。

さて,1999年村落土地法に基づき,まずは村境を確定し,ついで村内の地片の境界を確定する土地登記事業が現在も進められている。村境については,2012年初時点で約1万2000村のうち1万1000村以上がすでに測量され,そのうち約7000村が登記済みであった。2013年6月までにすべての村落地が測量され登記される予定であった（Byamugisha 2013, 57）が,実際には2014年8月段階で完了には至っていなかった[12]。また,各村落内の地片の境界を画定し登記していく作業については著しく遅れており,おそらく2012年頃と思われるが,タンザニアの村落内の地片（総計約2500万筆）のうち20万筆未満にしか慣習占有権証書が発給されていなかった（Byamugisha 2013, 57-58）。そもそもタンザニアの土地登記事業の遂行は国家が利用し得る資金力を超えており,パイロット計画ですら多大な対外支援が必要であったし,関連文書では驚くほど実施費用にはふれられていないと,ブルース（Bruce 2014, 65-66）は指摘している。

結語にかえて

　本章では，タンザニアの土地政策について，慣習的な土地権に着目して歴史的に振り返ってきた。成文法上は，1928年土地（修正）条令で原住民に付与され，1999年村落土地法で看做占有権として言及されている土地権である。植民地期には，土地権保持者と特定の地片とを1対1対応させて土地権が掌握されていたわけではなく，慣習的な土地権が適用されている地域が集合的に認識されていた。そもそも慣習的な土地権とは土地権保持者と特定の地片が排他的に結合するような土地権ではないことも少なくなく，上記のような土地権の把握はむしろ当然であろう。その結果，植民地領域の各地で異なる慣習的な土地権の割当や紛争調停が，原住民統治機構のようなアフリカ人の担う植民地行政組織のもとで存続していくことになった。原住民統治機構そのものが植民地支配のための構築物であることも含めて，植民地化以前の土地割当・紛争調停慣行は，植民地支配のもとで改変されており，なにか真正なるものが温存され続けたわけではない。にもかかわらず，1999年村落土地法においても，「慣習占有権」という用語を使用せざるを得ないことに，「慣習」という融通無碍であるが抗しがたい概念の魅力と強靱さを読み取れる。

　独立初期には慣習的な土地権は看做占有権という植民地期に得た法制上の地位を保持していたが，タンザニア政府は植民地行政を担ってきた伝統的権威を独立早々に廃したために，慣習的な土地権を日常的・具体的に取り仕切る正当性をもった土地行政主体が曖昧となった。その役割は，1960年代の実験段階を経て1970年代以降に，村落（政府）に付託されることになる。しかしながら，村落が慣習的な土地割当・紛争調停の正当な権威であると住民レベルで全国一律に認知されていたわけではなく，1970年代の大量な強制移住を伴った村落による土地割当にはかなりの疑義がもたれており，現在までその状況が継続している。

　1980年代初期のウジャマー村政策放棄以降に，かつての居住地・耕作地に

帰還している地域住民も少なからず存在しているようであり，1999年村落土地法発布時にも，1970年代のウジャマー村政策期の割当地を利用しているとは限らず，それ以前からの慣習的な土地利用を継続あるいは復活していることも推察される。このような状況に対して，タンザニア政府は土地利用の現状に沿って土地権を追認しつつあるといえよう。1970年代の集村化作戦遂行時に割り当てられた地片にも慣習占有権なる土地権を認め，いずれは土地権利証書も発給する予定であり，そのような土地行政を具体的に担うのは村落であることを再確認している。これより望ましい土地問題の解決策がおそらくは見込めない以上，現行の土地政策は是認されるべきであると筆者は判断する。しかしながら，末端行政機関である村落の采配のもとに，土地権保持者と特定の地片が1対1対応で排他的に結合され，それを認定する文書が作成されるような土地権の設定は，決して「慣習的な土地権を尊重した」土地改革といえないことも強調しておきたい。

謝辞：本論考の資料収集にあたっては，科学研究費補助金による「アフリカにおける地方経済活性化と資源保全に関する実証研究──タンザニアの事例──」（課題番号：25257107。研究代表：池野旬）で実施したタンザニア現地調査の機会を利用させていただいた。記して，謝意を表したい。

〔注〕

(1) 植民地期の原住民（native）とは主としてアフリカ人を意味し，非現住民（non-native）とは主としてヨーロッパ人を意味している。1923年土地条令では，原住民を「ヨーロッパやアジア出身・出自でないアフリカのすべての原住民であり，スワヒリ人は含むがソマリ人は除外」と定義しており，それ以前のアラブ人，ソマリ人も含む定義から変更があった。この変更された定義が1970年まで有効であったようだが，それ以降は「原住民」は「市民」という用語に代替され，「連合共和国の市民であり，ヨーロッパやアジア出身・出自ではない個人」と定義された（Gondwe 2010, 24, 注13；James and Fimbo

1973, 455-456)。
(2) 現在のタンザニア連合共和国（United Republic of Tanzania）の領域のうち，アフリカ大陸内にあるタンザニア本土（Tanzania Mainland）と，インド洋上の島嶼部であるザンジバル（Zanzibar）とは別個の植民地であり，ザンジバルは今でも内政自治権を有し，土地に関しても異なる政策・法体系下にあるため，本章の対象から除外している。
(3) 海岸部10マイル帯は，1890年にドイツ帝国がザンジバルのスルタンから400万マルクで買収した（Atieno Odhiambo, Ouso, and Williams 1977, 112, 115）。
(4) 割譲面積については先行研究間で齟齬がある。Fimbo（1974, 235），Gondwe（2010, 17）は自由土地保有権による割譲を130万エーカーとし，Ingham（1965, 553-554）は1922年のタンガニーカ行政年報に基づいてドイツ人に割譲されたのは125万エーカー以上と算出し，Hailey（1957, 727）はドイツ期の譲渡地のうち英領期に土地保有が承認されたのは192万2700エーカーと記しており，Buell（1965, I-436）は第一次世界大戦後に敵国人財産として没収されたプランテーションは860に上り1925年までに200万エーカーが払い下げられたとみなし，Meek（1968, 101）はドイツ期に北東部高地の200万エーカーが割譲されたと論じている。
(5) ドイツ統治期は基本的に直接統治方式が採用されていた。ただし，伝統的な政治組織が発達していた北西部のブコバ，ルアンダ（現ルワンダ），ウルンジ（現ブルンジ）は，首長（chiefs）が相対的に大きな権限を有する間接統治の地域とされた（Henderson 1965, 135; Mascarenhas 1971, 106）。
(6) 国際連盟下で委任統治を担い，その後に国際連合下で信託統治を担った，タンガニーカにおける現地行政体制を，本章では英植民地政府と称しておきたい。
(7) 認可占有権は法定占有権（statutory rights of occupancy），非原住民占有権（non-native right of occupancy）とも称され，看做占有権は慣習的占有権（customary right of occupancy），原住民占有権（native right of occupancy）と称されることもある（Fimbo 2004; Gondwe 2010; McAuslan 2013）。

　なお，1928年土地（修正）条令以降は，公有地を除くタンガニーカの土地権の種類は，自由土地保有権（ドイツ植民地期に譲与され英統治期に追認），土地リース権（同上），認可占有権，看做占有権の4種類のはずである。しかしながら先行研究では，非原住民への割譲地にふれる場合に，自由土地保有権と土地リース権にのみ言及し，認可占有権に言及しないことが多い。おそらくは認可占有権は，類似している土地リース権と一括して扱われていると推察され，たとえば1939年刊行の植民地政府統計でも両者の区分がなされていない（Richter 1996, 68-71）。それゆえ，本章でも，1928年以降の土地権区分を，自由土地保有権，土地リース権（＝認可占有権），看做占有権の3種類

⑻　原住民統治機構条令は1921年，1923年にも発令されていたようである。しかし，ドイツ植民地期に直接統治を担っていた現地人行政官を残存させていたため，原住民統治機構と権限が重複していた。1924年に植民地政府は間接統治の方針を打ち出し，行政区画や機構を整備していった（Ingham 1965, 552）。

⑼　独立政府は，農耕民地域と牧畜民地域の近代化を図る意欲的な開発計画に着手した。牧畜民地域での近代的な牧場計画については Fimbo（2004, 11-12）でふれられているが詳細が不明なため，本文では農耕民地域に関してのみ紹介した。

⑽　慣習的な土地権にまったく手がつけられなかったわけではない。タンガニーカには植民地化以前に階層的な社会を形成し，領主・農奴関係あるいは地主・小作関係と看做し得る土地貸借関係を展開していた地域が存在しており，このような慣習的な土地慣行とその背景にある土地権については，独立後の政府は規制を加え，1960年代末には廃絶に成功している。詳しくは，James（1971, 76, 87-90），赤羽（1971, 123-133），池野（1979），Meek（1968, 108-114）を参照されたい。

⑾　強制移住作戦がなかったことはウジャマー村がつくられなかったことを意味しない。少なくともキリマンジャロ州では，平地部においてウジャマー村建設が行われた（たとえば，池野 2010, 44-45）。

⑿　タンザニアの農村開発に造詣の深いマギンビ教授（S. Maghimbi，ダルエスサラーム大学）とムハンド上級講師（D. G. Mhando，ソコイネ農業大学）に対する筆者による聞き取り。

［参考文献］

（略号）　DSM = Dar es Salaam，DUP（1996）= Dar es Salaam University Press (renewed in) 1996

＜日本語文献＞

赤羽裕 1971.『低開発経済分析序説』岩波書店．

池野旬 1979.「タンザニア，ハヤ族の土地保有制度――ニャルバンジャ制度とスクウォッター制度――」『アジア経済』20（12）77-89．

――― 2010.『アフリカ農村と貧困削減――タンザニア　開発と遭遇する地域――』京都大学学術出版会．

犬飼一郎 1976.『アフリカ経済論』大明堂.
オマリ, C. K. 1980.「タンザニアの新『村づくり』政策」福田茂夫編『タンザニアの党・農村開発・民族・国際環境——現地調査の予備総括——』名古屋大学アフリカ調査研究グループ社会科学隊（非売品）62-83.
吉田昌夫 1997.『東アフリカ社会経済論——タンザニアを中心にして——』古今書院.
——— 1999.「東アフリカの農村変容と土地制度変革のアクター——タンザニアを中心に——」池野旬編『アフリカ農村像の再検討』アジア経済研究所 3-58.

＜外国語文献＞
Alden Wily, Liz 2013. "Enclosure revisited: Putting the Global Land Rush in Historical Perspective.", In *Handbook of Land and Water Grabs in Africa*, edited by Tony Allan, Martin Keulertz, Suvi Sojamo and Jeroen Warner, Abingdon: Routledge, 11-23.
Atieno Odhiambo, E. S., T. I. Ouso, and J. F. M. Williams 1977. *A History of East Africa*, Harlow: Longman.
Bruce, John 2014. "Decentralization of Land Administration in Sub-Saharan Africa: Recent Experiences and Lessons Learned." In *Agricultural Land Redistribution and Land Administration in Sub-Saharan Africa: Case Studies of Recent Reform*, edited by Frank F. K. Byamugisha, Washington D. C.: World Bank, 55-84.
Buell, Raymond Leslie 1965 (2nd imp., 1928: 1st. ed.) . *The Native Problem in Africa*, 2 vols., London: Frank Cass.
Byamugisha, Frank F. K. 2013. *Securing Africa's Land for Shared Prosperity*, Washington D. C.: World Bank.
Fimbo, Gamaliel Mgongo 1974. "Land, Socialism and the Law in Tanzania." In *Towards Ujamaa: Twenty Years of TANU Leadership*, edited by Gabriel Ruhumbika, DSM: East African Literature Bureau, 230-270.
——— 2004. *Land Law Reforms in Tanzania*, DSM: DUP.
——— 2013a. *Essays in Land Laws in Tanzania*, DSM: LawAfrica.
——— 2013b. *The Land Law in Tanzania: A Casebook*. DSM: LawAfrica.
Gondwe, Zebron Steven 2010 (rev.) . *Manual for Transfers of Rights of Occupancy*, DSM: Mkuki na Nyota.
Hailey, Lord 1957. *An African Survey: Revised 1956*, London: Oxford University Press.
Henderson, W. O. 1965. "German East Africa, 1884-1918." In *History of East Africa vol. II*, edited by Vincent Harlow and E.M. Chilver, assisted by Alison Smith, Oxford: Oxford University Press, 121-162.
Iliffe, John 1979. *A Modern History of Tanganyika*, Cambridge: Cambridge University

Press.

Ingham, Kenneth 1965. "Tanganyika: The Mandate and Cameron 1919-1931." In *History of East Africa vol.II*, edited by Vincent Harlow and E.M. Chilver, assisted by Alison Smith, Oxford: Oxford University Press, 542-593 および Appendix II: British Mandate for East Africa, 690-695.

James, R. W. 1971. *Land Tenure and Policy in Tanzania*, Nairobi/DSM/Kampala: East African Literature Bureau.

James, R. W., and G. M. Fimbo 1973. *Customary Land Law of Tanzania: A Source Book*, Nairobi/Kampala/DSM: East African Literature Bureau.

Kikula, Idris S. 1997. *Policy Implications on Environment: The Case of Villagisation in Tanzania*, DSM: DUP (1996).

Mascarenhas, Adolfo 1971. "The German Administration." In *Tanzania in Maps*, edited by L. Berry, London: University of London Press, 106-107.

McAuslan, Patrick 2013. *Land Law Reform in Eastern Africa: Traditional or Transformative?: A Critical Review of 50 Years of Land Law Reform in Eastern Africa 1961-2011*, Abingdon: Routledge.

Meek, C. K. 1968 (new imp., 1949: 2nd ed.). *Land Law and Custom in the Colonies*, London: Frank Cass.

Nyerere, Julius K. 1968. *Freedom and Socialism: A Selection from Writings and Speeches 1965-1967*, Nairobi: Oxford University Press.

Richter, Roland E. 1996. "Land Law in Tanganyika since the British Military Occupation and under the British Mandate of the League of Nations, 1916-1946." In *Land Law and Land Ownership in Africa: Case Studies from Colonial and Contemporary Cameroon and Tanzania*, edited by Robert Debusmann and Stefan Arnold, Bayreuth: Bayreuth University, 39-80.

Rwegasira, Abdon 2012. *Land as a Human Right: A History of Land Law and Practice in Tanzania*, DSM: Mkuki na Nyota.

Shivji, Issa G. 1998. *Not Yet Democracy: Reforming Land Tenure in Tanzania*, London: IIED.

Sippel, Harald 1996. "Aspects of Colonial Land Law in German East Africa: German East Africa Company, Crown Land Ordinance, European Plantations and Reserved Areas for African." In *Land Law and Land Ownership in Africa: Case Studies from Colonial and Contemporary Cameroon and Tanzania*, edited by Robert Debusmann and Stefan Arnold, Bayreuth: Bayreuth University, 3-38.

Swantz, Marja-Liisa 1996. "Village Development: On Whose Conditions?" In *What went Right in Tanzania: People's Response to Directed Development*, edited by Marja-Liisa Swantz and Aili Mari Tripp, DSM: DUP (1996), 137-173.

Tanzania, Government of 1994. *Report of the Presidential Commission of Inquiry into Land Matters: Volume I: Land Policy and Land Tenure Structure*, Uppsala: Nordiska Afrikainstitutet.

Tanzania, Government of, Ministry of Lands, Housing and Settlement Development 2006. *Private Sector Competitiveness Project: Component, Sub-component B. Land Reform Project Implementation Manual*, DSM: Ministry of Lands, Housing and Settlement Development.

Thomas, Ian 1971. "Evolution of the Administrative Framework, 1919-1961." In *Tanzania in Maps*, edited by L. Berry, London: University of London Press, 108-109.

Twaib, Fauz 1996. "The Dilemma of the Customary Landholder. The Conflict between Customary and Statutory Rights of Occupancy in Tanzania." In *Land Law and Land Ownership in Africa: Case Studies from Colonial and Contemporary Cameroon and Tanzania*, edited by Robert Debusmann and Stefan Arnold, Bayreuth: Bayreuth University, 81-112.

第 5 章

コートジボワール農村部に適用される土地政策の変遷
――植民地創設から今日まで――

佐 藤 章

はじめに

　本章は，コートジボワールがフランスの植民地として創設された1893年から今日までの1世紀余りを対象とし，コートジボワール農村部での土地問題に焦点を当てて，土地政策の変遷を検討するものである。

　コートジボワールの農村部の土地問題は，コートジボワールの国家形成史と密接な結びつきを有する。コートジボワールは70年近くにわたるフランスの植民地支配を経て1960年に独立を達成した。植民地期からアフリカ人小農を主体に展開されてきたコーヒー・ココア生産は，国内外からのアフリカ人入植者が国土南半部の熱帯森林地帯で積極的な農園造成を行ったことで植民地期末期からめざましい発展を遂げ，独立から20年にわたり平均年率8％にも達したこの国の経済成長を牽引してきた。独立から30年にわたり一党支配を敷いたコートジボワール民主党（Parti démocratique de Côte d'Ivoire: PDCI）政権下で，熱帯森林地帯への積極的な入植が推進されたことがこの成長を後押しした。1980年代の経済危機後に急速な成長は一段落したものの，コーヒー・ココア生産はいまなおこの国の経済構造の重要な部分を占めている。

　このような経済のしくみは，熱帯森林地帯の農村部における土地の争奪が

時代を追って激化する傾向を内包したものだった。土地をめぐる入植者と地元民のあいだの対立は植民地時代からすでにみられ，独立以来今日に至るまでコートジボワールにおける最も重要な社会的緊張の源泉となってきた。さらに1990年代以降は，民主化（PDCIは1990年に一党制を放棄した）を契機とした政治対立も恒常化するようになり，この政治対立が内戦（2002年9月に勃発）にまでエスカレートしていくうえで，土地をめぐる社会的緊張が重要な背景要因となった。このようにコートジボワールにおける農村部の土地は，急速な経済成長と政治的安定をもたらす一方，社会的緊張と政治的不安定化の源泉ともなってきたのである。

　このようにみるとき，コートジボワールの農村部の土地問題は，本書の序章で提示されている「支配と開発」（領域統治と資源管理）という土地問題の二つの構成要素を集約したものであることがわかる。後述するとおり，コートジボワールの土地問題に関しては一定の先行研究の蓄積があるが，「支配と開発」という観点に明示的に依拠して俯瞰的に整理した研究はいまのところない。本章はこの「支配と開発」という観点にのっとってコートジボワールの土地問題をまとめ直そうとするものである。これにより，コートジボワールの土地問題が政治・社会・経済に広くかかわる大きな問題であったことを再認識し，今後この国が直面する政治と社会の安定と持続的開発の展望を考えるための知見を確立するのが，本章の目指す研究上の貢献である。この目的に照らし本章ではとくに，コートジボワールにおいてこれまでにどのような土地政策が実施され，政府によって今日いかなる問題解決の努力がなされているのかを検討していくことにしたい。以下の検討は，大きく三つの時期区分にのっとって進められる。

　第1期は植民地創設から植民地期末期までであり，政府（植民地政府）がアフリカ人の慣習的占有地の収奪的な獲得を可能とする法制度を設けながらも，農村部での動向にはほとんど影響を与えなかった時期である。この時期は第1節で論ずる。続く第2期は，政府（植民地政府と独立後の政府）が慣習的所有地を収奪的に獲得する方針を放棄し，アフリカ人入植者による農園開

発を目指した時期である。この時期は植民地期末期の1950年代に始まり，急速な経済成長が続いた1970年代までに該当する。この時期は，土地問題を統制する法律が実質的に存在しない「法的無策」(inaction légale)（Chauveau 2009）の時代であり，法律よりはむしろ政治的指導によって政策が推進された点に特徴がある。この時期は第2節で論ずる。続く第3期は，土地の有効利用や社会的緊張の緩和などを目指して排他的な土地所有権の確立に向けた取り組みが政策的に進められた時期である。この時期は政策の検討が開始された1980年に始まり，現在に至る。この時期には，独立後のコートジボワールで初めての本格的な土地法「農村部所有地に関する1998年12月23日付け第98-750法」（以下，1998年土地法）[1]が制定されたことが重要であり，現在は同法の履行が着手された段階にある。第3節では1998年土地法制定までの動きを，第4節では同法のもつ政治的意義と施行状況についてまとめる。

　検討はコートジボワールの土地政策に関する既存文献を活用する。コートジボワールにおける土地政策に関しては，植民地期から独立直後の1960年代までの法制度を扱ったLey（1972）の浩瀚な研究があり，これにBuell（1928），Hailey（1957）での記述を補うことによって，植民地期に遡ってまとまった知識を得ることができる。1970年代から1990年代にかけてはコートジボワール政府による土地制度の整備が遅れていたことが指摘されており（Le Roy 1987; Stamm 2000），土地政策に関する情報は断片的な状況にあるが，1998年の土地法に至る過程を詳細に分析したショヴォーの研究（Chauveau 2000; 2009）が有用な先行研究として存在する。1998年土地法に依拠した土地政策プログラム（登記による土地所有権の確立と測量による村落境界の確定を主目的とする）は，2002年から2011年にかけて続いた内戦により事実上中断してきたが，現在では2011年5月に正式発足したA・D・ワタラ（Alassane Dramane Ouattara）新政権のもとで作業が再開されている。これら最新の動向についてはまとまった先行研究がまだ出ていないが，コートジボワール政府が公開している資料をとおして情報を得ることができる[2]。本章では以上に挙げた先行研究に依拠しながら，最新の情報を追加することによって植民地期以来

の1世紀余りにわたる土地政策の変遷をまとめることにしたい。

第1節　植民地期コートジボワールでの収奪的な法制度と実態との乖離

　フランスによる西アフリカでの領土拡大は1880年代後半から本格化し，1893年3月10日にコートジボワール植民地が創設された。隣接する国々（東隣のゴールド・コースト植民地を領有した英国と西隣のリベリア）との国境画定交渉ならびに北隣に位置したフランスのほかの植民地との調整を経て，19世紀末に今日の領土にほぼ相当する植民地の領土が確定された。地方行政区分は上位から順に管区（cercle），準管区（subdivision），カントン（canton），トリビュ（tribu），村（village）からなる階層構造であり，管区と準管区をフランス人行政官が統括した。カントン～村は，植民地当局が指名したアフリカ人の行政首長（それぞれカントン長〈chef de canton〉，トリビュ長〈chef de tribu〉，村長〈chef de village〉）が統括する統治体制のもとにおかれた[3]。フランス市民権を獲得したごくわずかのアフリカ人を除き，大多数のアフリカ人はフランスの市民権をもたず，原住民法（code de l'indigénat）の適用をうける植民地臣民（sujet）という法的地位におかれた。

　植民地創設から1950年代半ばまでのあいだに植民地政府は，アフリカ人の慣習的占有地を収奪的に獲得できるようにする法制度を整えてきた。まず1900年8月30日付けの政令により，コートジボワール植民地ではフランス民法に規定のある「空き地ならびに無主地」（terres vacantes et sans maître）の概念が導入された[4]。この時点で植民地当局には，アフリカ人の慣習的占有下にある土地を「空き地ならびに無主地」に相当するものとみなし，国家に帰属させる考えがあったとされる（Ley 1972, 15; Buell 1928, 1022）[5]。

　その後1904年10月4日に，フランスが西アフリカに領有したコートジボワールを含む複数の植民地はフランス領西アフリカ（Afrique occidentale française: AOF）という植民地連邦に編成替えされた。これにともない，アフリカ人の慣習的占有地を「空き地ならびに無主地」とする考えはAOF全域に導入された（Ley 1972, 15）。これと同時に，国有地に関して，道路や水面隣接地などの譲渡不可能な行政財産国有地（domaine public）と国家が譲渡可能な普通財産国有地（domaine privé）を区別する新しい政令が1904年10月23日に発出された（Buell 1928, 1022-1023）。なおこの政令には，「原住民の集団的財産を構成する土地ならびに原住民集団の代表者たる原住民首長が保有する土地」を譲渡しようとする場合には，植民地総督もしくはAOF総督による裁決（閣議を経た植民地総督の法令）を義務づける条文が存在していた[6]。この規定とアフリカ人の占有地を「空き地ならびに無主地」とみなす当局の基本的姿勢の整合性は不明だが，少なくともBuell（1928）は，フランス当局がアフリカ人の慣習的土地保有権の存在を認識していたことがこの規定からうかがえると指摘している（Buell 1928, 1023）。

　だが，アフリカ人の慣習的占有権を尊重しようとする考えが植民地政府の側に乏しかったことは，1906年7月24日のAOF政令でトレンスシステムに基づく登記制度が導入されたことから読み取れる。トレンスシステムのもとでは，登記によっていったん土地権が認可されると，同じ土地に対してそのほかの者が提起してきた請求権が消滅する。実際の所有者がほかの者がなした登記によって自らの資産を失う事態が発生しても，実際の所有者は損害賠償の訴訟の提起ができるだけである。フランスにはトレンスシステムが存在しなかったが，アフリカ植民地への投資環境を整備するためにこの原則にのっとった登記制度が採用されたのである。この制度の導入により，アフリカ人が慣習的な土地占有権をフランス政府が認める土地権に転換することが理論上は可能になった。とはいえそれを実現するには，まず登記希望者が登記所に請求を行う必要があった。登記請求は登記所によって官報に掲載され，3カ月間の異議申し立て期間を経て，異議申し立てがあった場合は裁判所の審理を待って最終決定がなされるという手順であった（Buell 1928, 1030-1031）。いうまでもなく，これはアフリカ人にとって不利な制度であった。

まず多くのアフリカ人は登記請求に必要なフランス語の知識が十分でなかったし，異議申し立て期間もきわめて短かったからである[7]。

さらに1935年11月15日には「10年にわたる未開発地を国家の所有地とする」ことを定めた政令が発出された。これは「空き地ならびに無主地」かどうかの判断をめぐる裁判などの紛争が頻発したことを受け，「10年にわたる未開発」をもって「空き地ならびに無主地」とする判定基準を一方的に導入するものであった。加えて，当時は問題となっている土地が「無主地」でないことの証明は持ち主側の責任であり，その証明は1897年10月1日政令に基づき書面でなされなければならないとされていた（Ley 1972, 15-16）。これもアフリカ人にとって不利な規制であった。

このように植民地政府の諸法令からは，植民地政府がアフリカ人の慣習的占有地を収奪的に獲得することが可能となるような政策が追求されてきたことがわかる。しかし，コートジボワール植民地は，ごく一部の地域（西部のガニョア〈Gagnoa〉などいくつかの街の周辺）の例外はあるものの，基本的にはフランス人が農村部に入植する入植植民地ではなかった。収奪的な土地法令を利用してフランス人がアフリカ人の土地を大規模に獲得することは，現実には起こらなかったのである。のちの経済の基軸をなすコーヒー・ココアなどの換金作物の生産は，栽培適地である植民地南半部の熱帯森林地帯において1920年代頃から徐々に本格化していくが，主たる担い手となったのはむしろアフリカ人の小農であった[8]。小農生産は，栽培適地ではない植民地の中部・北部ならびに隣接するフランス植民地（現在のブルキナファソ共和国にあたるオートボルタ植民地など）からの季節労働者・入植者の流入に支えられて拡大した。これらの労働力はアフリカ人の農民組合による労働者の募集や経済機会を求めての自発的な移動をとおして熱帯森林地帯に流入し，現地の慣習的権威のゆるしを得て労働・入植を行うのが一般的であった。

したがってこの時期の土地政策についてまとめると，植民地政府が整備した収奪的な土地法令は，コートジボワール農村部で現実に展開した動向に実質的な影響をほとんど与えなかったということができる。おそらく植民地政

府による収奪的な土地政策は，都市や港湾施設といったインフラ整備に関連してのみ利用され，農村部の開発に関してはごく限られた場合にしか利用されなかったものと考えられる。

第2節　慣習的土地利用と移民政策を組み合わせた政策の展開

1．「空き地ならびに無主地」に対する政府の権利の事実上の放棄

　慣習的権威がそれぞれの裁量で移民労働者や入植者を受け入れることにより小農主体の農園開発が活発に進む状況を追認するかのように，1955年5月20日付けの政令によりAOFはアフリカ人の土地を収奪的に獲得しようとする方針を放棄した。空き地と無主地は国家に帰属するとした民法の規定そのものは存在したままであったが，この民法規定を根拠に国家（植民地政府）が所有権を確立するためには，植民地政府が自ら登記を行わなければならないことになったのである（Ley 1972, 17-18）。これにより，それまでは，その土地が誰のものであるかを証明する責任は慣習的な所有者の側にあった（さもなければ，「空き地ならびに無主地」とみなされ，国家に帰属するものとされた）のが，この新しい政令では，証明責任は新たに土地を取得しようとする者（すなわち国家）の側に求められるようになったのである。加えてこの政令では，「フランス領西アフリカならびにフランス領赤道アフリカにおいて，民法規定ならびに登記制度に照らした所有下におかれていない土地に対し，集団的・個人的に行使されている慣習的権利は確認される」（第3条）ことが規定され，アフリカ人の慣習的土地保有権が尊重されることが明記された（Le Roy 1987, 18）。

　フランスがこのように収奪的獲得から慣習的権利の尊重へと，「一方の極から他方の極へとその態度を変えた」（Ley 1972, 12）ことについては，アルジェリアの状況とは異なり，AOFでは「入植者のために土地を確保する圧

力がほとんどなかった」ことが背景にあったとの指摘がある（Hailey 1957, 743）。この指摘は，けっして入植植民地ではなかったコートジボワールの事情とよく合致するものである。また，著名な植民地行政官であったドラフォス（Maurice Delafosse）による，「（スーダンでは）主人なき土地は寸土たりとも存在しない。所有者もしくは占有者が自らの権利を承認されていない土地は寸土たりとも存在しない」（Buell 1928, 1021）との発言に示唆されるように（ここでのスーダンとは，現在のマリ共和国に相当する西アフリカのフランス領スーダン植民地を指す），フランス人行政官のあいだでアフリカ人による土地占有が広く現実に存在しているとする認識がその当時存在した。コートジボワールを担当したフランス人行政官がどのような認識をもっていたかを直接確認できる資料はないが，小農経済が着実に発展を遂げている現状をふまえれば，慣習的権威が土地に関して自立的に裁量をふるっているとする認識が存在したとしてもおかしくはない。

2．独立以後の「法的無策」の時代

「はじめに」でも述べたように，コートジボワールは1960年に独立を達成し，それから20年近くにわたり急速な経済成長を実現した。この経済成長を支えたのは，植民地期に確立された南部熱帯森林地帯での小農生産の発展であった。では独立後の政権は，この動向に対し，どのように政策的に関与したのだろうか。

1960年の独立直後からコートジボワール政府は，国家が主導して農村部の土地開発を進めるという政策方針を定め，この方針に沿った法案の作成を1961年から開始した。国家が目指した方向性については大きく二つの指摘がある。第1には，外国の民間資本による土地獲得を制限し国家主導の土地開発をするべく，慣習的な土地所有下にあった未登記地・未開墾地に対する国家の所有権を確立する制度の導入を目指したものであったとされる（Ley 1972; Stamm 2000）。第2には，コートジボワール経済の基盤であるコーヒ

ココア生産を振興すべく，移民たちが国土南半部の未利用の慣習的所有地にアクセスして営農しやすくするため，国家の慣習的土地権への介入を可能にすることが法のねらいであったとされる（Chauveau 2009）。この二つの指摘を総合すると，当時の政府が目指したのは，外資による土地獲得を制限して従来の小農経済主体の生産体制を志向し，慣習的土地権に介入して移民たちに事実上の土地分配を行うことにより，追加的な労働力投入を可能とし小農経済のさらなる拡大・発展を図るものだったと整理できる。

だがこの土地法案が実現することはなかった。幾度かの見直しを経て法案は1963年に国民議会での審議に諮られたものの，慣習的土地権を脅かされる層の根強い反対によりコンセンサスが確立できなかったことから，政府は法案を撤回するに至ったのである（Chauveau 2009, 117-118）。そののち1971年には土地に関する一連の法律が制定されたが[9]，これらの法律に基づいて十分に実効性のある土地政策が農村部で施行されることはなかったとされる。なお，独立後のコートジボワールにおいては1962年の政令[10]によって登記所そのものは創設されており，農村部の土地について登記を行うことは可能であった。だが Stamm（2000）によれば，1998年土地法の制定前の時点で，農村部の土地のうち登記されたものの割合は1％に満たなかったという。このようにコートジボワールでは，1998年土地法が制定されるまでのあいだ「法的無策」（Chauveau 2009, 122）の状態が続くこととなったのである。

だが，「法的無策」は政策の不在を意味するものではない。ショヴォーの分析によれば，1963年の法案撤回以降，政府はクライエンテリズムを通した「慣習的な行政実践」（pratique administrative coutumière）によって慣習的権威に対して政治的な圧力をかけていったという（Chauveau 2009, 118-119）。コートジボワールの熱帯森林地帯に流入した移民が自ら土地を得て入植するプロセス，言い換えれば移民への土地の移転がなされるプロセスは，慣習的権威のもとにある在来のコミュニティと移民のあいだに結ばれる「後見制」（tutorat）という関係のなかで実現されることが広く指摘されてきた。この関係のなかで移民たちは，土地へのアクセスを認められる代わりに，「後見者」

たる慣習的権威に対してさまざまな義務を負い，コミュニティのなかで従属的な地位におかれる。ショヴォーによれば，中央のエリートは，地方のアクターならびに地方行政当局（PDCIの地方幹部，準県知事，行政・農業担当者，村長）らに対し，おもに慣習的な基礎にたちながら，それぞれ入植に伴う手はずを整え，指示に従うよう求めたとされる（Chauveau 2009, 119）。また慣習的権威が地代の支払いや有償での土地売却などを行うことを禁じる指示もなされたという（Chauveau 2009, 118）[11]。このようなローカルレベルでの政治的な圧力と並行して，「国父」とも謳われたカリスマ的存在であったウフェ＝ボワニ（Félix Houphouët-Boigny）初代大統領（以下，ウフェ）は，「土地は開発者に存する」という見解を公に示し，新規の入植と開墾を促進する姿勢を強調した。

　結果として独立後のコートジボワールでは，商品作物の耕作適地でない国土中央部と北部から南部熱帯森林地帯へ大量の移民が流入し，さらに近隣諸国からも多くの移民たちが流入した。国内から移り住んだ人々としては，中央部のバウレ（Baoulé）や北部のジュラ（Dioula）といった民族が相対的に多数を占めた。近隣諸国からの移民もきわめて多数に上り，1975年の時点でコートジボワールに在住していた約170万人の外国人の大半が周辺諸国の出身者で，これらの人々のほぼ半数が農村部に居住していたとされる[12]。このような大量の移民は政治的な後押しを背景に熱帯森林地帯へ入植し，農園を開拓し，登記を行わないまま土地を占有・所有することを続けた。広大な未開墾地の存在と国内外からの農業労働者・入植者の流入が速いペースで続いたことを背景に，コーヒーとココアを中心とした農業部門が急速な成長を遂げ，コートジボワールでは「象牙の奇跡」と称される経済成長が実現されることとなったのである。同時に，このような経済成長のあり方は大規模な移住によって支えられたものであったため，受け入れ地となった南部森林地帯に移民と地元民の潜在的な対立の構図を根づかせることになった。

第3節　土地政策の見直しと1998年土地法

1.「農村土地計画」プログラムの失敗

　農村部の土地所有権を確立・統制する法的枠組みが存在しないままで，政治的な後押しを受けた移民の大量流入が起こったのが，コートジボワール農村，とりわけコーヒー・ココアの生産地帯であった国土南半部の農村の状況であった。このような状況下で，農村部における土地の占有と所有をめぐる権利関係を確定する制度の構築が望まれることとなった。

　このような状況を背景にコートジボワールでは，ウフェのイニシアティブのもと，1989年から「農村土地計画」(Plan foncier rural: PFR) と呼ばれるプログラムが開始された。折しも当時のコートジボワールは，1970年代末から始まった経済危機下にあり，若年層の失業問題などが深刻化していた。PFRは，このような状況にかんがみ，全国の未利用地を調査して入植による有効利用（失業対策と開発）を促進する意図のもとに着手されたものであった (Chauveau 2009, 124)。当初の計画において目指されたことは，「土地区画や建造物ならびにその占有と利用の状況を調べ上げる」と同時に，「当該土地区画のさまざまな権利保有者を特定し，権利の性質を記載した画像書類」としての測量図を作り上げることで，「人々の記憶を書かれた文書に置き換え」，これをもって「慣習的権利を近代的な権利へと滑らかに移行させる手段」として活用することにあったとされる（Chauveau 2009, 124に引用されているフランス協力省の1996年の文書より引用）。このプログラムは世界銀行とフランス開発基金（CFD）の資金援助を獲得して開始された。

　このプログラムは2002年まで続けられることになるが，結論からいえば，十分な成果を上げることには失敗した。その理由についてショヴォーは，援助資金を獲得して実践に移されるなかで，プロジェクトが当初の目的にとどまらず複数の目的（農業経済情報の収集，農村土地改修，土地紛争解決のための

既存の土地権の明確化,新しい土地法の制定など) を掲げて大規模化していき,これによって計画に大きな混乱が生じたことを挙げる (Chauveau 2009, 124)。さらに,当初はいくつかの地域でのパイロットプロジェクトのみが実施されたのだが,のちに全国レベルで施行されるようになった段階で援助資金の枯渇に見舞われ,実施が困難になった事情もあったという (Chauveau 2009, 124)。

2.1998年土地法

1960年の独立以来君臨を続けたウフェ初代大統領が1993年12月に死去したのち,第2代大統領に就任したH・コナン゠ベディエ (Henri Konan Bédié. 以下,ベディエ) のもとで土地に関する法律の制定作業が進められることとなった。ベディエ大統領は,地元民と移民のあいだで土地をめぐる紛争が激化している状況にかんがみ,土地政策に関して,ウフェ時代とは異なるスタンスをとった。具体的にはベディエは,ウフェ時代に一貫して維持されてきた「土地は開発者に存する」とした原則を批判し,農村部に移民が無制限に流入することにも批判的な考えをとったのである (Chauveau 2009, 126)。このスタンスをふまえ,地元民であることが土地に対する権利の源泉を構成するという,慣習的権利を重視する考えに立った法案が作成され,国民議会での可決承認を経て,1998年12月23日に施行された。

このようにして成立した1998年土地法の特徴は大きく3点指摘できる。まず第1に,農村部の土地の所有権を登記によって確定することが同法によって正式に定められたことである。登記に関しては,同法施行後10年以内に慣習的土地保有権の申し立てがない土地は無主地となり,国家の処分下におかれること,申し立てがなされた土地には慣習的土地保有を証明する証書 (Certificat Foncier. 以下,「土地証書」) が発行され,この土地証書の発行から3年以内に登記がなされなければならないことが定められた (第4,6,21条)[13]。

第2の特徴は，前述したことでもあるが，慣習すなわち地元民であることが土地に対する権利の源泉を構成するという考えを採用したことである。同法において慣習的所有地とは，「伝統に適った慣習的権利が行使されている土地」もしくは「第三者に譲渡された慣習的権利が行使されている土地」として定義されている（第3条）。前者は，当該地域における慣習の担い手である人々が権利を有している土地に該当する。これに対して後者は，慣習の担い手ではない，ほかの土地から移り住んだ移民が譲り受けにより権利を行使している土地を指している。すなわち同法では，移民が占有・所有している土地を言い表すのに，かつては慣習の担い手（地元民）が当該地の所有者であったことと，その権利が譲渡されたことに遡って記述されることになるのである。

　第3の特徴は，土地の所有権をコートジボワール国民のみに制限する条項を含んでいたことである。同法第1条は，「農村部所有地……の所有者として認められるのはコートジボワールの国家，公共団体，個人のみである」と明言している。これにより本法施行以後に，外国人が農村部の土地を所有することはできないこととなった。現に所有している者については，その所有権は「個人的な資格で維持される」（第26条の当初条文の第1段落），すなわちその所有者が存命であるかぎりにおいて保障されることとなった。所有者が死亡した場合については，3年の猶予期間のあいだに，譲渡などにより処分するか，もしくはいったん国家に返還したうえで国家と長期賃借契約と結んで利用を続けるかのいずれかを選択すべきこととされた（第26条の当初条文の第2段落）。これらの規定により，農村部の土地を所有する外国人は土地の相続ができないこととなった。この条項は，当時ベディエ政権が政治的な意図に立って喧伝していた，「生粋のイボワール人」の優位性を謳う「イボワール人性」の思想を反映したものとされ，大きな論争を巻き起こすこととなった[14]。

第4節　コートジボワールの土地問題の現状

1．土地問題と内戦

　ベディエ政権が発足した1990年代前半からコートジボワールは政治的不安定化の時代に突入することとなった。1999年12月には軍事クーデタによってベディエ政権が打倒され，2000年10月に実施された民政移管選挙も数百人の死者を出す大暴動を伴った。この選挙で成立したL・バボ（Laurent Gbagbo）政権も2002年9月から反政府軍との内戦に突入し，新たな選挙に基づく新政権が樹立された2011年5月に至るまで，長い和平プロセスの時代を経験することになった。

　このような政治的不安定化の時代を通して，1998年土地法は政治的対話の中心的な課題であった。まず2001年に開催された国民和解フォーラムでは，その最終成果である「総裁団による大統領に対する勧告決議」（2001年12月13日公表）において，土地問題に関する決議が盛り込まれた（総裁団は同フォーラムの運営にあたったアドホックな機関である）。ここでは，①土地紛争の激増が社会平和と国家の安定の脅威となっていること，②1998年土地法は土地紛争の防止・調停策として現在なお有効であること，③しかし，同法の即時適用によって得られる効果を疑問視する観点から，適用延期を求める意見があること，④また，同法を有効に機能させるための戦略の欠如ならびに施行細目の整備の遅れも指摘されていること，⑤同法の機能不全を解消することが急務であること，からなる現状認識が示された。そのうえで，農地問題に関する全国レベルの委員会の設置，1998年土地法に関する広報・啓発キャンペーンの実施，同法の実効性を高めるため，土地所有権と占有権に関する政令を制定すること，とりわけ占有者の労働に対する適切な報酬について定めること，が勧告された。以上の内容は，政治的立場を超えて共有されたものであり，その後に行われることになる1998年土地法の見直しの基本的方針を

盛り込んだものであった。だが，その後も政治的混乱が続いたことにより，実効性のある見直しは即座にはなされなかった。

　2002年9月に勃発した内戦では，最初の包括的和平合意である「マルクーシ合意」が2003年1月24日に調印され，土地制度改革のあり方に関する政治的当事者間の合意が付属議定書に盛り込まれた。ここでは，1998年土地法が法的，経済的に重要な分野に関する参照すべき条文であることが確認されたうえで，和平プロセス期の国家運営を担う挙国一致政府が，①同法を漸次実行するに際しては，土地資産の真の保障が有効に行われるよう農村部住民に対して説明キャンペーンをあわせて行うことが確認され，さらに，②既得権の最良の保護の観点から，同法の施行以前に認められた土地権を認められながらも，同法第1条の国籍条件を満たさない所有者からの相続に関する条文（第26条）の改定が提案された。

　この②を受け，2004年8月14日に1998年土地法第26条の改正がなされた。これにより，外国人の土地所有者は土地を相続者に継承することができるとする条文が盛り込まれた。これは同法のもつ排外主義的な性格を払拭する改正である。ただし，相続する権利を認められるためには，あらかじめ閣議決定された名簿に掲載されている必要があることも同時に定められた。この規定は，外国人の土地所有権の認定に関して，政治的恣意や介入が入り込む余地を残すものといえる。

　1998年土地法では土地登記の促進がもう一つの柱であったが，政治的混乱や啓発不足などが原因となり，ほとんど登記が進展しないまま，慣習的な権利の申立期間として設定された「公布後10年」という期限が2008年に満了してしまっていた。このような状況をうけ，2011年月に正式発足したA・D・ワタラ政権のもとで，登記期限を定めた第6条の改正が行われた（2014年8月23日）。この改正により，慣習的土地保有権の申立期間が，今次の法改正からさらに10年間と改めて設定された。この改正により法律上の問題状況はさしあたり解決されたが，ワタラ大統領の強いイニシアティブでなされたこの法改正が，どれだけ実効性のある措置を伴うかは未知数のところがある。再

設定された向こう10年のあいだに土地登記が実際に進展するかどうかはいまだ懸念される状況にある。

2. 近年の施行状況

さて、このように1998年土地法に基づく政策は現在進行中の状態にある。現時点ではその成否を議論することはできないため、今後の評価に向けて、現在の土地政策の概要をここで整理しておきたい。

1998年土地法ならびにその改正法、各種の施行令に基づき実施されている土地政策は、農村土地保障全国プログラム（Programme National de Sécurisation Foncière Rurale: PNSFR）と名づけられている。同プログラムの主たる活動は土地証書の発行と村落の境界の画定にあり、これを促進するために各種関係当局での人材育成、農村での啓発キャンペーン、情報窓口の設置も行われている。プログラム実施の中心となるのは農業省である。プログラムの実施体制は、①農村土地審議会（Commission Foncière Rural: CFR）、②土地管理委員会（Comité de Gestion Foncière Rurale: CGFR）、③村落土地管理委員会（Comité Villageois de Gestion Foncière Rurale: CVGFR）によって編成されている。

①の農村土地審議会は、プログラムの進捗状況のフォローアップと管理にあたる諮問機関である。同審議会の構成は2003年の改組により、宗教界からの代表の参加や国内の各地方から万遍なく代表が参加するかたちに改められた。2002年の内戦勃発にともない、和平プロセスが進展しているなかで、国民和解の機能も担うものとして改組されたことがここからはみてとれる[15]。審議会の任務は、農村土地所有地にかかわる状況の把握（とくに法の整備、用益のタイプ、開発の性質、売買・貸借の動向について）、既存の法律の不備や改正についての提案、農村土地所有地の確立に向けた研究の提案・研究状況のフォローアップ・研究成果と提言に対する評価、土地に関する人材育成・情報提供・啓発活動ならびに農村部でのサービスに関する提案とフォローアップ、法の説明キャンペーンなどである。諮問機関としての実務を実施する

ために，法律分科会（CFR-CJ）と技術分科会（CFR-CT）という二つの作業グループが設置されている。法律分科会は法的枠組みに関する意見や提言の準備を担当する。技術委員会は土地権の調査や境界画定の作業に関する評価を担当する。

②の土地管理委員会と③の村落土地管理委員会はいずれも地方レベルでの機関である。コートジボワールの地方行政区分は，最上位がレジオン（région）で，その下位に県（département）が，さらに下位に準県（sous-préfecture）がおかれている。準県のなかに複数の村落（village）が存在している。②は準県レベル，③は村落レベルで設置されるものであり，相互に緊密に結びついて，土地所有権の確立と村落境界の画定という中核的な事業を担う。

土地管理委員会は，当該準県が帰属する県の知事（民選）が発出する政令によって創設されるもので，委員長を準県知事（官選）が務める。委員会の中心メンバーは官庁の代表者と農村からの代表者が中心である。土地管理委員会の主任務は，①慣習的土地権の申し立てに関する公的調査の認可（validation），②委譲（concédé）された農村土地所有地の登録手続き過程における反対・異議申し立て，③土地調査過程での未解決係争，④慣習的権利の譲渡（cession）請求，⑤植林事業の実施，⑥都市計画という6項目に関する案件について審議を行い，拘束力をもつ答申（sous forme d'avis conforme）を作成することである。同委員会は以上の6項目に関して強い決定権を有する[16]。

村落土地管理委員会は，①専門組織による公的な調査の実施，②同意・異議の記録簿の管理，③公的な調査の結果の認可，④区画に対する慣習的権利が持続的で係争のない状態で存在するとの申し立てへの署名，⑤公的調査の過程でなされた異議申し立てに引き続く紛争の解決にあたるものと規定されている[17]。村落委員会は，慣習的な権利の申し立てを確定することに根本的な役割をもつ。まず権利申し立てを聞き取り，これに対する同意・異議の聞き取りを記録し，同意が得られれば申し立てに署名して確定し，異議が出された場合はこれを解決したうえで署名して確定し，土地管理委員会に対して公的調査を求める。次いで，公的調査が実施された場合にはこれに立ち会い，

問題が生じた場合にはその解決にあたり、公的調査の結果が問題ないものとされた場合にはこれを承認する、という手続きが設定されている。このような手続きからは、村落土地管理委員会が慣習的な権利を登記可能なかたちで確定するうえで大きな役割を与えられていることがわかる[18]。

プログラムの進捗状況については断片的な情報しか明らかにされていない。2013年10月31日の農相の政府広報講演[19]によれば、500の土地管理委員会のうち100が設置済み、1万1000の村落土地管理委員会のうち3000が設置済み、1万1000の村落地区（terroir villageois）のうち171の区画が確定、発行された土地証書は数百程度との数字が示され、「現在はまだ適用が開始されたばかりの段階にとどまっている」との見解が示されている。これについて農相は、「法律制定直後から選挙後危機の終了後までのあいだの悪条件、人的・物的・資金的・制度的な手段の不足、必要な手続きと農村の日常的実態との乖離ならびにコスト、法に対する無理解によって施行の妨げになる行動が引き起こされたこと」などの理由を挙げている。また公開時期は不明だが、コートジボワール農業省のウェブサイトに掲載された農業省土地局長の論説[20]では、遅くとも2014年11月までの段階での進捗状況に関して、土地証書の申請数が7422件、うち670通が発行され、1件が登記されたとの言及がある。また長期賃借契約は403件になったとされる。これらの数字は前述の農相講演よりやや多いものであり、一定の進捗があることがわかる。これらの数字はいずれも、農村土地保障全国プログラムが依然として始まったばかりの段階にあることを示している。今後の展開が注目されるところである。

おわりに

以上本章では、コートジボワールの農村部に適用される土地政策に関して歴史的変遷を追ってきた。この作業により、植民地期から今日に至るまでの土地政策の基本的な流れは確認されたものと考える。要約すれば、コートジ

ボワールの農村部に適用される土地政策の焦点をなしたのは，経済の基軸たるコーヒー・ココア生産を発展させるために，生産適地である国土南半部の熱帯森林地帯への大量の労働力投入を実現し，かつ，その帰結として生じる社会的軋轢を政治的に調停することにあった。コートジボワールには，国土の中央部・北部ならびに近隣諸国などの豊かな労働力供給源が存在したので，労働力投入のうえでの問題は，現地社会がこれを受け入れるかどうかにかかっていた。しかし在来の後見制に取り込むかたちでの移民受け入れは，独立後の政治介入と移民のさらなる流入によって事実上機能しなくなり，移民／地元民の対立構図が先鋭化していくこととなった。この社会的緊張は，1990年代以降の政治対立を激化させることにもなった。コートジボワールの土地問題が，まさしくこの国の「支配と開発」の中核にあることを本章では示せたものと思う。

　最後に，本章での考察をふまえ，コートジボワールの政治と社会の安定に向けた展望を記しておきたい。内戦の終結と新政権の成立により，現在のところ政治対立はさしあたり終息した格好であるが，土地をめぐる問題状況が解決されたわけではない。現政権のもとで1998年土地法に基づくプログラムが着手されたものの，進捗状況は遅々たるものであるし，またプログラムが完了したとしても土地をめぐる問題状況の解決がもたらされるかどうかは不透明である。つまり，土地をめぐる問題は慢性化したかたちでコートジボワールに根づいたままの状態にある。このような状態のもとでは，ひとたび政治的不安定化が起これば，再び深刻化しかねないことが十分に想定される。したがって，今後，土地問題の解決を図る政策を進めるうえでは，なによりもまず政治情勢が険悪化，不安定化しない状況を維持することが課題となる。他方，政治的安定を重視しすぎると，強権的な政権を容認することにもつながりかねないという問題がある。実際，ワタラ現政権に関しては2011年の発足当初から「勝者の裁き」を推進する志向や，国家の制度の独占などの問題が指摘されている。和解や民主主義といった諸原則を守ったうえで政治的安定が実現され，土地問題に解決に向けた着実な歩みがなされていくことを期

待したい。

〔注〕

(1) 法律の原語での名称は Loi n° 98-750 du 23 décembre 1998 relative au Domaine foncier rural。この法律の全文邦訳（2013年までの改正条文を含む）は，佐藤（2014）に掲載されている。

(2) とくに土地法施行の実施責任主体であるコートジボワール農業省のウェブサイト（http://www.foncierural.ci）からさまざまな情報を得ることが可能である。

(3) このような地方行政の階層構造は軍組織由来の一元支配体制として敷かれたものであり，「直接的，同化主義的」性格を有するものだったが，戦間期の行政改革をとおしてカントン以下の単位は「首長制の官僚化」の性格を備えるようになり，「間接統治」と呼び得るものへと変質したことが真島（1999, 105-106, 119）により指摘されている。

(4) この政令に先立つコートジボワール植民地創設直後の1893年9月10日には，植民地総督が植民地のすべての土地に関してコンセッションを決定する権利とこれに対する異議申し立てを裁定する権限をもつことを定めた政令が出されていたが，これは近代以前の法規範に登場する「国家の上級所有権」（Domaine éminent de l'Etat）の考えを適用したものであった（Ley 1972, 13）。1900年の政令はコートジボワールにおいて発出された近代法に基づく最初の土地関連法であった。

(5) なお，このときコートジボワール植民地で施行された新しい制度の根拠となったのは，Buell（1928）によれば，フランス民法旧第539条（1804年の制定時から2004年8月17日に改正されるまで有効だった条文）「すべての空き地と無主地，ならびに相続者がいないか相続が放棄された死亡者の地所は行政財産国有地（domaine public）に帰属する」，ならびにフランス民法第713条（1804年の制定時から現在に至るまで有効）「持ち主のない地所は国家（l'Etat）に帰属する」の規定であった（Buell 1928, 1022 note 3）。ただこの二つの条文では，「空き地と無主地」の帰属先が，旧第539条では「行政財産国有地」，第713条では「国家」とそれぞれ記されており，不一致がみられる。Ley（1972）によれば，旧第539条の「行政財産国有地」という表現は，事実上，普通財産国有地も指し示していたものであり，条文の改定過程で偶然に滑り込んだものだと考えられるという（Ley 1972, 47）。この考えに従えば，ここで「行政財産国有地」という表現が使われているとはいえ，当時のコートジボワール植民地における「空き地と無主地」が，つぎに本文で述べるような譲渡不可能という意味合いをもつものとして位置づけられていたわけではないと考え

⑹　200ヘクタール未満の土地の譲渡は植民地総督が管轄するが，それを超える2000ヘクタールまでの土地の譲渡は，植民地総督の求めに応じ AOF 総督が管轄するものとされた。
⑺　登記申請に際しては，市長や行政官から調査に基づく証明書を発行してもらう必要があったが，しばしば行政当局は証明書の発行を制限したとされる。また，行政当局が出した証明書を裁判所が認めない場合もあった。政府が利用を希望している土地や，申請者が現に占有しているのではない土地に対しては，アフリカ人の登記申請が認められない場合が多かったという。この背景には，市場価格で土地を購入するのに必要な費用を節約しようとする政府の態度や，植民地化に伴う補償抜きに土地を確保したいという考えがあったとされる。要は，アフリカ人に土地を委ねておいても開発はされないので，自分たちで開発して富を生み出したいという考えがあったのだという（以上の記述は Buell 1928, 1033 の指摘に基づく）。
⑻　アフリカ人のなかからは数十ヘクタールを超える規模の大きい農園を経営する者もやがて登場しはしたが，大土地所有制は例外的であった。
⑼　「国有地ならびに土地についての手続きに関するデクレ」(Décret 71-74 du 16 février 1971 relatif aux procédures domaniales et foncières) が1971年2月に制定され，さらに同年7月には「完全な所有権によって保持された農村部の土地の合理的利用に関する法」(Loi 71-338 du 12 juillet 1971, relative à l'exploitation rationnelle des terrains ruraux détenus en pleine propriété) ならびに同法の施行令にあたるデクレ (Décret n° 71-339 du 12 juillet 1971, fixant les modalités d'application de la loi n° 71-338 du 12 juillet 1971, tendant à favoriser l'exploitation rationnelle des terrrains ruraux détenus en pleine propriété) が制定された。
⑽　1962年4月20日付け経済・財政・計画相政令 (Arrêté du 20 avril 1962, portant création du service du cadastre 673 mfaep cab) による。
⑾　地代の支払いや有償での土地売却は，本来の後見制においてはなされていなかったが，インフォーマルな政治介入の結果として後見制の本来の性格が変質したことにともない，このような求めを行う慣習的権威が登場したということのようである。
⑿　原口 (1992, 130) の指摘に基づく。なお，原口 (1992, 125-129) が挙げているところによれば，1975年時点でのコートジボワールの総人口は754万人であったので，この当時の外国人の比率はじつに22.5%に上った。さらに1983年には外国人の数は250万人（総人口930万人の26.9%）にまで達した。

⑬　したがって，コートジボワールの1998年土地法にいう土地証書は，登記済みであることを示す権利証書ではなく，登記の前段階で必要な文書のことを指す。

⑭　イボワール人性とは，直訳すれば「コートジボワール人であること」を意味する「l'ivoirité」という概念とともにベディエ大統領によって提起された政治思想である。この思想は，政敵を排除する目的で選挙法に国籍条項（具体的には両親ともに生まれながらのコートジボワール人でなければ大統領選挙に立候補できないとするもの）を盛り込んだときに，あわせて主張されるようになった。選挙法に国籍条項が盛り込まれた当時の論争については佐藤（1995）で整理した。また，イボワール人性の思想は，その後のコートジボワール社会に排外主義や特定の民族をターゲットとした差別が蔓延する重要な背景をなした。この点については佐藤（2006）で詳述した。

⑮　同審議会は1999年11月3日付けの農業・畜産資源相政令によって創設されたのち，2001年の首相政令（2001年7月20日付け首相政令第45号）ならびに2003年の首相政令（2003年7月11日付け首相政令第55号）による改組を経て，現在に至る。2度にわたる改組はいずれも委員の拡充にかかわるものである。現在は座長を農業大臣が，副座長を領土行政担当大臣が務め，関係する省庁の代表者，国民議会や経済社会委員会などの国家機関の代表者，宗教界や村落の代表者，研究機関・開発機関・金融機関などからの代表者など，56人の委員で構成される。開催方式については，CFRは少なくとも6カ月に1回，座長の招集により開催されるものとされ，開催地は最上位の地方行政区分であるレジオン（région）の各首都が輪番であたる。

⑯　土地管理委員会の答申は県知事に対して提出され，県知事は答申を検討して土地管理委員会に回答を行う。土地管理委員会は拘束力をもつ答申を作成するので，県知事は基本的にこれを了承することが期待されている制度設計となっている。

⑰　根拠となる法律は1999年10月13日付けデクレ第99-593号ならびに2001年6月21日付け第41号内務・地方分権化相，農業・動物資源相令（Arrêté n° 041 MEMID / MINAGRA du 12 juin 2001 relatif à la constitution et au fonctionnement des Comités de Gestion Foncière Rurale）である。

⑱　このため村落土地管理委員会の構成メンバーの定義が注目されるところであるが，法律では「土地の主は村落土地管理委員会のメンバーとなることが義務づけられている」との明記があるのみである（注17でも言及した1999年10月13日付けデクレ第99-593号の第5条）。この規定以外には，必須とされるメンバーに関する記載は法律に存在せず，「村落の類型（typologie du village）を代表したものとなることが望ましい」とする方向性のもとで，各村落委員会が定める内規によってメンバーを規定することとされている。ただ農業省

が別途ウェブサイトで示している大まかなガイドラインでは，「平均的には10〜16人から構成されるものとし，若者，女性，男性が入る」べきものとされ，また，「委員会の内規は土地問題しか扱わないことに限定されるのが望ましく，不動産会社に類するものとなったり，村落名士の代替となったりすることは避けるべきである」とされる（http://www.foncierural.ci/les-institutions-foncieres-rurales/18-le-comite-villageois-de-gestion-fonciere-rurale-cvgfr　2014年11月19日アクセス）。

(19)《Les rendez-vous du gouvernement》: le discours liminaire du ministre Sangafowa sur le thème :《Comprendre la loi sur le foncier rural》publié le jeudi 31 octobre 2013.（http://news.abidjan.net/h/479187.html　2014年10月28日アクセス）。

(20)　http://www.foncierural.ci/edito-du-directeur-du-foncier-rural/97-edito-du-directeur-general-du-foncier-rural　2014年11月11日アクセス。

［参考文献］

＜日本語文献＞

佐藤章　1995.「『基層イヴォワリアン』をめぐって――コートディヴォワール新選挙法の提起するもの――」『アフリカレポート』（21）14-17.

――― 2006.「統治的結社とイデオロギー――コートディヴォワールにおける差別的排除的実践に関する考察――」『文化人類学』71(1) 50-71.

――― 2014.「コートジボワールにおける土地政策の変遷」（武内進一編「アフリカの土地と国家に関する中間報告」調査研究報告書　アジア経済研究所 159-176　http://www.ide.go.jp/Japanese/Publish/Download/Report/2013/2013_B103.html）.

原口武彦　1992.「コートジボワールの国民意識形成と移民労働者」百瀬宏・小倉充夫編『現代国家と移民労働者』有信堂　119-142.

真島一郎　1999.「植民地統治における差異化と個体化――仏領西アフリカ・象牙海岸植民地から――」栗本英世・井野瀬久美惠編『植民地経験――人類学と歴史学からのアプローチ――』人文書院　97-145.

＜外国語文献＞

Buell, Raymond Leslie 1928. *The Native Problem in Africa (2 vols)* . New York: The Macmillan Company. (Reprinted in 2013 by Literary Licensing)

Chauveau, Jean-Pierre 2000. "Question foncière et construction nationale en Côte d'Ivoire: Les enjeux silencieux d'un coup-d'état." *Politique africaine* (78) : 94-

125.
——— 2009. "La loi de 1998 sur le domaine rural dans l'histoire des politiques foncières en Côte d'Ivoire: La politique des transferts de droits entre "autochtones" et "étrangers" en zone forestière." In Jean-Philippe Colin, Pierre-Yves Le Meur et Eric Léonard dir. *Les politiques d'enregistrement des droits fonciers: Du cadre légal aux pratiques locales*. Paris: Karthala, 105-140.

Hailey, Lord 1957. *An African Survey: A Study of Problems Arising in Africa South of the Sahara* (Revised 1956). London, New York and Toronto: Oxford University Press.

Le Roy, Etienne 1987. *La réforme du droit de la terre dans certains pays d'Afrique francophone* (FAO étude législative 44). Rome: FAO. (http://www.fao.org/docrep/012/ak479F/ak479F.pdf)

Ley, Albert 1972. *Le régime domanial et foncier et le développement économique de la Côte d'Ivoire*. Paris: R. Pichon et R. Durand-Auzias.

Stamm, Volker 2000. *Plan foncier rural en Côte d'Ivoire : une approche novatrice*. London: International Institute for Environment and Development. (http://pubs.iied.org/X171IIED.html?a=a)

第 6 章

コンゴ民主共和国,ルワンダ,ブルンジの土地政策史

武内 進一

はじめに

　本章では,コンゴ[1],ルワンダ,ブルンジという,かつてベルギーが植民地統治を行った 3 カ国の土地政策を歴史的に跡づける。第一次世界大戦後にルワンダ,ブルンジ両国が国際連盟の委任統治領「ルアンダ＝ウルンジ」（Ruanda-Urundi）となってからコンゴの独立（1960年）まで,この 3 カ国はベルギーによる統治の対象となった。そのため,国の規模や特徴は大きく異なるものの,採用された土地政策には少なからぬ共通点が見い出せる。加えて,植民地化以降この地域の政治経済は相互に影響し,それが土地政策にも反映されてきた。以上の点を考慮して,本章ではこれら 3 カ国を同時に扱う。

　本章が対象とする期間の 3 カ国の動きと土地政策をごく簡単に述べておこう。ベルリン会議が終わって1885年に設立されたコンゴ自由国（État Indépendant du Congo）では,広大な土地がヨーロッパ企業に与えられた。しかし,1908年にベルギー領となって以降は,アフリカ人の農業生産拡大方針のもとでアフリカ人の土地利用に一定程度配慮した政策がとられ,ルアンダ＝ウルンジにも同様の政策が適用された。独立後,民族主義を掲げるモブツ（Mobutu Sese Seko）政権のコンゴ（ザイール）では,植民地期に収奪された土地の奪還を目指して土地の国有化が進められた。1990年代,この 3 カ国す

べてで深刻な内戦が勃発する。ルワンダでは、トゥチ主導の「ルワンダ愛国戦線」（Rwandan Patoriotic Front: RPF）が内戦に勝利して政権を樹立し、土地の再分配や土地登記など、土地への政策介入を積極的に実施している。一方、ブルンジとコンゴでは、武力紛争の影響で実効的な土地政策が実施できていない。

本章では、序章で示した時代区分に対応する形で、3カ国の土地政策の変遷を跡づける。各国の政策の流れが把握できるように努めるが、各時期の記述では特徴的な土地政策が実践された国を中心におく。百年強の期間にわたる土地政策に通底するのは、アフリカ人個人の土地に対する権利を制限し、国家に従属させようとする意図である。それは、コンゴ自由国の時代やモブツ政権期のザイールのように劇的な形で発現することもあるし、近年のルワンダのように個人の土地権利の安定化を謳う政策目標のもとで見え隠れすることもある。いずれにせよ、この3カ国において、土地に対するアフリカ人の権利は常に国家に対して脆弱な立場におかれてきたといえる。

第1節　植民地期初期

近代国家としてのコンゴは、ベルリン会議の結果1885年に成立したコンゴ自由国に由来する。この国はベルギーの正式な植民地ではなく、いわばレオポルド2世の私的な所有物であった（Stengers 1989）。加えて、ベルリン会議の結果コンゴ盆地地域で輸入関税が禁止されたため、本国からの財政的支援や輸入関税を通じた歳入確保が期待できず、統治の制度的枠組みが極めて脆弱だった。このためコンゴ自由国では、輸出税をもたらすヨーロッパ系企業が誘致される一方で、その収奪的経営が野放しにされた（Buell 1965, 421）。

こうした条件下、広大な土地がセッション（cession）[2]やコンセッションの形でヨーロッパ系企業に譲渡された。鉄道会社や特許権をもった広域開発企業、そして象牙、ゴム、アブラヤシなど天然産物の独占的買付権を与えられ

た輸出企業などが，政府から広大な土地を譲渡された。19世紀末以降，ヨーロッパでは工業化によって一次産品需要が急伸したが，これらの企業はアフリカ人を使って天然産品を強制的に収集させる略奪的な手法で輸出を拡大させた（Harms 1975; 1983）。とくにゴムに関しては税として提供が求められ，食料提供や公益労働の義務も課された。これに随伴する暴力や強制は，著しい人権侵害を生んだ（Buell 1965, 429-432）。

大規模な土地の譲渡は，アフリカ人が占有していない土地は国家に帰属するという論理によって可能となった。コンゴ自由国建国直後の1885年7月1日付けオルドナンスにおいて[3]，「無主地」(terres vacantes) は国家に帰属すると定められた（第2項）。翌年の1886年9月14日付けデクレでは，土地の私的権利が法的に承認されるためには登記が必要であると規定された[4]。これら二つの法律では，アフリカ人が慣習的に占有する土地を利用する権利が謳われたものの，それは占有権であって私的所有権とは認められず，政府がある土地を無主地と判断すれば国有地として民間企業に譲渡できた[5]。こうした論理で広大な土地をヨーロッパ系企業に譲渡し，その地域の開発を委ねるやり方は，フランス領赤道アフリカと共通している（Hailey 1957, 749）。

コンゴ自由国の深刻な人権侵害に対しては，英米を中心に激しい批判が巻き起こった（Buell 1965, 435-439）。これに対応する目的で，民間企業の経営実態を調査する委員会がベルギーで組織され，1904～1905年にコンゴを訪問して勧告を発表した。それを受けて制定されたのが1906年6月3日デクレである[6]。このデクレは移動耕作に配慮し，アフリカ人が慣習に従って占有する土地に加えて，実際の占有地面積の3倍まで権利を認めた。ただし，それが占有権であって私的所有権と認められない点は従来どおりであった。この法律には，アフリカ人が占有する土地を囲い込み，コンセッションやセッションとの境界を明確化して居留地を創設することも盛り込まれたが，移動耕作のために占有地の範囲を確定することが難しく，1922年にその試みは放棄された（Hailey 1957, 750）。

ルワンダ，ブルンジは19世紀末以降ドイツ領東アフリカの一部となったが，

コンゴとは対照的に大規模な土地収奪は起こらなかった。もっとも法律上はコンゴと大差なく，1895年11月26日付け布告では両地域に対するドイツ皇帝の完全な所有権が規定され，アフリカ人が占有しない土地は国家が譲渡できると定められたのだが (Hailey 1957, 754)，実際の土地譲渡は慎重に進められた。両地域は人口稠密であるうえに，王国による土着の統治制度が整い，ゴムや象牙などの資源も乏しかった。ドイツとしても，大規模な土地譲渡を性急に進める必要性を感じなかったのであろう。

第2節　ベルギー統治期

1．土地政策

レオポルド国王の私有地という特異な体制のために著しい人権侵害が生じるのだ，というコンゴ自由国に対する批判を受けて，ベルギーは1908年にコンゴを正式な植民地とした。これに対応して，土地政策に関しても変化がみられた。

第1に，セッション，コンセッションの面積を抑制する政策がとられた。広大な土地をヨーロッパ企業に譲渡する政策が国際的な批判を招いたことから，ベルギーはセッション，コンセッションの供与に明確な手続きを定め[7]，またすでに認可された譲渡地についても縮小に努めた。コンゴ自由国時代に譲渡された土地所有権はベルギー領コンゴに継承されたものの，ベルギー政府は企業と個別に交渉し，譲渡地面積の縮小や買付独占権の廃止を進めた (Buell 1965, 451-454)。ただし，私的所有権の保全を原則としたうえでの交渉であったため，セッション，コンセッションの縮小は簡単に進まなかった[8]。

第2に，土地の譲渡に際して開発 (mise en valeur) が義務づけられた。植民地の土地を獲得するには当局に開発の実績を示すことが求められ，それが認められて初めて土地の獲得が許可された。通常手続きの場合であれば[9]，

許認可権をもつ州知事に対して，暫定占有期間（最大5年）のあいだに，契約の際に合意された開発の実績を示すことが求められた。条件はケース・バイ・ケースだが，どのような契約でも細かい開発条項が定められた[10]。その条項が満たされなければ，セッション，コンセッションは政府に返還することになる。ヤシ油生産のためにリーバ兄弟社によって1911年に設立された「ベルギー領コンゴ搾油会社」（Huileries du Congo Belge: HCB）は，半径60キロメートルの巨大な円形地五つのなかで，当初最大75万ヘクタールのコンセッションを得る権利を獲得した。しかし，開発条項が適用されたため，HCBが実際に獲得した土地面積は円形地のごく一部にとどまった[11]。

第3に，アフリカ人の慣習的権利に一定の配慮がなされた。1934年のデクレによって，セッション，コンセッションの認可手続きの際，アフリカ人が当該地に有する慣習的権利について実地調査することが義務づけられた[12]。土地譲渡に際しては，当該地に居住するアフリカ人の合意が必要とされ，補償金が約束された。こうした配慮は，1906年デクレの延長線上で考えるべき点であろう。ただし，もともと予定されていたセッション，コンセッションとアフリカ人の占有地との境界画定が頓挫したことを考えれば，1934年デクレにどこまで実効性が担保されていたのかは疑問である。

第一次世界大戦後に国際連盟委任統治領としてベルギーの統治下に入ったルアンダ＝ウルンジに関しては，ドイツ占領期の土地政策が基本的に引き継がれた。この地域は人口稠密であり，また委任統治領（のちに，国際連合の信託統治領）であることから，ヨーロッパ企業やヨーロッパ人移民に土地を譲渡して開発を進める政策は採用されなかった。登記を通じた土地の私的所有とともにアフリカ人の慣習的な土地利用権を認める1886年9月14日付けデクレは適用されたものの，アフリカ人の土地権利を「占有地の3倍」として定義し，その区画確定を試みた1906年6月3日付けデクレは適用されなかった（Hailey 1957, 754）。ただし，同デクレにある，土地譲渡の前に慣習的権利に関する実地調査を行うとの条項は有効とされた。この措置は，教会などヨーロッパ人による土地登記を制度的に可能としつつも，民間企業への大規

模な土地供与を実施せず，国土の大半で慣習的土地制度を維持するためのものと理解できよう。

2．農業政策

　コンゴにおける土地政策の変化は，農業や経済全体にかかわる植民地政策を反映している。ベルギーは，農業と鉱業を両輪として，植民地コンゴの経済発展を目指した。鉱業資源は東南部のカタンガ州に集中しており，ベルギー金融資本が設立した「上カタンガ鉱業連合」(Union Minière du Haut Katanga: UMHK) 社が鉱業生産において圧倒的に重要な役割を果たした。鉱山の所有権は国家に帰属していたから (Heyse 1930, 314)，アフリカ人はヨーロッパ企業の労働力としてのみ位置づけられた。農業部門については，HCBのようなヨーロッパ系企業が重視され，また東部のキヴ州を中心にヨーロッパ人入植者が導入されたものの[13]，とくに第一次世界大戦後，アフリカ人を生産の重要な担い手とみなして多様な政策介入が実施された。上記土地政策との関連でいえば，セッション，コンセッションの数と面積を絞り，農業開発を義務づけることは，ヨーロッパ系企業や入植者を意識した政策である。一方，アフリカ人の土地権利に対する配慮は，彼らを生産主体として考えるようになったことを背景にしている。

　アフリカ人を農業生産主体とみなした政策として，代表的なものを3点挙げておこう。いずれも，コンゴのみならず，ルアンダ＝ウルンジでも実施された。第1に，強制栽培である。ベルギーは，オランダ領インドネシアの経験を参考として，アフリカ人に対して特定農産物の栽培のため年間60日の労働を義務づけた。1917年にこの政策が開始された当初，目的として頻繁に飢饉に苦しむアフリカ人の食料備蓄という点が強調されたが，その点にとどまらず，財政上の負担軽減や原料供給（とくに綿花やアブラヤシ）なども目的に含まれていた。1920年代の大恐慌を経ると，アフリカ人小農は当局から安定的な生産力と認識され，市場向け作物の増産のために強制栽培が用いられ

た(Mokili 1998, 99-134)。

　第2に，ペイザナ(paysannat)政策である。これは，アフリカ人農民に一定区画を分譲し，近代的な農業技術を指導するという小農育成プログラムで，1930年代に開始された(Staner 1955)。ペイザナ政策推進の背景には，アフリカ人農業の持続性に対する懸念があった。植民地政府は，強制栽培政策を通じてアフリカ人の農業生産を拡大しようとしたが，彼らの粗放的な生産技術を問題視していた。人口が増大するなかで粗放的農法のままでは農業の発展は望めず，土壌劣化などの悪影響を生むという問題意識から，ペイザナ政策が実施された。ただし，土地区画の分譲といってもその所有権は与えられず，入植者の権利は脆弱だった。結局，独立後の政治的混乱のなかで，ペイザナは実質的に消失した[14]。

　第3に，土壌保全政策である。ペイザナ政策に関して論じたように，植民地当局は土壌劣化問題に高い関心を有していた[15]。アフリカ人農業の技術的後進性が人口増加に伴って土壌を荒廃させ，農業生産拡大の妨げになるという危惧である。これは，アフリカ人農業の活用に伴って生じる懸念であった。戦間期以降，とくに人口稠密なコンゴ東部のキヴ州やルアンダ＝ウルンジを念頭において土壌保全政策が活発に論じられ[16]，指導が進められた。この地域では，現在に至るまで，農民が自発的に土壌流出防止のテラス建設を行うが，これは植民地期の指導によるものである。

3．「原住民政策」

　ルアンダ＝ウルンジはもとより，広大な土地がヨーロッパ企業や入植者に譲渡されたコンゴにおいても，国土の大部分はアフリカ人が占有，利用する領域だった。この領域にかかわる植民地当局の土地政策は，実質的にアフリカ人に対する統治の手法に依存していた。旧ベルギー領植民地におけるアフリカ人統治政策は，「原住民政策」(politique indigène)[17]と呼ばれる。コンゴ自由国時代には，アフリカ人の慣習を尊重するとの法律条文は存在するもの

の[18]。具体的な政策はなきに等しかった。第一次世界大戦後，植民地開発のために農民や労働者としてアフリカ人の参加／動員が必要だという認識が一般化し，またコストを抑制した効率的な植民地経営が求められるなかで，「原住民政策」への関心が高まった。ベルギーはとくに英国の手法を取り入れて，間接統治政策を打ち出した[19]。

　間接統治のもとでは，アフリカ人の文化慣習が尊重され，アフリカ人が主導する機構が――ヨーロッパ人官僚の監督のもとで――一定領域を統治する。ベルギー領植民地では，1933年12月5日付けデクレにより，アフリカ人の統治機構として，チーフダム (chefferie)，セクター (secteur) および慣習外センター (centre extra-coutumier) の3種類が設置された。広大な面積を有するコンゴには，植民地化以前に王国のような一定の集権的政治体制をもっていた社会もあれば，従来の統治制度が弱体化したり，そもそも集権的な政治体制をもたない社会も含まれていた。また，植民地化とともに都市が発達し，伝統的な社会から離脱する人々も増えてきた。三つの機構はこうした多様性に対応し，またアフリカ人による統治という間接統治の理念に沿う制度として構築された。チーフダムは人口規模や社会的凝集力の面で強力な集団に対応し，セクターはそれらが弱い諸集団を統合したもの，慣習外センターは都市などももともとの居住地から離れた人々をまとめた統治機構であった[20]。

　1933年デクレで設置された統治機構に関しては，以下の点に留意する必要がある。第1に，いずれの集団もチーフによって代表された。チーフは，アフリカ人とヨーロッパ行政の結節点として重視され，「政府に対しては原住民集団の受託者であり，原住民の前では政府の公的な代弁者」(Gille 1952, 726) としての役割を担った。第2に，統治機構は下位行政機構としての機能をもったが，同時に一定の主権をもった領域とみなされた。チーフダムやセクターは，州や県などの地方行政機構と違って内在的な政治権力をもち，他の「原住民権力」には従属しない[21]。1933年デクレ以降チーフダムやセクターの領域が明確化するが，それら統治機構は当該領域における最高の「原住民権力」であった。以上の2点をふまえれば，序章で論じたように，コン

ゴ，ルアンダ＝ウルンジにおいても間接統治のもとでチーフの権力が強まり，領域内の土地配分に決定的な影響力をもつようになったといえよう。第3に，ただし，これらの統治機構は，植民地当局によって不断に再編された。とくにチーフダムについて当局は，数が多すぎるとの認識があり，頻繁に統合が行われた[22]。チーフに権力が集中するなか，そのポストが減少することは，さまざまな影響をアフリカ人社会に与えた[23]。

第3節　独立以降の土地政策——1980年代まで——

1．コンゴ

　ベルギー領として基本的に同じ政策が適用されたコンゴとルアンダ＝ウルンジは，それぞれ1960年と1962年に独立し，三つの異なる国家となった。本節で扱う時期に最も介入的な土地政策をとったのは，コンゴであった。
　コンゴに関しては，独立直前に制定された1960年5月19日付け基本法第2条において権利関係の継承が確認され，当面は植民地期の法制度に従って土地行政が執行されることとなった。サラキューズ（Salacuse）は，独立後のコンゴにとっての土地に関する根本的な課題を，1) 独立前に外国企業に与えられたコンセッションの処理，2) 慣習法下のアフリカ人の権利，3) 個人的な所有権を保障する土地登記システムの構築，という3点に整理している（Salacuse 1987, 5）。しかし，独立した政府の取り組みは第1点に集中した。
　政府はまず，独立後初めて制定された1964年8月1日付け憲法[24]において，重要な国益にかかわる民間企業の所有権を国家に移管できるという条項を盛り込んだ（第43条）。1965年11月25日のクーデタでモブツが政権を掌握したのち，1966年に「バカジカ法」[25]が制定され，独立以前に外国企業に対して与えられた土地，森林，鉱山に関するセッション，コンセッションの権利を国家が取り戻すことが可能になった。このバカジカ法を根拠として，1966年

12月31日に巨大産銅企業 UMHK の国有化が発表された。その後モブツは「革命人民運動」(Mouvement Populaire de la Révolution: MPR) による一党制を制度化して民族主義的な政策を強め，1971年にはその一環として国名を「ザイール共和国」に変えた。民族主義的政策の影響は土地所有権にもおよび，同年末には憲法が改正されて「ザイールの土地，地下，天然資源は国家に帰属する」という条文が挿入された[26]。同時に，バカジカ法が廃止され，独立前に与えたセッション，コンセッションのうち開発が進められなかったものについては，ザイール共和国が完全かつ自由に処分する権利を取り戻すと定められた[27]。

こうした背景のもとで，1973年に「財産の一般制度，土地・不動産制度，担保制度に関する1973年7月20日付け法律 No. 73-021」(以下，1973年土地法) が制定された[28]。この法律では，土地は国家の財産であり，それは排他的，譲渡不可能，無期限の性格をもつと定められ (第53条)，植民地期に与えたセッション，コンセッションの処分について，政府に大幅な裁量権が与えられた。カランバイはこれを「植民地期に導入された土地法からのラジカルな決別」だと評価している (Kalambay 1985, 52)。土地が譲渡不可能で国家に帰属する理由として，カランバイは，土地法案検討過程における MPR 内小委員会の報告書を引用しつつ，アフリカ社会の伝統である土地利用の共同性が根拠とされたと述べている。

> 「ネグロ・アフリカの概念では，すなわちバンツーの概念では，土地は単なる『機能材』ではない。……土地は聖なるものだ。……真性主義[29]的な伝統思考に則れば，土地は譲渡不可能なものでしかあり得ない」(Kalambay 1985, 61)。

モブツ政権は，こうした論理によって土地を国家に帰属するものとし，それによって植民地期にヨーロッパ人に剥奪された土地の奪還を可能にした。土地が国家に帰属する以上，個人，企業は土地に対して排他的な私的所有権をもたない。権利のあり方として，国家が与える「恒久的コンセッション」(ザイール国籍をもつ個人のみを対象とし，無期限で相続可能) か「一般的コン

セッション」（法人，外国人を対象とし，最長25年で更新可能）のみが認められ，土地に対する個人の権利はこれら２種類の「コンセッション」という形で規定された。そして，植民地期と同じく，コンセッションの所持は開発が条件とされた[30]。ただし，「恒久的」であれ「一般的」であれ，コンセッションとして権利が確定された土地は，国土の一部にすぎない。正確な統計はないものの，国土の大部分は，コンセッションではなく慣習的権利下にあったと考えてよい。そして，これら慣習的権利下にある土地については，やはり国家に帰属するものの，大統領オルドナンスで別途運用を規定すると定められた（第389条）。ただし，このオルドナンスは，今日に至るまで制定されていない。

　1973年はモブツ主導の民族主義的政策が最も高揚した時期であり，同年11月30日には，外国人が所有する工場やプランテーションを没収し，「民族ブルジョワジー」の育成を目指してザイール人に分配する「ザイール化政策」が発表された[31]。翌年には一党制を基盤とするモブツ体制を規定する1974年８月15日付け憲法が発布され，土地や天然資源はすべて国家に帰属することが確認された。こうした集権化政策の一環で，同じ時期に地方行政への介入も進められた。ただし，それは主として州や県のレベルにかかわるものであり[32]，チーフダムやセクターといった植民地期に「原住民」の自律的統治を目的に設置された機構は，その機能や中央政府との関係の点でみれば，基本的に変化しなかった。

　独立時の三つの課題に即していえば，モブツ政権下の土地政策は第１点（独立前に外国企業に与えられたコンセッションの処理）に集中していた。ナショナリズムの文脈で注目を集めやすい問題が，土地を国有化してヨーロッパ人の所有地を剥奪するという安易な方法で「解決」される一方で，第２点（慣習法下のアフリカ人の権利）に関してはまったくの手つかずであった。国家に強い裁量権を与えた1973年土地法は，モブツ政権が1970年代前半まで多方面で積極的に進めた集権化政策と密接にかかわる。同法によって恣意的な土地分配が促進され，土地紛争が頻発した（武内 1989a）。ザイール化政策は

モブツの取り巻きが私腹を肥やすことに寄与しただけに終わったが、その顛末が典型的に示すように、モブツの集権化政策は国家の名を借りた政治エリートの恣意的な資源分配を蔓延させた。これが経済破綻と国家に対する信頼喪失を招き、最終的には1990年代の内戦へとつながることになる。内戦によってモブツは失脚したが、1973年土地法はその後も改訂されず、土地に関する法体系は変わっていない。この問題は、1990年代以降東部コンゴで継続している武力紛争にも、重大な影響を及ぼしている[33]。

2．ルワンダ、ブルンジ

ルアンダ＝ウルンジは1962年に独立し、同時にルワンダとブルンジに分離した。独立直後の両国はモブツ政権下のザイールのように積極的な土地政策をとらなかったが、いずれも国有地を大幅に拡大させた。これは独立直前の1960年7月11日付けデクレによって[34]、原住民地を国有地に組み込む措置がとられたことによる名目上の変化である。植民地期に三つに分かれていた土地カテゴリー——1) 私的所有権が登記された土地、2) アフリカ人が占有し慣習法下にある土地、3) 国有地——のうち、上記デクレによって2) が3) に組み込まれた。ルワンダもブルンジもセッションやコンセッションが少なく、したがって登記地はわずかであったから、国土のほとんどが国有地となったことになる。

　1980年代までの時期、両国の土地政策は、国家による土地の管理を基本とし、土地市場の形成を抑制するものであった。ルワンダでは、1976年に慣習地の売買を原則禁止する法が制定された[35]。この法律では、登記地を除くあらゆる土地が国家に帰属することが確認されたうえで（第1条）、慣習的権利下にある土地については、2ヘクタールを超えるなどの条件を満たす場合を除いて、売買が禁止された（第2、3条）。ただし、この法律が課した禁止規定は守られず、土地取引のインフォーマル化をもたらしただけだったと評価されている（André 2003, 154）。

一方ブルンジでは、1986年に土地法が制定された[36]。同法はアフリカ人によって慣習的に占有されている土地を「専有地」（terres appropriées）の枠組みで定義し、その権利の正当性を認めた。専有地は国土から国有地[37]を除いた土地を指し、登記地と慣習地が含まれる。1986年土地法ではこの慣習地の権利が登記地と同様に正当なものと認められたのだが、権利の実効性に関しては大いに疑問であった。土地権利の移転をはじめ、特定区画の権利を厳密に定めるためには土地登記証（titre foncier）の発行が必要とされ、それには煩雑でコストのかかる手続きが必要だったからである。慣習的権利が認められたといっても、土地登記証がなければ公式な売買、貸借もできず、脆弱な権利でしかない。同法のもとで土地登記はほとんど進まず（Kohlhagen 2011, 85-88）、実質的にはルワンダと同様の状況だった。

他方、土地配分に大きな影響力をもつチーフに関しては、ルワンダで劇的な変化があった。植民地期末期に起こった多数派エスニック集団フトゥ（Hutu）のエリートが主導する反乱（「社会革命」）によって、チーフやサブチーフのポストを独占してきた少数派エスニック集団トゥチ（Tutsi）が放逐されたのである。この結果、独立後のルワンダでは政権党に近いフトゥ・エリートが地方行政機構をはじめとする政治的ポストを独占した。彼らは、トゥチ難民の帰還を許さず、ちょうど植民地期のトゥチのように行政幹部のポストを独占して土地分配に影響力を行使した（武内 2009, 第7章）。

第4節　1990年代以降の土地政策

本章が対象とする3カ国は、いずれも1990年代に深刻な内戦を経験した。土地政策を考えるうえで、内戦の経験は重要な意味をもっている。1990年代以降今日までの時期に、土地に対して最も積極的な政策介入を実施したのはルワンダだが、その重要な背景は反政府武装勢力が軍事的に勝利して強力な政治権力を樹立したことである。これに対してコンゴとブルンジではルワン

ダのように強力な政治権力が確立されず,実効的な土地政策を実施できていない。本節では,1990年代以降に積極的な土地政策を展開したルワンダに関する記述を中心とし,2011年に土地法を改訂したブルンジについて簡単にふれる。土地政策が実質的に進展していないコンゴについての記述は割愛する[38]。

1. ルワンダ

ルワンダ内戦の勃発は,「社会革命」で国外に逃れ,本国への帰還が許されないトゥチ難民がウガンダで反政府武装勢力「ルワンダ愛国戦線」(Rwandan Patriotic Front: RPF) を結成し,1990年に本国に侵攻したことに起因する。結局内戦は,凄惨なジェノサイドを経て,1994年7月にRPFの軍事的勝利によって終結する。政権の座についたRPFは,土地に対する積極的な政策介入を実施していった。以下,主要な政策を挙げよう (Takeuchi and Marara 2014)。

内戦終結後の重要な土地政策としてまず挙げるべきは,ランド・シェアリング (land sharing) である。これは,内戦終結時に近隣諸国に逃げたフトゥ難民が1996年末以降帰還した際,彼らの所有地をトゥチ帰還民とのあいだで二分割させた政策である[39]。ルワンダ内戦でRPFが勝利すると,それまで帰国できなかったトゥチ難民が大挙して帰還した。その数は100万人に近いといわれる。政府はこれらトゥチ帰還民に対して,比較的人口密度の低い東部で空いた土地,家屋をみつけて住むよう指導した。それは難しいことではなかった。RPFの勝利とともに,内戦に敗れた旧政権側の扇動もあって,RPFやトゥチからの報復を恐れた200万人以上のフトゥが近隣諸国に逃亡していたからである。1996年末,コンゴ (当時はザイール) 東部での内戦勃発をきっかけにフトゥ難民が帰還すると,占拠された家屋や土地をめぐってトゥチ帰還民とのあいだで紛争となった。このとき,ルワンダ当局は,家屋はもとの住民 (フトゥ) に返すものの,土地についてはもとの所有者とトゥチ帰還

民とのあいだで折半するよう，つまりもとの住民が半分の所有地を無償で提供するよう指導した。これがランド・シェアリング政策である。トゥチ帰還民が，もともとのフトゥ住民から所有地の半分を無償で移転される政策を通じて，エスニック集団のちがいに対応する形で土地所有のあり方が大きく変化した[40]。

　住居の提供と移転に関する RPF 政権の政策も，土地に深くかかわる。内戦直後の時期，帰還民対策としてルワンダ各地で住宅建設が進められた。ルワンダでは伝統的に分散型の居住形態がとられてきたが，インフラ整備が容易であることなどを理由として，この時期ウムドゥグドゥ（umugudu）と呼ばれる集合住宅が建設された。同時に RPF 政権は，分散型住居に住む人々に対し，道路の沿線など利便性の高い場所に集まって住むよう奨励した。ウムドゥグドゥは，住宅建設と住民移転がセットになった政策として理解されている（Hilhorst and Van Leeuwen 2000）。住宅建設については1990年代後半にほぼ終了したが，住民移転の方は今日に至るまで奨励（と圧力）が続いている。これは，県（District）などの地方行政機構が土地利用計画を策定する動きと連動しており，散居型の住居を住宅用地に集め，農地を集約して効率的な生産を行おうとしている。

　女性に対する土地相続権の承認も重要な政策である。伝統的に父系制社会であるルワンダでは，土地などの財産は男子のあいだで均分相続され，女性は基本的に相続から排除されてきた。1999年の法律[41]では，「正式に認められた子どもはすべて，男子であれ，女子であれ，差別を受けることなく均等な相続を得る」（第50条）と定められ，女性の土地相続権が公式に認められた。この法律の実効性は高く，今日ルワンダ農村では女子への土地相続がごく普通に行われている。

　内戦終結から9年後の2003年，ルワンダは新憲法を制定し，選挙を実施した。元 RPF 総司令官のカガメ（Paul Kagame）が95％以上の得票で大統領に選出され，文民政党化した RPF が議会を支配する結果となった。この体制が基本的に今日まで続いている。RPF が主導する政権の安定とともに，土

地への政策介入はより制度化された。2004年に土地政策が公にされると (Republic of Rwanda 2004),翌年にはその内容を反映する土地法（以下，2005年土地法）が制定された[42]。2004年の土地政策文書では主要目標として土地権利の安定化が謳われ，ランド・シェアリングや女性の土地相続権など内戦後に実施されてきた施策が確認されるとともに，後述する土地登記や土地統合 (land consolidation)[43]などの施策の必要性が説かれた。そして，それらは2005年土地法に盛り込まれ，法的な裏づけを得た。

2000年代後半以降，2004年土地政策と2005年土地法に示された政策が実施に移されている。土地登記は，2000年代末からドナーの支援を得て取り組まれた。土地区画作業は2012年頃全土で完了し，2014年段階では土地権利証書の配布もかなり進んだ。短期間のうちに土地登記事業を全土でほぼ完遂させたルワンダの事例は，アフリカでは極めて珍しい。ただし，登記を通じて保証された権利は，絶対的，排他的な私的所有権ではない。2005年土地法は国家に対して「国土を管理する最終的な権力」を与えており，土地権利証書で個人に与えられる権利にはさまざまな制約がある。権利書の取引によって土地の売買，貸借は可能だが，土地を1ヘクタール未満に分割することは認められていない[44]。また，更新可能とはいえ，土地権利には3〜99年の期限が付されている[45]。コンゴのコンセッションと同様に，人々は土地を「生産的に」利用する義務があり，それを怠れば土地を没収される危険がある[46]。さらに，土地統合政策のもとで，人々は作付け作物の選択を制限される。これは，土地の効率的利用を目的として，一定地域に同じ種類の作物を作付けさせる政策である[47]。農業指導員を含めた住民の協議によって，トウモロコシやインゲンなど作付け作物が決められ，政府は改良種子や肥料などを補助する。この政策は，土地利用者を変えるものではないが，自由な作付けを認めないという点で，土地の使用権を制約する。

内戦後ルワンダの土地政策は，RPF政権の強力な指導のもとで進められてきた。そこには二つの政治的な目的を指摘することができる。第1に，土地の効率的な利用である。これは2004年土地政策文書に明確に示されている。

ルワンダはもともと人口稠密な国だが，内戦後は膨大な数の帰還民を受け入れたため，土地不足はいっそう深刻になった。土地の効率的利用には高い優先順位が与えられており，それが土地統合などの政策が講じられる背景となっている。第2に，トゥチ帰還民に土地を確保することである。RPFはもともとウガンダのトゥチ難民を中核とする組織であり，だからこそ彼らが内戦に勝利したとき膨大な数のトゥチ難民が帰還した。ランド・シェアリングや土地登記政策によって，政権の中核的支持基盤であるトゥチ難民は土地を確保し，それに法的な裏づけを得た。政策文書には現れないが，一連の政策はRPFの支持基盤固めに重要な意味をもった[48]。

　内戦後のルワンダで土地政策が実施されるにあたり，地方行政機構の果たした役割は大きい。内戦によって，ルワンダの地方行政機構の指導者層は全面的に変化した。以前の指導者はジェノサイドに加担したとして追放され，代わってトゥチ帰還民やジェノサイドの生存者（サバイバー）を中心とするRPFの支持者が要職を占めた。上記のラジカルな土地政策を迅速に実施できた背景として，地方行政機構が末端までRPFの支持者で固められていたことを指摘すべきであろう。政策の指導から紛争の裁定に至るまで，これら末端行政機構の指導者はRPF主導の政策を支持し，その遂行に尽力した。

　2．ブルンジ

　ブルンジもまた1990年代に長期の内戦を経験した。ルワンダとは異なり，ブルンジ内戦は軍事力で決着せず，国際社会の仲裁によって2000年に和平協定が成立した[49]。そして戦後は，権力分有による政治体制が構築された（武内 2013）。内戦後のブルンジでは，ルワンダのように実効性をもった土地政策を遂行できていない。和平合意に伴ってやはり膨大な数の難民が帰還したが[50]，土地を得られない帰還民も多く，土地紛争も多発している。ブルンジでも，難民帰還に際してランド・シェアリングが行われたが，ローカルレベルのイニシアティブに基づく自発的なものであり，裁定をめぐって紛争が頻

発した。政府は「土地その他財産に関する国家委員会」(Commission nationale des terres et autres biens: CNTB) を設置して調停にあたらせているが, 問題解決には程遠いのが現状である (Ndayirukiye and Takeuchi 2014)[51]。

2000年の和平協定においても1986年土地法の早期改正の必要性が指摘されていたが (協定第Ⅳ議定書第Ⅰ章第8条), ようやく2011年に改訂土地法が制定された[52]。改訂の要点は, 慣習的な土地権利の公式化を進めるべく, 土地権利書の発行手続きを簡素化することであった。従来の土地登記証に加えて, 地方行政機構コミューン (commune)[53]の土地局 (Service foncier communal) が発行する土地権利証明書 (certificat foncier) を新設し, その発行手続きを簡便なものとする一方で, 効力を土地登記証と遜色ないものとした。土地権利証明書の所持が広がれば土地権利が安定化するとの見通しで政策が進められたのだが, これまでのところ土地権利証明書の申請は広がりをみせていない。政府の指導によって一斉に土地の区画と登記が進められたルワンダとちがい, ブルンジではあくまで農民からの申請ベースで登記作業が進められている。土地権利証明書に対する喫緊の需要がなければ, 手続きが多少簡便になっても, 人々が申請に踏み切らないのが実情である[54]。

まとめ

かつてベルギー統治下におかれた3カ国の土地政策を長期的なスパンで概観した本章の分析から, 時代に応じた土地政策の変化が読み取れる。コンゴ自由国時代は, ヨーロッパ系企業にとって利用価値の高い土地は徹底的に収奪し, そうでなければ放置する政策がとられた。1920年代以降は, ヨーロッパ人への土地譲渡を制限し, アフリカ人の農業生産向上を目指した政策へと転換が図られる。独立後の国家主導型開発政策の時代には, 資源ナショナリズムの影響下に土地国有化政策が進められた。新自由主義的経済政策が優勢となった冷戦終結後には, 個人の土地権利を強化するとともに, 土地の市場

化になじみやすい政策が実施されている。

　そうした変化の一方で，時代を超えて通底する土地政策の特徴を指摘することができる。それは政策がトップダウンで定められ，かつ土地に対する人々の権利を国家に従属させる政策が選択されてきたことである。植民地期に関してこの点は明白である。アフリカ人は一貫して占有権以上の権利を与えられず，強制栽培などの政策を通じて植民地当局の利益に沿う行動が求められた。独立後においても，人々の土地利用の権利にはさまざまな制約が課されてきた。土地譲渡の条件として開発を義務づけるという植民地期に導入された条項は，ザイールの1973年土地法にも，ルワンダの2005年土地法にも見い出すことができる。人々の土地利用を国家の統制下におくという発想が，この地域では連綿と引き継がれている。

　こうした土地政策の特徴は，国家の性格を反映する。植民地期から今日までこの地域で土地政策を遂行してきたのは，いずれも権威主義的性格をもった政権であり，そうした政権が人々の土地利用を統制する目的で土地に政策介入を実施してきた。単に経済発展のための資源という観点だけからではなく，これらの政治権力は常に，領域に居住する人々の統治という観点から土地を認識してきた。新自由主義的な経済政策が主流化し，土地利用者の権利強化が謳われる今日にあっても，この地域の土地政策は資源管理という関心だけでなく，領域統治への関心を加味して決定されているのである。

　　　付記：本章執筆のための調査には，アジア経済研究所運営費交付金の
　　　ほか，次の科研費補助金を得た。課題番号：23221012，25101004。

〔注〕
(1) 現コンゴ民主共和国は，1960年の独立以降，コンゴ（レオポルドヴィル），コンゴ民主共和国，ザイール，そして再びコンゴ民主共和国と，幾度も呼称を変えてきた。本章では，モブツ政権下ザイールと呼ばれた時期（1971～1997年）についてはその名称を用いるが，その他の時期に関しては原則とし

⑵ セッションとは，土地所有権の譲渡のなかでもコンセッション以上に強い権利が認められたものを指す。おおよそ英領植民地の自由土地保有権に近い。

⑶ Ordonnance de l'administrateur général au Congo du 1er juillet 1885. 条文については，武内（2014a）参照。

⑷ Décret du 14 septembre 1886. 条文については，武内（2014a）参照。

⑸ ベルギー領において，国有地（les terres domaniales）は，1）河床，河岸，道路，鉄道基底部，港湾等が含まれる「行政財産国有地」（terres du domaine public）と，2）行政財産国有地以外の「普通財産国有地」（terres du domaine privé）に分けられる。無主地は普通財産国有地に含まれ，政府はそこからセッションやコンセッションを割り当てることができた（Paulus 1959）。

⑹ Décret du 3 juin 1906. 条文については，武内（2014a）参照。

⑺ ベルギー領コンゴの統治基本原則を定めた『植民地憲章』第15条が，セッションとコンセッションに関する法的基盤となった。同条文については，武内（2014a）参照。

⑻ ビュエルは，コンゴ自由国の消滅から約20年を経た時点においても，わずか七つの企業への譲渡地だけでコンゴ全体の22％にあたる5200万ヘクタール強に達したと述べている（Buell 1965, 445）。Buell（1965）は1928年に出版された書籍のリプリントなので，これは1920年代半ばの状況と考えてよい。

⑼ ベルギー領のセッション，コンセッション体制は，1）通常の植民地領，2）CSK（Comité spécial du Katanga. 特許会社でカタンガ地域の開発にあたる），3）CNK（Comité National du Kivu. 特許会社でキヴ地域の開発にあたる），4）ルアンダ・ウルンジの四つに区分され，かつ500ヘクタールを上回らない農業用の土地などが含まれる一般体制（Régime ordinaire）と面積がそれを超える特別体制（Régime spécial）に分かれていた（Heyse 1930）。ここで「通常手続き」とは，通常の植民地領かつ一般体制の場合である。

⑽ たとえば，1923年12月3日付け王令（arrêté royal）では，次のような条件が満たされなければ開発とは認められないと定められている「a）面積の少なくとも10分の1が建造物で占められている。b）面積の少なくとも20分の1に食用，飼料用，その他の作物が栽培されている。c）放牧地において，10ヘクタール当たり1頭の大家畜または4頭の小家畜の割合で養育あるいは肥育されている。d）永年性作物が1ヘクタール当たり最低15本の割合で行われている」（Heyse 1930, 319）。

⑾ 最終的にHCBが獲得したセッション，コンセッションの正確な面積は管見のかぎり不明であるが，たとえば1938年に締結された協定では，五つの円形地で獲得できるセッションの面積は最大で13万1500ヘクタールとされた（Hailey 1957, 752）。

⑿　Décret du 31 mai 1934. 条文は武内（2014a）参照。
⒀　コンゴのヨーロッパ人入植者はキヴに集中していた。その人数についてモキリは，1945年に657人，1958年に1899人としている（Mokili 1998, 178）。植民地議会が設置されなかったこともあり，コンゴにおける白人入植者の政治力はそれほど強くなかった。
⒁　ルワンダについては，独立後のカイバンダ政権下でトゥチの移住を進めるという文脈でペイザナ制度が利用された（Boone 2014, chap.8）。
⒂　土壌劣化問題は，戦間期に欧米で強い関心を集めた（水野 2009）。ここでもその影響を認めることができる。
⒃　ベルギー植民地省が刊行したコンゴ，ルアンダ＝ウルンジの農業専門誌 *Bulletin agricole du Congo Belge*（BACB）には，土壌保全政策に関する記事が頻出する。とくに，1949年には，刊行された4号すべてを土壌保全対策会議の内容紹介に当てており，関心の高さがうかがえる。BACBの性格や所収論文については，武内（1989b）を参照。
⒄　本章では "politique indigène" の訳語として，カッコ付きで「原住民政策」を用いる。
⒅　1886年9月14日付けデクレなど，複数の法律で言及されている。
⒆　ベルギー領コンゴにおいて英国の間接統治政策が参照例とされた点については，Henry（1923）参照。
⒇　ベルギー領植民地の原住民政策や統治機構については，Gille（1952）や，植民地官僚が多く寄稿する *Congo* 誌の諸論考を参考にした。
㉑　ルアンダ＝ウルンジはそれぞれが一つの国（pays）とされ，県や郡のような地方行政機構としてチーフダムとサブチーフダムが設置された点で，コンゴの制度と異なる。
㉒　1939年の時点でコンゴに存在したチーフダムは1070，セクターは383であったが，1950年にはその数はそれぞれ476，517に変わった（Gille 1952, 730）。
㉓　たとえば，ルアンダ＝ウルンジでは，チーフの数が減少する過程でフトゥのチーフが排除され，トゥチによって行政幹部のポストが独占された。とくにルワンダでは，これがフトゥ・エリートの不満を高め，植民地末期の紛争の遠因となった。詳細は，武内（2009，第6章）参照。
㉔　憲法制定委員会の開催地の名をとって，「ルルアブール憲法」（Constitution de Luluabourg）とも呼ばれる。条文については，武内（2014a）参照。
㉕　Ordonnance-loi（no. 66/343）le 7 juin 1966（loi Bakajika）.
㉖　Loi no. 71-008 du 31 décembre 1971 portant révision de la Constitution.
㉗　Loi no. 71-009 du 31 décembre 1971. この点については，Kalambay（1985, 45-48）を参照のこと。
㉘　Loi no. 73-021 du 20 juillet 1973 portant régime général des biens, régime fonci-

er et immobilier, et régime des sûreté. 条文については，武内（2014a）参照。

(29) 真正主義（authenticité）とは，モブツが掲げた民族主義的なスローガンである。

(30) 開発が不十分な場合，コンセッションはそれに応じて縮小されると規定された（第58条）。

(31) ザイール化政策は，1974年12月30日の「ザイール革命の徹底化」宣言によって一層の進展が宣言されたものの，工場やプランテーションの接収に反発したベルギーによるザイール向け輸出保険全面停止（1975年3月）や主要輸出産品である銅価格の急落などの要因によって経済状況が悪化し，1976年には事実上放棄された。詳細については，Young and Turner（1985, chap. 11）を参照。

(32) 州知事には当該地域の出身者を任命しないといった人事の原則をつくり，中央政府から地方行政への統制を強めた（Callaghy 1984, 第5章）。

(33) 植民地期の東部コンゴでは，白人入植者によってコーヒー農園が開かれ，労働者として多数のルワンダ人（とくにフトゥ）が移住した。そのため，フンデ（Hunde）など従来その地に居住していたエスニック集団は，ルワンダ人移民に比べて人口的少数派となった。独立後，ザイール化政策の時代には，この地域の白人農園の多くが接収され，モブツ政権の有力者を通じてルワンダ系住民（とくにトゥチ）に分配された。1973年土地法は，政治エリートの恣意的な土地分配を正当化し，土地移転を促進させた。こうした過程を経て，地域住民間には土地をめぐる根深い対立が形成されている（Bucyalimwe 1997；武内 2002）。

(34) Kohlhagen（2010, 85）．本デクレの原文は確認できていない。Kohlhagen の論文はブルンジに関するものだが，デクレの日付が独立前であることから，ルワンダにも適用された可能性が高い。

(35) Décret-loi no.09/76 du 4 mars 1976 relatif à l'achat et la vente de droits coutumiers sur les terres ou de droits d'occupation du sol.

(36) République du Burundi, 1 Septembre 1986 – No. 1/008. Loi portant code foncier du Burundi. 条文については，武内（2014b）を参照。

(37) ここでいう「国有地」は，1960年7月11日付けデクレ以前のものを指す。

(38) コンゴの土地関連政策や土地法改訂に関する近年の動きは，武内（2014a）を参照。

(39) ランド・シェアリング政策の詳細は，Takeuchi and Marara（2014）参照。

(40) ランド・シェアリングで土地を失ったフトゥ農民は，今日に至るまで目立った抗議活動を起こしていない。トゥチ帰還民との土地紛争も減少傾向にある。RPF 政権はその高い統治能力と，地方行政末端まで支持者で固めることによって，フトゥ農民の不満抑制に成功している。地方レベルの司法組織も

RPF 主導の政策を支持しているため，不満をもった人々は沈黙を余儀なくされている。
⑷1 Law No. 22/99 of 12/11/1999 to supplement book I of the Civil Code and to institute part five regarding matrimonial regimes, liberalities and successions. O.G. no. 22 of 15/11/1999.
⑷2 Organic Law No. 08/2005 of 14/07/2005 Determining the Use and Management of Land in Rwanda. 条文については，武内（2014b）を参照。
⑷3 「land consolidation」は，文脈に応じてさまざまな訳語があり，たとえばケニアの事例では（土地）「調整」と訳されている（児玉谷 1981, 40）。ルワンダの場合，一定地域に同じ作物を作付けさせる政策であり，細分化された土地を統合して生産性を高める意図があることから，「土地統合」という訳語を当てた。
⑷4 2005年土地法第20条。ただし，1ヘクタール未満土地分割禁止規定は，現実には遵守されていない。
⑷5 Presidential order n° 30/01 of 29/06/2007 determining the exact number of years of land lease. 農地であれば49年（権利証書上は99年と記載されていることが多い），工業用地であれば30年，住宅地なら20年など，用途によって異なる期限が設定されている。
⑷6 「生産的」な土地利用とは，それを「土壌流出から保護し，肥沃さを守り，持続可能な方法で生産を確保すること」を指す（2005年土地法第62条）。どのような場合に「生産的」な土地利用とみなされないかについては，土壌流出対策がなされていない，農業用地の半分に作物が植わっていない，など第65条に細かい規定がある。土地の没収については，第75条参照。
⑷7 2005年土地法第2条および第20条。
⑷8 ランド・シェアリング政策の評価は簡単ではない。それが帰還難民に土地を与え，彼らの生計を保障したことは評価できる。膨大な数の難民が短期間に帰還したにもかかわらず，この政策によって彼らは比較的スムーズにルワンダ社会に受け入れられた。フトゥの所有地が半減したとしても，狭い国土に帰還難民を受け入れようとすれば，ほかに選択肢はなかったともいえるかも知れない。その一方で，この政策によって土地を失ったフトゥの生活水準が，以前より低下したことは間違いない。RPFというトゥチ帰還難民が中枢を占める政権のもとで，彼らは政治的にも，経済的にも相対的に不遇である。RPF政権が安定し，強い統治力を発揮するかぎり，彼らはランド・シェアリング政策への不満を表出させることはないだろう。しかし，逆にいえば，仮にRPF政権が不安定化すれば，そうした不満が表出する可能性は高い。帰還難民をルワンダ社会に安定的に受け入れ，紛争の再燃を防ぐためには，彼らの土地所有権が将来にわたって社会的に（とくに土地を提供したフトゥから）

承認される必要がある。そのためには，土地を提供したフトゥに対する何らかの対応策が不可欠であろう。政府は彼らに対する補償を否定しているが，直接的な補償でないにしても，何らかのケアが検討されるべきだと考える。

⑷9︎　Arusha peace and reconciliation agreement for Burundi.
⑸0︎　ブルンジの難民は1972年の騒乱を逃れたフトゥが中心であり，彼らは主としてタンザニアの難民キャンプに居住していた。一方，国内には1990年代の内戦で故郷を逃れたトゥチ避難民のキャンプが依然として数多く残存している。
⑸1︎　2011年に議長が交代して以降，CNTB は政権与党よりの姿勢を強め，帰還民に有利な裁定を下すようになった。このため，帰還民への土地分割をめぐって社会的緊張が高まっている（Ndayirukiye and Takeuchi 2014）。
⑸2︎　Loi no. 1/13 du 9 août portant révision du code foncier du Burundi. 条文については，武内（2014b）を参照。
⑸3︎　コミューンは，州（Province）とコリン（Colline）の中間に位置する地方行政機構であり，ブルンジ全土に128存在する。
⑸4︎　スイス経済協力ブジュンブラ事務所長 Claudio Tognola 氏からの聞き取りによる（2012年9月25日）。

［参考文献］

<日本語文献>
児玉谷史朗 1981.「ケニアの小農場部門における農民の階層分化」『アジア経済』22（11-12）38-56.
武内進一 1989a.「現代ザイールの土地紛争と土地法」林晃史編『アフリカ農村社会の再編成』アジア経済研究所　227-251.
――― 1989b.「ベルギー植民地省農業局発行資料について――ベルギー領コンゴ農業ビュルティン（BACB）を中心に――」池野旬編『植民地後期アフリカ経済と非アフリカ人――研究史と文献解題――』アジア経済研究所（所内資料。地域研究部 No.63-2）　101-120.
――― 2002.「内戦の越境，レイシズムの拡散――ルワンダ，コンゴの紛争とツチ――」加納弘勝・小倉充夫編『国際社会7　変貌する「第三世界」と国際社会』東京大学出版会　81-108.
――― 2009.『現代アフリカの紛争と国家――ポストコロニアル家産制国家とルワンダ・ジェノサイド――』明石書店.
――― 2013.「言明された和解，実践された和解――ルワンダとブルンジ――」佐

藤章編『和解過程下の国家と政治——アフリカ・中東の事例から——』アジア経済研究所　29-58.
—— 2014a.「コンゴ民主共和国の土地関連法制」（武内進一編「アフリカの土地と国家に関する中間成果報告」　調査研究報告書　アジア経済研究所　177-217 http://www.ide.go.jp/Japanese/Publish/Download/Report/2013/2013_B103.html）.
—— 2014b.「独立後ブルンジ，ルワンダの土地法制」（武内進一編「アフリカの土地と国家に関する中間成果報告」　調査研究報告書　アジア経済研究所　218-274　http://www.ide.go.jp/Japanese/Publish/Download/Report/2013/2013_B103.html）.
水野祥子 2009.「大戦間期イギリス帝国におけるグローバルな環境危機論の形成」『史林』92（1）97-129.

＜外国語文献＞
André, Catherine 2003. "Custom, Contracts and Cadastres in North-West Rwanda." In *Securing Land Rights in Africa*, edited by Tor A. Benjaminsen and Christian Lund, London: Frank Cass, 153-172.
Boone, Catherine 2014. *Property and Political Order in Africa: Land Rights and the Structure of Politics*. Cambridge: Cambridge University Press.
Bucyalimwe, Mararo 1997. "Land, Power, and Ethnic Conflict in Masisi (Congo-Kinshasa), 1940s-1994", *The International Journal of African Historical Studies*, 30 (3) : 503-538.
Buell, Raymond Leslie 1965 (1928). *The Native problem in Africa*. Frank Cass, London.
Callaghy, Thomas M. 1984. *The State-Society Struggle: Zaire in Comparative Perspective*. New York: Columbia University Press.
Gille, A. 1952. "La politique indigène du Congo belge et du Ruanda-Urundi." *Encyclopédie du Congo belge*. Tome Ⅲ, Bruxelles: Editions Bieleveld, 709-748.
Hailey, Baron William Malcolm (Lord) 1957. *An African Survey: a Study of Problems Arising in Africa South of the Sahara* (Revised 1956). London: Oxford University Press.
Harms, Robert 1975. "The End of Red Rubber: A Reassessment." *The Journal of African History*, 16 (1) : 73-88.
—— 1983. "The World Abir Made: The Margina-Lopori Basin, 1885-1903." *African Economic History*, (12) : 125-139.
Henry 1923. "La politique indigène au Congo belge." *Congo*, Tome I, 524-538.
Heyse, T. 1930. "Le régime des concessions et cessions des terres agricoles et forestières au Congo belge." *Bulletin agricole du Congo belge*, 21 (2) : 314-341.

Hilhorst, D., and M. van Leeuwen 2000. "Emergency and Development: The Case of Imidugudu, Villagization in Rwanda." *Journal of Refugee Studies* 13 (3) : 264-280.

Kalambay, Lumpungu 1985. *Droit civil, vol.II, Régime foncier et immobilier*. Kinshasa: Presses universitaires du Zaïre.

Kohlhagen, Dominik 2010. "Vers un nouveau code foncier au Burundi?" In *L'Afrique des Grands Lacs, Annuaire 2009-2010*, edited by S. Marysse, F. Reyntjens and S. Vandeginste, Paris: L'Harmattan, 67-98.

―――― 2011. "In Quest of Legitimacy: Changes in Land Law and Legal Reform in Burundi." In *Natural Resources and Local Livelihoods in the Great Lakes Region in Africa: a Political Economy Perspective*, edited by A. Ansoms and S. Marysse, Hampshire: Palgrave, 83-103.

Mokili Danga Kassa, Jeannôt 1998. *Politiques agricoles et promotion rurale au Congo-Zaïre 1885-1997*. Paris: L'Harmattan.

Ndayirukiye, Sylvestre, and Shinichi Takeuchi 2014. "Dealing with Land Problems in Post-conflict Burundi." In *Confronting Land and Property Problems for Peace*, edited by Shinichi Takeuchi, Oxon: Routledge, 109-131.

Paulus, Jean-Pierre 1959. *Droit public du Congo belge*. Bruxelles: Université Libre de Bruxelles.

Republic of Rwanda 2004. *National land policy*. Kigali.

Salacuse, Jeswald 1987. "The National Law System of Zaire." In *The National Land Law of Zaire and Indigenous Land Tenure in Central Bandundu, Zaire*. (LTC Research Paper 92), edited by J. C. Riddell, J.W. Salacuse, and D. Tabachnick, Madison: Land Tenure Center, 1-22.

Staner, P. 1955. "Les paysannats indigènes du Congo belge et du Ruanda-Urundi." *Bulletin agricole du Congo belge*, 46 (3) : 467-558.

Stengers, Jean 1989. *Congo mythes et réalités: 100 ans d'histoire*, Paris: Editions Duculot.

Takeuchi, Shinichi, and Jean Marara 2014. "Land Tenure Security in Post-conflict Rwanda." In *Confronting Land and Property Problems for Peace*, edited by Shinichi Takeuchi, Oxon: Routledge, 86-108.

Young, Crawford, and Thomas Turner 1985. *The Rise and Decline of the Zairian State*. Madison: The University of Wisconsin Press.

第 7 章

ソマリアにおける土地政策史と紛争

―― 南部ソマリアを中心として ――

遠　藤　　貢

はじめに

　シアド・バーレ（Maxamed Siyaad Barre）政権崩壊以降のソマリア，とりわけ南部ソマリア[1]における現在にまで至る不安定性の背景には，農耕適地が存在する南部での土地をめぐる対立軸が形成され，それが依然として存在している点を挙げることができる。そこには，「新たな定住者」（newcomers）として南部地域に流入してきたガルチ（galti）あるいはファラック（farac）と呼ばれる人々（以下，ガルチ／ファラック）と，もともとこの地域に居住していたとされる「原居住者」（indigenous inhabitants）としてのグリ（guri）あるいはアサル（asal）と呼ばれる人々（以下，グリ／アサル）の対立の図式があるという理解がなされてきた（Besteman and Cassanelli 2003, xi; Somalia CE-WERU 2013, 12）。なお，ガルチ／ファラックは，20世紀にさまざまな経緯でソマリアの他地域から流入してきた人々であり，その人たちが南部地域の土地保有を実現する状況が生まれてきた。そして，結果的にガルチ／ファラックとグリ／アサルのあいだの対立と不信が解決されず，南部ソマリアの不安定化につながってきた。ここでガルチ／ファラックやグリ／アサルと総称されている人々は，南部のそれぞれの地域の文脈でクラン帰属があり，後述するようにクラン間の対立図式として示すことが可能でもある。

本章では、ガルチ／ファラックとグリ／アサルという形で現在に至る南部ソマリアの不安定化につながってきたソマリアにおける土地政策の変遷を辿るとともに、重要な土地制度として導入された1975年の農業と土地に関する法制改革とその運用を検討することで、改めて土地と紛争の関係を明らかにすることをねらいとする。なお、北部ソマリアにおいても局所的には農業が行われている地域はあるものの、遊牧生活が主であることから、本章における分析対象には基本的には含めないものとする。

第1節　南部ソマリアにおける農業と伝統的な土地利用

1．南部ソマリアにおける農業生産の起源

ジュバ川の下流域であるローアー・ジュバ (Lower Jubba) に当たる地域の農耕適地での農業は、歴史的にはザンジバルを中心としたインド洋交易のなかで、19世紀以降におもに東アフリカ地域からこの地に奴隷として連れてこられたバンツー系のアフリカ人[2]の子孫であり、ゴーシャ (Gosha)[3]として知られるようになる人々がこの地で農業に従事してきたことに起源をもつとみられてきた (Besteman 1999, Part II)[4]。19世紀半ば頃には、南部ソマリアの沿岸地帯のとくにシャーベル川 (Shabelle River) 沿いは、インド洋交易において「アラビア半島南部への穀物庫」ともいわれるように、ソルガム、胡麻、染料用の地衣 (orchella)、綿花などの農業生産が行われるようになった。こうした作物生産は、おもにプランテーションで行われ、遊牧生活を送っていたソマリのなかにもインド洋交易用の産品を生産するための奴隷に投資する者も現われ、そこに奴隷の需要が発生したのである。詳細は他に譲るが (Besteman 1999; Luling 2002; Helander 2003)、こうした形で流入した奴隷が後に逃亡したり[5]、解放されるなどの過程でソマリ社会に「同化」され、南部ソマリアにおける農業生産に従事するゴーシャが形成され、次第に上流域に農業

を広げた。

なお,ジュバ川(Jubba River)沿岸における19世紀末以降の人の移動は極めて複雑であり,その全貌も必ずしも詳細にはわかっていない(Besteman 1999, Chapter 3-4)。ただし,このゴーシャは,遊牧民を中心とするソマリ社会のなかにおいては階層的に劣位におかれた(Besteman 1999, Chapter 5)

2.伝統的な土地利用

南部ソマリア,とくにミドル・シャーベル(Middle Shabelle),ローアー・シャーベル(Lower Shabelle),ミドル・ジュバ(Middle Jubba),ローアー・ジュバは灌漑農業が可能な土地で,最も農業生産力の高い地域として知られてきた(Conze and Labahn 1986)。

ジュバ川の中流域であるミドル・ジュバで調査を行ったベストマンによれば,この地域の農耕地は次の3種類に類型化できるとしている(Besteman 2003, 32)。第1にジーモ(jiimo)と呼ばれる川岸の土地,第2に川から離れた高地に位置し,河川の氾濫が頻繁にはみられないドーンク(doonk)と呼ばれる土地,そして第3にダシェーゴ(dhasheego)と呼ばれる低地であり,ここには川の氾濫原が存在するほか,天水や流去水,地下水などが豊富な肥沃な土地である。こうした土地を有効活用し,生産リスクを低めるために,この地域に居住する人たちは,この三つの類型の土地をうまく組み合わせて利用することに高い優先順位をおく傾向があったことを指摘する。それは,とくに旱魃との関係において保水力の高い順にダシェーゴ,ジーモ,そしてドーンクを使い分ける戦略をとっていることを示すものでもある。

ジュバ川中流域へのゴーシャの定住が始まった19世紀半ば頃の時期から,土地保有に関してはかなり「個人化」されていたとみられる。先着順の原理で,入植した者による開墾とともに農業が始まり,村が形成されていった。この過程で,村の創設者はナバドゥーン(nabaddoon)(「平和をもたらす者」)の称号を得,その管理のもとで村民や新来者の土地の取得や土地をめぐる問

題解決が図られるのが一般的であった（Besteman 2003, 32-33）[6]。そして，土地取得の最も一般的な方法として，1980年代までの時期にかけては，少なくともミドル・ジュバに関しては相続によっていたとみられている。

ミドル・ジュバでは，ダシェーゴが最も重要視される土地の類型であり，先着順の原理のもとで，最も早い段階でダシェーゴを開墾した者が相続によって継続的にその地の利用が認められていた[7]。しかし，同時に土地利用の運用は極めて柔軟であり，三類型の土地を季節や気候に応じて利用する形式を採用して旱魃などの環境変化に対応した。また，後から入植してきた人々に対してもさまざまな農地利用を認め，人々のあいだの階層化を最小限に抑え，より平等な土地利用ができるような工夫が行われていた（Besteman 2003, 40-41）。このような土地保有制度は一部の研究者のあいだではディーガーン（deegaan）と呼ばれることもあるほか，後に入植し，すでに土地を保有しているクランのクライアントとして土地利用を行う場合，その人々はシーガド（sheegad）と呼ばれる場合もあった（Farah, Hussein and Lind 2002, 343）。ソマリ社会においては少数である農耕民を起源にもつラハンウェイン（Rahanweyn）は，とくにシーガドを通じて，クランそのものが再構築されていった経緯もある（Cassanelli 2015, 18）[8]。

第2節　植民地期の土地政策

1．体系的な土地政策の欠落

イタリア植民地行政下では，土地管理に関する法整備がまったく行われなかったわけではない。しかし，土地に対する包括的法制と体系的な土地の権限裁定（land rights adjudication）が相対的には欠落する特徴を有していた。

たとえば，ローアー・ジュバなどの農耕適地に関しても，他のアフリカ植民地とは異なり，植民地政府による広範な土地の収用（land alienation）は行

われなかった。南部に関しては，イタリア領は19世紀末の段階ではジュバ川の東岸までであり，1885年から1924年まではジュバ川西岸とキスマヨは英領の「北部辺境地区」(Northern Frontier District: NFD) に編入されていた。第一次世界大戦においてイタリアが連合国側を支援したことへの報償として1925年に締結されたロンドン条約によって「ジュバランド」とも呼ばれるこの地域一帯が，イタリア領となった（Menkhaus 2003, 141）。この地域に関する農業潜在力に関しては，英国とイタリアの植民地政府のあいだに楽観的な展望が共有されており，この地域の土地の一部はコンセッションとして川の両岸にプランテーション経営を行う見込みのある経営者に移譲されていた。しかし，1910年代から1920年代にかけての時期にはインフラや交通の整備が行われず，植民地経営の対象とはならなかった。プランテーション経営の失敗の最大の理由としては，労働力不足が指摘される場合もある（Menkhaus 2003, 142）。

2．ファシスト政権期の強制的な土地収用

しかし1930年代のイタリアのファシスト政権の登場に伴う植民地政策の変更により，この地域の状況は大規模な変更を迫られることになった。そして，この時期のイタリアによるエチオピア侵攻がイタリアの南部ソマリアにおける土地政策の重要な転機となったのである[9]。これまで土地政策を含め厳格な植民地政策が展開していたわけではなかったイタリア領ソマリランドにおいても[10]，エチオピア侵攻のための軍事力を整備する目的でイタリア人とソマリ人を合わせて4万規模の兵力が準備された。1935年から1941年の時期は，イタリア政府の支援も受けて植民地国家のこれまでで最も過酷な政策が展開するなかで，現地の土地と労働力を収用する形で商業プランテーションが形成された（Menkhaus 2003, 142）[11]。

プランテーションの設立のため，おもにシャーベル川とジュバ川に挟まれた農耕適地リバーライン（Riverine）地域の大きな区画の土地をイタリア人[12]

にコンセッションとして譲渡することを正当化し,さらにプランテーションでの労働力を現地で効率的に調達するために,現地の農業形態に関する「似非科学」的な報告書が作成され,小規模農業の妥当性を疑わせるような政策がとられた。そして,現地の農業生産方式は「原始的」であり,余剰生産を行うことができないことを強調するとともに,その時点で唯一成功していたとみられていたソシエタ・ロマーナ (Società Romana) のもとでの「共同生産」方式 (comparticipazione) であった小規模農業従事者との自由契約のもとでの生産方式のあり方まで否定する対応をとった。この結果,ソシエタ・ロマーナも解体を余儀なくされた (Menkhaus 2003, 143)。

ローアー・ジュバの歴史研究を行ったメンカウスは,1936年までにバナナ生産のためのプランテーションが確立され,そのための用地が何の補償もなく収用されたことを指摘している。さらに,1940年までにはコンセッションとして1万4000ヘクタールの土地が収用され,そのうちの2500ヘクタールの土地がプランテーションとして用いられた。そして,沿岸部からジリブ (Jilib) に至る流域の人々は強制的にプランテーション労働力として徴用され,労働の対価としてはトウモロコシや砂糖,また時には現金が支給された (Menkhaus 2003, 143)。

こうした形で導入されたイタリア政府のもとでの強制移住や強制労働は,現地の人々のあいだではコロンヤ (kolonya) システムとして記憶され (Besteman 1999, 88),この地域の小規模の農業生産活動に壊滅的な影響を与える結果となった[13]。このプランテーションで生産されたのはイタリア向けのバナナであり,この地域での現地向けの食糧生産は極めて限定的にとどまり,1938年から1942年にかけての時期には慢性的な食糧不足を招いた (Menkhaus 2003, 143)。

3. BMA期から国連信託統治期の政策変化 (1942〜1960年)

南部ソマリアにおける食糧危機は,1941年にイタリアが「アフリカの角」

から撤退し，1942年に英国の統治下（British Military Administration: BMA）におかれるまで続いた。BMAのもとでは政策の力点がソマリ人による小規模食糧生産部門の強化におかれ，トウモロコシやコメを中心とした農業生産の増大が図られた。さらにゴーシャの出身村への帰還を許可することで，この政策の推進を図った。そして，BMA統治終了期までには，イタリア・ソマリア農業公社（Società Agricola Italo-Somala: SAIS）[14]を除くイタリアの事業者はほぼソマリアから撤退した（Guadagni 1979, 282-303）。

イタリアによる国連信託統治期（1950〜1960年）から次節で述べる1969年のクーデタまでは，ゴーシャにとって外部干渉が極めて限定的な時期であった。バナナ生産のプランテーションの拡大傾向はみられたものの，ゴーシャの村によるダシェーゴなどの農業適地の利用は許容される環境にあり，食糧生産以外にも，比較的高い国際取引価格で推移した綿花の栽培がイタリア企業との共同生産の協定のもとで実施され，その面積は1951年から1952年の時期には2万ヘクタールに上った（Menkhaus 2003, 144）。とくに信託統治期は国連のマンデートのもとでの統治であったため，BMA統治期以前のイタリア統治期のコンセッション（とその放棄地）は維持されたものの，イタリア独自の政策判断による土地獲得は禁止されたほか，強制労働の実施禁止等に関する国連による監視も行われた。

第3節　独立後の土地政策関連の試み
　　　　——1975年法の前史——

1．法制化の失敗

独立後の1960年代は議会制期と呼ばれる時代であり，1950年代同様，南部ソマリアの農耕適地に関する政府の関与は限定的であり，「善意の無視政策」（benign neglect）という特徴づけが妥当した（Menkhaus 2003, 145）。したがっ

て，この時期にはゴーシャがその政策の恩恵を得ることができたが，ここでの土地政策は以下のように展開した。

1960年独立後の早い段階で最初の土地法案（The Land Bill of 1960）が起草はされたが，結果的に法制化されなかった。1964年にも法案（the draft of new land law）が起草され，土地関連法制の重要性は認識されていたものの，ソマリアにおける農業発展の方向性と遊牧民の扱いにおいて，十分な認識が共有されなかった。さらには，リバーライン地域のゴーシャやソマリ社会においてはラハンウェイン，あるいはディギル（Digil），およびミリフル（Mirifle）クランに属する農耕民が，他のクランの流入や定住を望まない状況が存在するなど，土地政策を制定するうえで，この地域にどのような事態が発生するかに関しては不確実な要因が存在したため，再び法制化は見送られることになった（Guadagni 1979, 347-355）（図7-1参照）。1965年にも土地改革委員会（Land Reform Commission）が任命され，包括的な改革を勧告し，1966年の土地法の原案を起草したものの，この際にも法制化には至らなかった（Hoben 1985, 21）。なお，図7-1に示されるように，民族としてのソマリは，遊牧民に起源をもつソマレ，農耕民に起源をもつラハンウェイン，さらに本章ではゴーシャとして記述してきたバンツー系ジャレールの大きく3類型の総称として考えられてきており，「はじめに」で述べたグリ／アサルに対応するのがラハンウェインとジャレールであり，ソマレの系譜に属するクランが，ガルチ／ファラックにおおむね対応する。

独立後のソマリアにおいて，限定的ながら初めて土地関連の法制化がなされたのが1967年の法律（Law No. 4 30th January 1967 Agricultural Land of the State）である。これは，放棄されたり，生産が行われていない海外企業の土地を政府が収用して，ソマリア人農民へ再配分する権限をもつことを規定したものであった。しかし，それ以上に踏み込んだ法制化はされなかった（Guadagni 1979, 362-369）。

同1967年に，再び土地法に関する法案が議会での審議にかかったものの，旧宗主国のイタリアの土地法（の用語や概念）を参考にしていることに対す

図7-1 ソマリのクラン系図(南部ソマリア)

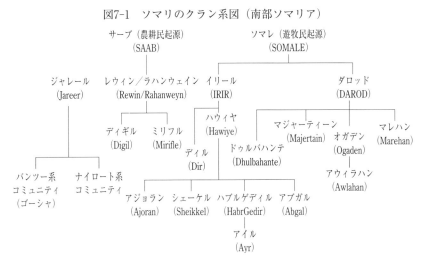

(出所) Brons (2001, 18-29),Somalia CEWERU (2013) 掲載の南部ソマリア地域の Clan Charts を参照し,筆者作成。

る懐疑の声が上がり,ここでも法案が否決された。1969年には新たにコモンローをベースとして策定された土地法案が起草されたが,同年に発生したクーデタによる混乱で議会での議論の対象にはならなかった(Guadagni 1979, 369-373)。

　こうした法制化の欠如やプランテーション型の農業生産の収益性への評価が低いなかで,独立後の1960年代におけるローアー・ジュバでの新規プランテーションの設立は40のコンセッションにとどまった。しかも,その多くはまったく開発されないか,数年のあいだに失敗に終わったほか,残りのコンセッションも極めて小規模なものに限られていた。こうしたコンセッションの所有者の多くは,ソマリア人に関しては政治家(代議士)や政府の要職にある者で,結果的にバナナ生産で利益を上げるまでには至らなかった。その意味では,この時期にはプランテーション経営は投資対象というよりは,プランテーションの所有は地位や名声にかかわる意味合いがより強かったとみられる。そして,この後,プランテーション経営への関心は政治エリートの

南部の農耕適地へのさらなる関与をもたらすことになった (Menkhaus 2003, 146)。

2. シアド・バーレ政権下での政策展開

1969年のクーデタを機に政権についたシアド・バーレは、1年後の「革命記念日」にソマリアを構想するイデオロギーとして科学的社会主義を打ち出す。ソマリ語で社会主義を特徴づけるハンティワダーグ (hantiwadaag) という言葉があり、この文字どおりの意味は「家畜を共有する」という意味である。こうした政策意図のもとに、農業重視の資源配分を実施する新たな政策展開が図られた。1970年2月には農業緊急プログラム (Agricultural Crash Programme) を実施し、ここで都市部の失業中の若者を農業者として育成するとともに、国営農場を設立した。当初は五つの国営農場で2500人規模から始まり、1972年には10の農場で7750人規模の農業者の育成に取り組んだ (Guadagni 1979, 380-386)。

1973年9月には都市部の建築物にかかる譲渡法 (Law No. 41 13th September 1973) を制定し、ソマリア人の都市部の土地利用については、税の支払いや建築基準等を満たせば恒久的に認められることが定められた。外国人に関しては、1区画にかぎり50年から99年の利用が可能で、更新についてもそれ以前に利用した年限を超えない範囲で可能であることなどが定められた (Guadagni 1979, 400-404)。

1973年10月には農業協同組合の設立を定める法律 (Law No. 40 4th October 1973) を制定し、小規模生産と消費にかかわる（唯一の）主要な経済組織として農業協同組合を位置づけた (Guadagni 1979, 404-414)。そして、1973年後半には、新土地法策定への動きがみられるようになり、全国土の国有化の方針とコモンローの用語法に基づいて法を制定するという方向性が示されるようになった。

南部ソマリアでは独立後にもしばしば旱魃が発生し (1962-1963年、1964

～1965年），とくに1974〜1975年のアバー・ダバ・ダヘール（abaar daba dheere）と呼ばれる「長期にわたる旱魃」の時期には，遊牧民が多くの家畜を失った。そのため遊牧民は，ゴーシャの居住地域に定住するとともに農業に従事し始め，その後通婚関係もできるなどの動きがみられた。この際，政府も農業協同組合を用いて，ジュバ渓谷への大規模な遊牧民の定住計画を進め，その規模は数万人に上った（Besteman 1999, 89）[15]。

第4節　1975年の農業土地法，1976年の農業関連法の概要とその運用

1．農業土地法と農業に関する法律の主要条項

上で述べた国有化とともに農業分野への国家の積極的な関与を強める方針のもとに定められたのが，本節で扱うおもに農地を対象とした農業土地法（1975 Agricultural Land Law）である。なお，1979年に制定されたソマリア民主共和国憲法においては，その第42条で，土地，ならびに領海，領土の資源は国家の基本財産であることが規定され，国有化の方針が確認されている。

ここでは1975年の農業土地法と，この農業土地法の規定を明確化するとともにその内容の一部に修正を加えて，行政布告（Decree）として発布された1976年の農業に関する法律（Law No. 23 of 1976）の主要な内容を以下のようにまとめておくこととしたい（Roth 1988, 36-38）。1975年農業土地法に関しては以下の8点である。なお，この法律においては，対象としている「土地」に関しては第1条の用語の定義において「あらゆる農耕地」としていることから，基本的には農業適地を対象とした法律という特徴を有していると考えられる。

第1に制度上，土地の国有化を明示的に示した点である（第2条）。国家は第8条に定めた広さを超えた土地に関する国有化の権利を留保するととも

に，課された条件を満たさなかったり，2年以上継続して耕作を行わなかったりした土地リース権（leasehold rights）者（第15条）からの土地の占有回復を行う権利を留保するほか，公共目的のための国家の公有地設立権（public domain rights）を確立する（第10条）。国家は国有化した土地を土地なしの個人，協同組合，国営農場，その他「自律的機関」に配分する権利を有する（第11条）。

　第2に登記の義務化が規定された点である（第5，19条）。そのうえで，未登記の土地の利用はこの法律の施行後6カ月で消滅することが規定されている。第3に土地リース権の期限が設定された。土地リース権は，土地リース権者に対する国家の承認に基づくものとされ，個人，または世帯の土地リース権は50年を期限とし，更新可能とされた。そのほか，協同組合，国有農場，その他「自律的機関」（autonomous agencies）に対する土地リース権の期限は設けないと規定された（第7条）。

　第4に土地区画の制限が導入され，個人，または世帯の場合，その規模にかかわらず一区画に限定され，不在者に対する土地リース権を認めないこととされた（第6条）。第5に所有地面積の上限に関しては以下のように定められた。個人，または家族の場合，広さの上限は灌漑可能な土地の場合30ヘクタール，天水依存の場合は60ヘクタールとする。ただし，バナナ・プランテーション経営にかかわる個人，または世帯の場合には，その上限を特別に100ヘクタールとする。協同組合，地方政府関連農場（local government bodies），国営農場，「自律的機関」，私企業に関しては，土地の広さに関する上限の適用外とするという点である（第8条）。

　第6に土地取引に関する規定である。土地リース権については，他者への賃貸，売却，譲渡を認めないものの，土地リース権者が健康の問題等で農地利用ができなくなった場合には，国家，あるいは相続人への譲渡の権利を認める（第12条）ほか，土地リース権者死亡の際には法定相続人に譲渡される。もし，相続人に土地利用の意志がない場合には，国家による再配分が行われ，相続人は新たな土地リース権者から補償金を得ることができる。ただし，そ

の補償金の額は土地そのものの価値ではなく，その土地に対してなされた投資額を算定して決定される。第7に土地リース権の目的である。土地リース権者は借地を以下に定められた農業目的で使用する権利を有する（第13条）[16]。ここでの農業目的には，農場を経営するための居宅の建設，家畜の飼育，家畜飼育のための施設の建設，協同組合への参加，協同組合への土地の寄贈，が含まれる。

第8に土地リース権者の責任である。ここでは次の6点が定められた。①土地リース目的（農業など）以外に用いてはならない。②可能なかぎり最善の方法で土地耕作を行い，収量を上げ，生産を最大にすることが求められる。③他者に譲渡したり，抵当に入れたり，売却したり，賃貸するなどは認められない。④不必要に借地を細分化（fragment）してはならない。⑤雇用者への適切な報酬を支払う必要がある。⑥政府の定めた土地税を支払う義務がある（第14条）。

つぎに1976年の農業に関する法律23号に関しては，以下の3点を挙げることができる。第1に国家並びに特別機関（National and Special Agencies）の定義である（国営農場と推測される――筆者）。国家機関は，1975年法で定められた規模制限の適用除外となる。政府が所有者の一部と定義される「特別機関」は，農業省の規定する規模制限の対象となる。第2に土地の占有回復，国有化の規定である。農耕や家畜飼育のために2年以上用いられていない土地はすべてほかに土地リース権が移譲される。国家の占有が回復された土地は以下の条件を満たした者に移譲される。①成人でソマリア人であること，②他の農地を有していないこと，③以前の土地リース権所有者に補償金（compensation）を支払えること。第3に課税である。ここでは，税率は，天水農業を行う土地に関しては1年当たり1ヘクタールに対し5ソマリシリング（0.05ドル），灌漑農業地に関しては1年当たり1ヘクタールに対し10ソマリシリング（0.10ドル）が課され，税収は地方自治体の財政収入となる。

2. 1975年農業土地法の意味と運用

1980年代に，ローアー・シャーベルのシャラムブード（Shalambood）（図7-2を参照）での調査を行ったアンルーは，1975年の土地法法制は，国営企業や機械化された近代農業に優位性を付与する政策であり，小規模農民には極めて限定的な権利しか認められず，遊牧民にはまったく権利が認められなかったとの評価を行っている（Unruh 2003, 126）。

また，ベストマンも，1975年の農業土地法が，慣習的な土地保有制度を無視した政策につながるものである点を批判している（Besteman 2003, 41）。先にみたように，この地域の農民は3類型の農地を使い分けて，旱魃等のリスクに対応する戦略をとってきた。しかし，新たな法制のもとでは，「個人，または世帯の場合，その規模にかかわらず一区画に限定する」とされているため，農民は3類型のうちのどれか一つを選ばなければならなくなることに加え，一世帯に一人の権利保有者しか認められないために他の家族（とくに女性）の土地に関する権利が危うい状況におかれることになった。こうした慣習的な土地保有制度との乖離に加え，登記にかかる金銭的，時間的コストのために，ミドル・ジュバでも現地の小規模農民による土地登記はほとんど進まなかった（Besteman 2003, 42）。

人類学者のホーベンも，1980年代にかけての農業土地法の運用実態について調査する機会のあった研究者の一人である。そのレポートには，登記手続きには一貫性が欠如しており，法的手続きというよりは極めて政治化された過程として展開したことを記している（Hoben 1985, 24-31）。ここで指摘されているのは以下の七つの点である。

第1に地区レベルにおける土地の地籍図（land map）がなく，どの程度の広さの農耕可能地や耕作地に対してすでに土地リース権が付与されたかを知るすべがない点である。第2に登記手続きは極めて複雑であるにもかかわらず，この業務を担当する地区農業調整官（District Agricultural Coordinator．

図7-2 南部ソマリア地図

（出所）Besteman and Cassanelli（2003, 5 Figure 1.1）を参考にして，筆者作成。

DAC）の行政能力が極めて低いうえに，給与も低いため業務規律が低いことである。第3に土地リース権を得るためには，コネと賄賂が不可欠で，登記過程が容易に操作可能な状況にあった点である。第4に登記に高いコストが

かかるため，登記を諦めるケースが多発したことである。地籍図の作成に1000シリングから，ときに2万～3万シリングが必要とされるうえに，手続きが数カ月以上で時には4年に及ぶ場合もあった。第5に「幽霊」("Ghost")協同組合を設立し，政府の助成を得ようとする集団が出現したことである。第6に近郊農業などで比較的利益の出やすい地域では，「私企業」を設立することで，広さに制限のない土地利用をもくろむ勢力が現われた。こうした勢力は取得した土地を農業目的ではなく，転売して利益を得る形で投機的に利用する「ランド・バンキング」(land banking) をねらいとしていた。こうした現象が現われた地域には首都モガディシュの後背地，ソマリア北西部のハルゲイサ近郊に加え，ローアー・シャーベルが含まれている。そして第7にローアー・シャーベルなどでは，本来居住していたクラン以外のシアド・バーレ体制のもとで優遇されたクランが軍人，あるいは商人として流入する傾向がみられた点である。

3．ジュバ渓谷における土地流用の問題

　メンカウスは，ローアー・ジュバでは二様の従来の土地利用者からの大規模な土地移転が行われたとしている。第1に大規模の国営農場の設立であり，第2に1975年の法律を操作し，外部者が投機的な目的で土地リース権を獲得しようとする「ランドグラブ」であり，後者が極めて広範に観察された (Menkhaus 2003, 147)。

　第1の国営農場の設立に関しては，ローアー・ジュバには以下の三つが1970年代から1980年代にかけての時期に設立されている。ファノール米農場 (Fanoole Rice Farm)，モガンボ灌漑プロジェクト (Mogambo Irrigation Project)，ジュバ砂糖プロジェクト (Juba Sugar Project) である。これらの国営農場は1万6327ヘクタールの面積をもち，この地域で最も肥沃な地域に設立されたほか，約5200ヘクタールの土地については，この地で開墾していた小規模自作農の土地を補償もなく収用したとみられる。こうした土地収用の際には，こ

の地域の住民への事前の警告や配慮がまったくなされなかった（Menkhaus and Craven 2003）。

　第2の私的な「ランドグラブ」は，1980年代に首都モガディシュの公務員や，現地の「ビッグマン」によって行われる傾向が強くみられた。こうした人々は，農業土地法を利用し，規定上限に当たる100ヘクタール（あるいはそれ以上）の土地を登記する動きが横行した。農業土地法の制度趣旨としては，慣習的な用益権以上に土地利用に関する安全をその地に長く居住していた小規模自作農に保障することにあった。しかし，実際の運用では農業土地法のもとでの新たな土地政策を熟知する公務員などの外部者が，ローアー・ジュバで数世代において自作農であるゴーシャが農地として利用してきた土地を登記する結果を招くことになった（Menkhaus 2003, 147-148）。そのため，新制度によって，この地の自作農はこれまで開墾し利用してきた土地を失い，都市部に居住する不在地主のプランテーションなどでの賃金労働者になることを余儀なくされた。

　こうした現象に関しては，当時ソマリアでも実施されていた構造調整政策のもとでは，市場原理による農業部門への投資が行われ，中規模農場が設立されているとして評価する声も聞かれたが，メンカウスは，ローアー・ジュバでの土地リース権取得の動きに関しては，「レントシーキング」の動機に基づいたものであると指摘した（Menkhaus 2003, 148）。これは，土地の権利を獲得した不在地主が，それまでの小規模農民との契約のもとでの農業生産を継続して一定の利益を上げるケースもごく一部にはみられたものの，登記した土地で農業生産を行わない傾向にあり，「ランド・バンキング」としての性格が強かったことを意味した。さらにこの点を敷衍すれば，国営農場などの開発予定が見込まれる土地をあらかじめ取得して「土地ころがし」を行い，売却することで利益（レント）を得ることをねらいとしていた（Menkhaus 2003, 149）。

　ミドル・ジュバにおいても現地の小規模農民ではなく政府の役人などの外部者によって土地登記が進められた（Besteman 2003, 42）。これにより，この

地域における小規模農民の生活が脅威にさらされるようになった点は，ローアー・ジュバと同様であった。こうして土地を失った農民たちは，さまざまな形で土地の返還を申し立てた。1977年以降，この申し立ては，土地の管理に中心的にかかわっていたナバドゥーンの代わりに政府が設立した村落協議会（Village Council）[17]に対して行われる場合もあれば，地域の農業省の事務所に対して行われる場合もあった。さらには，妖術（sorcery）を用いて復讐を試みることもあった（Besteman 2003, 43）。そして，こうした外部者による土地登記と小規模農民からの土地収奪は，過度な森林伐採をもたらすことにもなる。この背景には，登記した土地に関しては開墾せずに一定期間放置すると政府に収用されることになるため，森林伐採を伴う開墾は大がかりに行われるものの，その後は労働力不足や種の取得に大きなコストが発生するなどの理由から，その土地は放置される傾向が強まったのである。こうした状況を受け，政府は1988年にはすべての土地登記を凍結し，法律改正を予定したが（Besteman 2003, 45），1991年のシアド・バーレ体制の崩壊以降，今日に至るまで法改正については実現の見通しが立たない状況にある。

4. 土地流用をめぐるクラン要因

ローアー・ジュバを中心とするジュバランド（Jubaland）は，農業土地法におけるシアド・バーレ政権のもとでのクランに関する選好がより如実に現われた地域である。20世紀初頭におもにオロモ（Oromo）系の住民が居住していた地域にダロッド・ファミリーの主要クランであるオガデン（Ogaden）の定住が始まったため，オロモ系の住民はより南のタナ川（Tana River）方面に移動を余儀なくされる。さらに，オガデンは牧草地と家畜の水場を求めて南進してきたマレハン（Marehan）の移動を受け，より南部に移動した。こうした移動形態のなかに遊牧民と農民間の競争が胚胎されていった。この文脈における農民は，上述のゴーシャであり，20世紀前半に移動したオガデンとのあいだには互酬的な関係が形成されていたとみられている（Farah,

Hussein and Lind 2002, 340-341)。植民地期には，とくにオガデンとマレハンの対立を抑制するために，緩衝地帯などを設けた事例がみられる（Farah, Hussein and Lind 2002, 342）。

しかし，独立後，シアド・バーレ政権期にはとくに自らの出身クランであるマレハンを優遇する政策が採用された。この際にはキスマヨ近郊に大規模なマレハンの定住地域が設定されたが，これはマレハンがキスマヨを経由する貿易による利益を優先的に得るねらいもあった。さらに，ここにはジュバ川沿岸に定住する政策も含まれていた（Farah, Hussein and Lind 2002, 342）。したがって，シアド・バーレ政権期にはこの地域における土地利用に関しては，マレハンがとくに偏重されていたことになる。ただし，上記の「ランドグラブ」にかかわった首都モガディシュの公務員や，現地の「ビッグマン」のクラン帰属についての詳細な検証が行われているわけではないために，あくまでも政府で優遇されていたクランの可能性が推測されるにとどまる[18]。ただし，1960年代にはおもに南部ソマリアに土地を取得した主要クランがドゥルバハンテ（Dhulbahante）とマジャーティーン（Majertain）であったが，シアド・バーレ政権期の土地取得者のクラン帰属がおもにマレハンであったことに関して研究者のあいだで見解は一致している（De Waal 1994, 32）。

第5節　シアド・バーレ政権崩壊後の対立図式

1．対立の争点としての土地保有

ジュバランドにおける紛争をとらえる際に中心となる問題として提起されたのが土地保有に関する問題である。ディーガーンとしても提示されるこの地域の土地保有は一定の土地やその土地に帰属する自然資源を排他的に管理する権限を指すと同時に，同じクランに属する人々が近隣に居住していることにより安全が確保され，事業を行うことができる地域（土地）をも指す概

念である (Farah, Hussein and Lind 2002, 343)。そして，土地保有を主張したり，防御したりする行為は対立を生み出す可能性を有しているほか，その取得に際しても交渉を通じる場合から軍事的な征服による場合まで幅広い方法が想定されている。したがって，歴史的には無主地に対する土地保有の主張はソマリ社会の歴史のなかでは正統性を有すると考えられ，数世代にわたる特定の地域での居住や土地利用によっていっそう強化されると考えられている (Farah, Hussein and Lind 2002, 343)。

しかし，南部ソマリアにおける相対的な土地の稀少化にともない，土地と土地保有をめぐるさまざまな対立が顕在化しており，慣習的に確立されてきた土地保有権へのさまざまな挑戦がみられるようになってきた。具体的には，もともとの居住者ではないにもかかわらず，とりわけシアド・バーレ政権崩壊後，軍事力に勝るクラン（とその連合）によるジュバランドを中心とした南部ソマリアの土地と資源への権利の申し立てが行われる状況が新たに生まれてきたのである (Farah, Hussein and Lind 2002, 344)。

2．対立図式の形成

中央政府が崩壊した後の時期には，南部ソマリアにおける土地保有のシステムは再び大きな変化に直面することになった。土地の権利は，「農民」「地権者」「解放者」間の競合という形で顕在化することになった (Besteman 2003, 45; De Waal 1994; Webersik 2005)。「農民」はもともとこの地で農業に従事していた人々で農業土地法のもとで土地登記を行っていない小規模農民である。「地権者」は，とくに商業目的でこの地の土地の権利を取得した人々で，1980年代に登記手続きを行い土地リース権を獲得した外部者である。第3に「解放者」は1990年の体制崩壊後にこの地を武力で制圧し，強制的に土地を取得したクラン勢力である。

上記の対立図式を改めてクランに置き直すと，第1の類型に属するのは，南部ソマリアのそれぞれの地域においてその様相は異なることになるが，

ゴーシャやソマリ社会においてはラハンウェイン，あるいはディギル，およびミリフルクランに属する人々を中心とする慣習的には正統な土地保有権を主張できる人々である（図7-1参照）。第1の類型に属するクランに帰属する人々が，「はじめに」で述べたグリ／アサルにおもに該当する。第2の類型に含まれるのは，独立後，とくにシアド・バーレ政権期に土地登記を行う形を中心として南部に制度的な土地リース権を確立した，クランとしてはおもにダロッド・ファミリーに属するマレハンを中心とした人々で，ガルチ／ファラックの一つの潮流を形成した人々ということになる。そして，第3の類型に属するのが，シアド・バーレ政権崩壊後南部ソマリアに強い影響力を行使して拠点を形成したモハメド・ファラー・アイディード（Maxamed Faarax Caydiid）率いる統一ソマリ会議（United Somali Congress: USC）にみられるように，ダロッドと基本的に競合するハウィヤを中心としたクラン勢力である。実際，1991年にUSCが南部に侵攻したときには，ゴーシャやラハンウェインはUSCを支持する動きをみせ，マレハンを中心としたダロッド・ファミリーの優位性からの「解放」を目指した（Webersik 2005, 92）。このとき，USCは軍事力により国営農場などを奪取し，政府に代わる正統な土地保有権をもつ勢力という立場を示した。しかし，長期的にみれば，USCもガルチ／ファラックの別の潮流の一つであった。さらに，とくにゲドにおいては，同じマレハンでも歴史的にグリ／アサルに含まれるグループと，シアド・バーレ体制下で流入してきたガルチ／ファラックに含まれるグループが存在し，同じクランのなかでの対立も顕在化するなどそれぞれの地域で複雑な対立の図式とその組み替えが展開してきた（Somalia CEWERU 2013, 14-26）。

　この時期の南部ソマリアでは，正統な土地保有権の主張を行うと同時に，政治的に実効的な支配を実現するためにクラン間の同盟形成という手法がとられた。ファラーらは，ジュバランドにもともと居住しておらず，土地保有権を主張する根拠は弱いものの政治的，軍事的に力を有しているマレハンの一部の勢力と，土地保有権を主張する現地の少数クラン間の同盟に加え，オガデンのサブクランであるアウィラハン（Awlahan）とマジャーティーン間

の同盟形成の事例を挙げ，同盟形成のパターンの多様性を指摘する（Farah, Hussein and Lind 2002, 345）。つまり，同盟形成の要因は単に土地保有権の主張だけではなく，戦闘上の便宜のために行われることもあり，結果的に極めて複雑な紛争の対立関係が形成されたのである[19]。

たとえば，アイディードが，1992年6月にはUSCの分派と南部のラハンウェインの勢力を統合し，新たにソマリ国民連合（Somali National Alliance: SNA）を設立したことも，同盟形成の一例である。そして，SNAは南部のプランテーションでバナナ生産を行っていた多国籍企業ドール（Dole）[20]とその子会社であるソムバナ（Sombana）のあいだに契約を結び，輸出用バナナに「課税」して，月額15万ドル程度の収益を上げ，自らの勢力拡大の資源としていたとみられている[21]。こうしたことから，南部ソマリアの紛争は，土地保有権とともに，1990年代前半にはこの地域（ローアー・シャーベル）のバナナ生産と紛争が極めて密接にかかわるなど，土地保有に加え，輸出用商品作物栽培への「課税」の配分をめぐる対立という要素も組み込んで展開した。しかし，1997年には戦火の拡大とともにバナナ生産は減産を余儀なくされ，この過程でバナナに替わる輸出品として，これ以降この地域からの主要な商品の一つとなる木炭（charcoal）の生産と流通が人々の収入源として確立されていった（Webersik 2005, 91-96）[22]。

むすびにかえて

本章では，1991年のシアド・バーレ政権崩壊以降，不安定が継続している南部ソマリアにおける紛争の背景としてのソマリアの土地に関する歴史的背景を概観した。その際，とくに1975年の農業土地法の運用実態を再確認する作業を行って，ガルチ／ファラックとグリ／アサルのあいだの対立と不信という図式と，そのなかで焦点となっているとみられる土地保有権について検討した。

ソマリは歴史的に移動性の高い民族でありながらも，そのなかには次第に南部の農耕適地への関心をもつ者が現われるとともに，1975年以降の新たな土地政策を熟知する政府関係者が投機的な目的で土地の登記を進め，土地リース権を獲得しようとする「ランドグラブ」が行われた点を確認した。これにより，グリ／アサルとしてのゴーシャは土地を追われ，賃金労働に従事しなければならなくなったり，あるいは土地に関する申し立てを行うなど，南部ソマリアへの土地をめぐる対立の図式が顕在化し始めたことを指摘した。そして，シアド・バーレ体制以降の状況下で，土地保有権をめぐるクラン間の同盟形成など，流動的で複雑な対立構図が生まれてきたことを概観した。

 本章で確認したのは，農耕適地としての南部ソマリアにおける紛争は重層的かつ流動的な土地保有権をめぐる対立という様相を示している点で，極めて解決困難な課題を含んでいることである。その意味では，土地保有権の正統性の根拠をどのような形で確立可能なのかが南部ソマリアにおける紛争の終結の大きな鍵になるということでもある。

〔注〕
(1) 本章における南部ソマリアは，図7-2に示したシャーベル川以西，および首都モガディシュを中心としたベナディール（Benadir）からなる地域を指しており，1975年以降の地域行政の区割りではバコール（Bakol），ベイ（Bay），ミドル・シャーベル，ベナディール，ローアー・シャーベル，ミドル・ジュバ，ゲド（Gedo），ローアー・ジュバの8地域（region）にほぼ相当する。
(2) ここには，ゼグア（Zegua），ヤオ（Yao），ニヤサ（Nyasa），マクア（Makua），ンギンドゥ（Ngindu），ナイカ（Nyika）などのアフリカ東部に出自をもつ民族が含まれていた（Besteman 1999, 51）。
(3) ソマリ語においては「森の人」(people of the forest) を意味する。ただし，この用語は現地の人々のあいだで用いられていたわけではなく，むしろヨーロッパ人のあいだで用いられていた。ソマリ語ではリール－グリード（reer-goleed）という用語が用いられてきた。ソマリ・バンツーといった形で標記されることもある。なお，図7-1のクラン系図のなかでのジャレール（Jareer）はソマリ語で「硬い髪」を指す概念として，ゴーシャを含むグループを指す概念として用いられる。また，これ以外の呼称も用いられていたとされる（Menkhaus 2003, 151-152）。

⑷　シャーベル川流域では，必ずしもその起源は明確ではないもののソマリとは異なるクシ語系の人々が農業を行っていたことが指摘されている（Besteman 1999, 52）。

⑸　こうした逃亡は1830年代頃から始まったとされる（Menkhaus 2003, 135）。

⑹　この称号に関しては，複数の説がある。1980年代後半に調査を行ったベストマンは，数十年に渡り，村のリーダーに対して用いられていたとする一方で，カッサネリは，シアド・バーレ政権誕生後に付与されたという見解を示している（Besteman 1999, 249 fn. 30）。

⑺　男性の場合は一定の区画を相続でき，女性に関しても夫の区画を利用できるという安定性が実現していた（Besteman 2003, 41）。

⑻　カッサネリは，新たに流入した「客」がその拡大家族を呼び寄せる形で，人数が拡大した場合には，ホストとのあいだで問題が生じることがあったことをあわせて指摘している（Cassanelli 2015, 18）。

⑼　ファシスト政権がエチオピア征服に執着した理由としては，1896年のアドゥアの敗戦が大きく影響していた。詳細については，石田（2011）を参照のこと。

⑽　この点の概要については，遠藤（2014）を参照のこと。

⑾　ここで形成されたプランテーションはアジエンダ（aziendas）と呼ばれた（Webersik 2005, 82）。なお，プランテーションで生産されたのはバナナであるが，初めて南部ソマリアでのバナナ生産が持ち込まれたのは1926年頃であり，この折に総延長55キロに及ぶ，1万8000ヘクタールを灌漑する水路が整備された（Webersik 2005, 83）。

⑿　譲渡されることになったイタリア人の多くは，エチオピア侵攻にかかわった軍人であった（Menkhaus 2003, 142）。

⒀　ここで労働者として標的とされたのが，ゴーシャであった（Besteman 1999, 88）。また，20世紀前半におけるイタリア植民地期の南部ソマリアの土地収用や強制労働の概要については，Luling（2002, 150-154）も参照のこと。

⒁　アブルジ公爵（Duke of Abruzzi）のルイジ・ディ・サヴォイア（Luigi di Savoia，イタリア王の従兄弟）が創始者の農業開発会社で，本格的なプランテーション経営を行った。綿花，バナナ，サトウキビ，胡麻，ヒマ（トウゴマ），ココナツ，アズキモロコシ，メイズ，ジャワ綿，ほかに小麦，麻，レモングラス，ユーカリなどを栽培した。試験的にたばこ，落花生，ジャガイモなども試みるがほとんど失敗した。子会社として砂糖精製を行うSocietà Saccarifera Somala（SSS）を設立した（Guadagni 1979, 228-237）。

⒂　再定住した遊牧民の多くは，土地が十分に農業に向かなかったこともあり，再び遊牧生活に戻るか，ローアー・ジュバで開始された政府の大型プロジェクトに労働者としてかかわるか，ゴーシャによって開墾されていたより農耕

に適した村に居住地を探すかといった選択することになり，結果的には成果を上げなかった（Besteman 1999, 88-89）。
(16)　ここでは権利とされているが，論理的には義務を課されていると解釈すべきであろう。
(17)　村落協議会は，基本的には村民の意向を反映する形で設立されているとされる（Besteman 2003, 33）。
(18)　この点に関し，「ランドグラブ」にかかわったおもなクランとして，マレハンとドゥルバハンテが挙げられている（Webersik 2005, 82）。
(19)　軍事的政治的に力を有しているクラン同士での同盟として，マレハンがハウィヤ／ハブルゲディル／アイル（Hawiya/Habr Gedir/ Ayr）との同盟を形成することがあった（Farah, Hussein and Lind 2002, 345-346）。これは第3の範疇のなかでも，力による土地保有の申し立てを行う勢力ということになる。そして，この同盟勢力はシアド・バーレ政権から引き継ぐ形で大量の武器を入手した。なお，南部ソマリアにおける地域別の対立の諸相に関しては，Somalia CEWERU（2013）が比較的最近までの状況を詳細に整理している。
(20)　輸出用バナナの生産に関してはイタリア系のデ・ナレディ（De Naledi）の子会社であるソマリフルーツ（Somalifruit）もこの時期活動を再開していた。アイディードの勢力下におけるソンバナとソマリフルーツに関してはWebersik（2005）を参照のこと。
(21)　1990年代半ばにかけてのこの地域の紛争は「バナナ戦争」とも称される様相を示す結果にもなった（Webersik 2005, 88）。このときにSNAは積み出し港のマルカ（Marka）を押さえていた。
(22)　木炭は近年南部地域を勢力下においたイスラーム主義勢力のアッシャバーブ（Al-Shabaab）の重要な資金源ともなってきた。

［参考文献］

＜日本語文献＞
石田憲 2011.『ファシストの戦争──世界史的文脈で読むエチオピア戦争──』千倉書房.
遠藤貢 2014.「ソマリアにおける土地政策の形成の概要」（武内進一編「アフリカの土地と国家に関する中間成果報告」調査研究報告書　アジア経済研究所 130-158 http://www.ide.go.jp/Japanese/Publish/Download/Report/2013/2013_B103.html）.

＜外国語文献＞

Besteman, Catherine 1999. *Unraveling Somalia: Race, Violence, and the Legacy of Slavery*. Philadelphia: University of Pennsylvania Press.

―――― 2003. "Local Land Use Strategies and Outsider Politics: Title Registration in the Middle Jubba Valley." In *The Struggle for Land in Southern Somalia: The War behind the War*, edited by Catherine Besteman, and Lee V.Cassanelli, London: Haan Publishing, 29-46.

Besteman, Catherine, and Lee V. Cassanelli, eds. 2003. *The Struggle for Land in Southern Somalia: The War behind the War*. London: Haan Publishing.

Brons, Maria H. 2001. *Society, Security, Sovereignty and the State in Somalia: From Statelessness to Statelessness?*. Utrecht: International Books.

Cassanelli, Lee V. 2015. *Hosts and Guests: A historical interpretation of land conflicts in southern and central Somalia*, Nairobi: Rift Valley Institute.

Conze, Peter, and Thomas Labahn, eds. 1986. *Somalia: Agriculture in the Winds of Change*. Saarbrücken-Schafbrücke, Germany: EPI Verlag.

De Waal, Alex 1994. "Land Tenure, the creation of famine, and prospects for peace in Somalia." In *Crisis Management and the Politics of Reconciliation in Somalia: Statements from the Uppsala Forum, 17-19 January 1994*, edited by M.A. Mohamed Salih, and Lennart Wohlgemuth, Uppsala: Nordiska Afrikainstitutet, 29-41.

Farah, Ibrahim, Abdirashid Hussein, and Jeremy Lind 2002. "Deegaan, Politics and War in Somalia." In *Scarcity and Surfeit: The Ecology of Africa's Conflicts*, edited by Jeremy Lind, and Kathryn Sturman, Midrands: Institute for Security Studies, 320-356.

Guadagni, Marco M. G. 1979. *Somali Land Law: Agricultural Land from Tribal Tenure and Colonial Administration to Socialist Reform*, Unpublished Ph.D. Dissertation SOAS.

Helander, Bernhard 2003. *The Slaughtered Camel: Coping with Fictitious Descent amongthe Hubeer of Southern Somalia*. Uppsala: Acta Universitatis Upsaliensis.

Hoben, Allan 1985. *Resource Tenure Issues in Somalia*, Boston: African Studies Center, Boston University.

Luling, Virginia 2002. *Somali Sultanate: The Geledi City -State over 150 years*. London: HAAN Publishing.

Menkhaus, Kenneth 2003. "From Feast to Famine: Land and the State in Somalia's Lower Jubba Valley." In *The Struggle for Land in Southern Somalia: The War behind the War*, edited by Catherine Besteman, and Lee V. Cassanelli, London: Haan Publishing, 133-154.

Menkhaus, Kenneth, and Kathryn Craven 2003. "Land Alienation and the Imposition of State Farms in the Lower Jubba Valley." In *The Struggle for Land in Southern Somalia: The War behind the War,* edited by Catherine Besteman, and Lee V. Cassanelli, London: Haan Publishing, 155-178.

Roth, Michael 1988. *Somalia Land Policies and Tenure Impacts: The Case of the Lower Shabelle.* Madison: Land Tenure Center, University of Wisconsin-Madison.

Somalia CEWERU 2013. *From the Bottom up: Southern Regions: Perspective through Conflict Analysis and Key Political Actors' Mapping of Gedo, MiddleJuba, Lower Juba, and Lower Shabelle.* Mogadishu: Somalia CEWERU (Conflict Early Warning Early Response Unit).

Unruh, Jon D. 2003. "Resource Sharing: Small Holders and Pastoralists in Shalambood, Lower Shabelle Valley Somalia." In *The Struggle for Land in Southern Somalia: The War behind the War,* edited by Catherine Besteman, and Lee V. Cassanelli, London: Haan Publishing, 115-130.

Webersik, Christian 2005. "Fighting for the Plenty: The Banana Trade in Southern Somalia." *Oxford Development Studies*, 33 (1) : 81-97.

第8章

エチオピアにおける土地政策の変遷からみる国家社会関係

児 玉 由 佳

はじめに

　エチオピアは長年土地不足に苦しんできた。国土の45％にあたる海抜1500メートル以上の高地地域に人口の5分の4が居住しているため，耕作適地の高地は人口過密である（EPA 1997, 41; Office of the Population Census Commission n.d.）。そのうえ，降雨が不安定にもかかわらず天水依存の農業を営んできたこともあり，エチオピアは繰り返し干ばつと飢饉を経験してきた（Lautze et al. 2003; Pankhurst 1985, 145）。そのため，土地問題は，食料安全保障の問題と密接に関連する重要な国家の問題として長年扱われてきた（Bahru Zewde 2002, 241）。

　エチオピアの政治体制は，19世紀後半に形成された帝政に始まり，社会主義を標榜するデルグ軍事政権，経済自由化を志向するエチオピア人民革命民主戦線（Ethiopian People's Revolutionary Democratic Front: EPRDF）政権と，大きく変化してきた。帝政期に拡大した国土に対して領域支配を強めるための政策も，政治体制の変遷に合わせて変化しており，土地政策も同様である。農民の貢納によって国家を維持してきた帝政期から，地主制を廃止して小農に土地を再分配したデルグ政権，そして土地登記を進めつつ土地利用の自由化を進めるEPRDF政権というように，各政権期の土地政策の性格も大きく

異なっている。このようなちがいは，序章で指摘された土地政策における二つの関心である資源管理と領域支配を，それぞれの政権がどのような政策手段によって達成しようとしたのかという点と密接に関係している。

本章では，エチオピアの農村部における土地政策の変遷を追うことで，各政権期における国家社会関係の特質を明らかにすることを目的とする。各政権の土地政策を比較することで，現在の土地政策の意図や背景についての理解が深まると考えている。

本章は，政権ごとに土地政策を検討するため4節構成となっている。第1節でイタリア占領前の帝政前期（1855～1936年），第2節でイタリア占領（1936～1941年）後の帝政後期（1941～1974年），第3節でデルグ政権期（1974～1991年），そして第4節で現在まで続いているEPRDF政権期の土地政策を取り上げる。最後に，エチオピアの土地政策の歴史的変遷のなかで，国家と人々の権力関係が土地を介してどのように構築されてきたのかを考察する。

第1節　帝政前期（1855～1936年）
——国家統一による新たな土地制度の導入——

帝政前期は，18世紀後半から始まった「王子たちの時代」（Zamana Masafent）と呼ばれる政治的な混乱期から，皇帝を頂点とした中央集権的な君主制を形成していく時期にあたる。エチオピアの帝政期は，1855年に皇帝となったテオドロス2世（Tewodros II, 在位1855～1868年）から始まったといわれる（Bahru Zewde 2002, 11）。16世紀に栄えていた王国が単一のエスニック・グループを中心とした集団によって構成されていたのに対して，この帝国は，アムハラという特定のエスニック・グループが他民族を支配しながら領土拡張を図った点で異なっている（Gebru Tareke 1996, 67）。帝政初期には，アムハラやティグレの居住する北部の統一が優先されていたが，メネリク2世（Menelik II, 在位1889～1913年）の時代に積極的に南部への征服を進め，19

世紀後半には現在のエチオピアに近い形になったといわれている（Bahru Zewde 2002, 16）。

その後，イヤス5世（Iyasu V）やメネリクの娘ゾウディトゥ（Zawditu）による短い治世の後，1930年にハイレ・セラシエ1世（Haile Sellassie I，在位1930～1974年）が即位する。彼は中央集権的国家を目指して，各地域の領主の権力を弱め，君主制の基盤を固めようとした。バフルは，1930年からイタリア占領までの1935年を「専制政治の出現」の期間と呼んでいる（Bahru Zewde 2002, 137-140）。ハイレ・セラシエは，1931年には明治憲法を範とした立憲君主制の憲法を公布している（Marcus 1994, 134）。

帝政前期の土地制度は，地域によって大きく二つに分類できる。国家からの小農の自立が比較的認められた北部のルスト－グルト（rist-gult）制度と，南部における，アムハラによる他民族支配という権力構造のなかでの小作制度であるゲッバル（gabbar）制度である（Donham 2002, 37; Dunning 1970; Pausewang 1983, 36-39）。

1．北部――ルスト－グルト・システム――

アムハラ州などエチオピア北部には，古くからルスト（rist）とグルト（gult）という二つの土地に関する権利があった[1]。ルストとは，共通の祖先からの世襲に基づいた分割相続の結果，子孫が得る土地使用権である（Dunning 1970, 272-273; Hoben 1973, 6; Perham 1969, 286）。この権利は土地の個人所有を保証するものではなく，コミュニティによって使用を承認されることが必要であるため，排他的な私的所有権というよりもコミュニティ・メンバーが有する土地使用権とするのが妥当であろう（Hoben 1973, 153-159; Pausewang 1983, 22-23）。グルトとは，軍事奉仕に対する褒賞として，皇帝が臣下に与える特定の土地に対する徴税権である（Bahru Zewde 2002, 14; Pausewang 1983, 23-24）。グルトは，皇帝による勅許状[2]の授与をもって公認されるが，皇帝への貢納を怠るとグルトは剥奪される。

皇帝によってグルトを与えられた領主は，その地域の統治を行うのと引き換えに，農民から税金を徴収し，労役を課すことができる。領主が自分の家臣に対してさらにグルトの権利を与えることもあり，グルトの権利は何層にも重なっている場合が多い。たとえば，1900年代前半におけるアムハラ州のゴッジャムにおける徴税システムでは，農民から税を直接調整する貢納徴収担当者（Chiqa-shum）と政府とのあいだには，チーフ（Gulta Gaji），郡長官（Mislane），郡知事（Abagaz）がおり，4層にわたっている（Perham 1969, 288）。徴税額は，原則として小農が皇帝に生産物の10分の1を支払うことになっていたが，実際にはそのあいだに存在する層が，生産量の10分の1以上を小農から徴税し，10分の1未満の量を皇帝に納めることで利潤を確保していたという（Perham 1969, 288-289）。

また，皇帝がグルト保持者の任免権をもつため，領主が更迭されることもあり，同じ領主が長期にわたってその領地を統治することが保証されていたわけではない（Pausewang 1983, 23-24）。そのため，任命された地域の農業生産性を上げようという意欲は領主には低く，収奪的な性格が強かったという指摘がある（Donham 2002, 14）[3]。

2．南部——ゲッバル制度——

南部の土地制度は，19世紀後半にメネリク2世が進めた征服によって大きく変化した（Donham 2002, 37）。メネリク2世は，南部征服完了前後に，遠征参加者にグルトを割り当てた。対象者は総督，地区司令官，将校，兵士の全階級にわたり，階級に応じて与えられるグルトの面積が異なっていた。彼らは，要塞化された町（ketema）に居住し，割り当てられた土地に住む農民（ゲッバル，Gebbar）から税金を徴収する権利として皇帝からグルトを与えられた（Perham 1969, 296）。

南部における領主は，農民とは異なる民族の征服者であり，社会的・文化的・言語的にも共通点はほとんどない。そのため，南部の土地制度は，北部

と比較してより収奪的な性格をもちやすかったといわれる。このような支配体制のちがいの結果，土地に関する用語についても，北部の土地制度で使われているものが南部において必ずしも同じ意味をもつわけではない。たとえば南部の小作農民を示すのに使われるゲッバルとは，本来アムハラ語で「税金を支払う小農」という意味であり，必ずしも南部にのみ使われるわけではない（Crewett, Bogale, and Korf 2008, 10）。しかし，この言葉は，収奪的な性格が強い南部の土地制度下における農民を特定して使われる場合も多い（Kane 1990, 1974; Pausewang 1983, 48）。そのため，南部の農民とグルト所有者との関係を指してゲッバル制度とよばれることが多く，第二次世界大戦後の土地制度に関するエチオピア政府の議論でも，ゲッバル制度は農奴制と同義で使われている（Donham 2002, 41; Perham 1969, 355）。

なお，南部の無住地や遊牧民居住地域は，政府により北部からの移住者に売却される場合があった。この場合，その地にあとから移住してきた農民はルストをもたない小作となり，地主である移住者に小作料を支払わなければならなかった（Donham 2002, 41）。

また，皇室は，東部のハラル周辺や南部を中心に直轄のコーヒー農園や，はちみつ，穀物，食肉などをもたらす農園や牧場を所有しており，重要な収入源にしていた。皇室直轄領からの貢納はすべて現物であり，皇室内の消費や南征時の軍隊の兵糧に使われた（Perham 1969, 194-195; McCann 1995, Chapter 6）。

3．エチオピア正教会領

エチオピア北部に居住するアムハラは，多くの場合エチオピア正教会の信徒であり，エチオピア正教会は宗教上だけでなく，政治的な影響力も大きかった。聖書上の人物であるソロモンを祖先にもつとする皇帝は教会に多くのグルトを与えてきた（Perham 1969, 284）。教会領に属する土地では，農民は国家ではなく教会に貢納する。これはサモン・グルト（samon gult）と呼ばれ，

グルトの一種ではあるが,教会は皇帝に貢納する必要はなかった (Cohen and Weintraub 1975, 41-42)。

5世紀末頃には王が教会に土地を与えたという記録があり,16世紀にはエチオピア正教会に,単なる授与ではなくグルトを与えていたという記録がある (Pankhurst 1966, 22-23, 43；石川 2009, 70)。エチオピア正教会は,長い歴史のなかで領地を拡大し,教会は皇帝に次ぐ土地所有者であった時代もある (Pankhurst 1961, 195)。一説では帝国の3分の1が教会領であったともいわれている。コーヘンとウェイントラウブは,国連食糧農業機関(FAO)の統計から,1970年の時点で教会領が耕地の約20％を占めていたと推測している (Cohen and Weintraub 1975, 42-43)。

4. 小括——国家と貢納——

帝政前期の土地制度では,皇帝がグルトを臣下に授与することによって小農レベルからの貢納を集めることを可能にした。この制度については,西洋や日本の封建制度と比較され議論されることも多く,類似したシステムということができよう (Donham 2002, 8-13; Gebru Tareke 1996, 57)。エチオピアの貢納制度は,農村での貢納徴収担当者から始まって,郡,州の各段階にいる仲介者によって差し引かれた残余が皇帝もしくは帝国政府に届くことになる。皇帝は,中央政府の役人に対する給与を低く抑える代わりに土地を与えており[4],兵士に対しても給料は支払わず,赴任地の土地に対するグルトを与えて,食料や労働については自らで賄わせる仕組みになっていた (Perham 1969, 195-196)。グルトに基づいた土地制度は,給与をグルトで代替することによって,政治的,軍事的な安定のために重要な役割を果たしていたといえる。

第2節　帝政後期（1941～1974年）
　　　――中央集権化推進の試み――

　1936年のイタリアによる侵略によっていったん頓挫した政治改革は，1941年以降，より中央集権的な制度構築を目指して進められた。1941年に英国への亡命からエチオピアに帰国したハイレ・セラシエ1世は，1936年から1941年の5年間にわたるイタリア占領によって弱体化した地方領主を排除して，官僚制度に基づいた中央集権制の確立を目指した。イタリア占領中にグルトによる貢納制度が停止していたために，イタリア撤退後の貢納制度復活に対して農民からの反発が強く，徴収が困難になったことが地方領主の弱体化の一因であるといわれる。土地制度も，それまでのグルトを与える形での封建的な主従関係ではなく，行政が徴税する形に改革した（Perham 1969, 354-355）。

　なお，帝政後期においても，国土全体の所有権は皇帝に帰属していた。1955年の修正憲法は，1931年の憲法よりも専制政治体制をさらに進めた内容となっており（Bahru Zewde 2002, 206; Clapham 1969, 38），憲法第1条では，「エチオピア帝国は，エチオピア皇帝（Ethiopian Crown）の主権のもとにある島々，水域を含めたすべての領域からなる」とされている。

1．行政組織の再編とグルトの廃止

　1942年に出された行政規則命令（Administrative Regulation Decree No. 1 of 1942）では，行政地域の境界を再編して領主とグルトの関係を切り離し，領主の権力の縮小が図られた（Teshale Tiberu 1995, 115; Zemelak Ayele 2011, 138）。南部については，総督ではなく，ハイレ・セラシエ1世によって任命された行政官が各州を統治することになった（Zemelak Ayele 2011, 138）。

　前述のように，グルト制度では，農民の貢納はグルトをもつ仲介人を何層

表8-1　1944/45年度[1)]のエチオピアの歳入（ドル換算）

	歳入	（％）
土地関連[2)]	12,465,315	(30.0)
鉱山（金・塩）収入	10,765,687	(25.9)
関税	7,807,642	(18.8)
国内収入[3)]	3,367,207	(8.1)
各省庁からの収入	2,058,092	(5.0)
英国政府より補助金	1,915,760	(4.6)
裁判手数料・罰金	1,373,122	(3.3)
タバコ専売	955,871	(2.3)
その他	545,091	(1.3)
預金残高	288,483	(0.7)
歳入合計	41,542,270	(100.0)

（出所）Perham（1969, 202-203）より筆者作成。
（注）1）この時期のエチオピアの会計年度は9月始まりである（Perham 1969, 200）。
　　　2）土地税，（収穫／収入からの）10分の1税，市場手数料，木材税を含む。
　　　3）財産税，利益税，アルコール税，石油税，塩税，娯楽税，印紙税，所得税。

も経由していくために，政府が受け取ることのできる利益は小さかったといわれているが，それでも農業・土地関連は歳入において大きな割合を占めていた。1944/45年度の歳入予算では，土地および貢納に関係する収入が歳入の30％を占めており，次いで鉱山収入，関税収入と続いている（表8-1参照）（Perham 1969, 202-203）。農業関連の税収向上のためにさまざまな制度改革が試みられたが，政策決定に関係する人々が既得権益者であることも多く，抵抗もあった（Bahru Zewde 2002, 193-195）。しかし，1966年には，法律上，すべてのグルト，ルステ・グルトの権利（注3参照）を廃止するに至った。各農民が領主や南部の支配者階級を経由せずに直接税金を政府に納めることになったのである（Hoben 1973, 204; Pausewang 1983, 47; Perham 1969, 355）[(5)]。

しかし，グルト制度が廃止へと向かうなかで，これまでグルト制度によって利益を享受してきた層は対抗手段を講じている。コミュニティによる土地

管理が広く行われていた北部では,土地利用者に無断で土地利用権を変更することは困難であったが,南部の場合は,貢納を徴収していた側が自らをその土地の納税者として書類上登録し,土地を確保することが可能であった(Cohen and Weintraub 1975, 79-80)。納税者としての登録手続きを農民に知らせずに行い,結果として農民が土地使用権を失ったケースもあった。そのため,とくに南部で不在地主が増加することとなった(Cohen and Weintraub 1975, 40; Dessalegn Rahmato 1984, 26-27; Gilkes 1975, 120)。当時の土地改革行政省(Ministry of Land Reform and Administration)による不在地主の調査のデータによると,調査対象地域の平均で土地保有者の25%にあたる不在地主が33%の土地を保有しているとされている(Gilkes 1975, 120)[6]。農民たちは,土地を失って小作人になってしまったために,グルトが廃止されても徴税の負担は軽くはならなかったといわれる(Pausewang 1983, 47; Teshale Tiberu 1995, 151)。また,グルトを所持していた者が徴税を請け負うことが多く,従来のグルトによる貢納を保持したまま徴税を行うなど,農民レベルでは負担が軽減されることはなかった(Gilkes 1975, 116-118)。

2.政府所有地と不在地主の増加

不在地主の増加は,グルトの廃止時の名義の書き換えによるものだけではなく,帝国政府への奉仕に対して給与の代わりに政府所有地の使用権を授与したことも原因の一つである(Bahru Zewde 2002, 191)。エチオピア政府は南部と西部を中心に広大な土地を所有していた(Cohen and Weintraub 1975, 43; Dessalegn Rahmato 1984, 20; Gilkes 1975, 111)[7]。コーヘンとウェイントラウブは,政府所有地は,エチオピアの全農地の12%を占めると推測している(Cohen and Weintraub 1975, 45)。しかし,デッサレンは,1960年代半ばのデータで,政府所有地がワッラガ(Wollega)州ネケムテ(Nekemte)郡で31%,カファ(Kaffa)州ジンマ(Jimma)郡で44%あったことから,コーヘンとウェイントラウブの推測値は過小評価であると指摘している(Dessalegn Rahmato 1984,

20)。

　政府が政府所有地の使用権を与えた対象者の多数は，イタリアに抵抗運動を行った者，イタリア占領期の亡命者，兵士と役人であった（Bahru Zewde 2002, 191; Gilkes 1975, 113-114）。その多くは，退職金や給与の代わりにこの土地の使用権を得ている。国家はその権利を没収することができるが，特段の問題がなければ生涯利用し，相続することも可能である（Dessalegn Rahmato 1984, 20）。1941年以降，政府は合計で500万ヘクタールの土地を授与したとされる。これは，反政府勢力[8]が勢いを増すなかで，政治的な支持を得るために政府が土地を積極的に与えたためである（Bahru Zewde 2002, 191）。

3．小括——土地改革の失敗と帝政の終焉——

　エチオピア帝国政府は，従来の貢納制度から近代的な行政組織による徴税制度への移行を目指した。第二次世界大戦後のさまざまな制度改革は，皇帝を頂点とした中央集権制度を形成するとともに，国内外で批判の高まっていた小作制度から農民を解放し，農業生産を向上させることを目的としていた（Bahru Zewde 2002, 195; Cohen and Weintraub 1975, 80-81; Levine 2000, 179-180; Pausewang 1990, 44）。しかし上述のように，これまで既得権益を享受してきた層は，このような改革に対抗措置を講じた。一方，帝国政府も，政治的支持を得るために政府所有地の使用権を官僚や兵士らに授与することで，多くの不在地主と小作人を新たに生み出すことになった。

　不徹底な土地制度改革に対しては，農民にとっても納税に対する十分な見返りがないことから反発も強く，政府が予測した税収よりも大幅に下回る徴税しかできなかった。たとえば，エチオピア中西部に位置するゴジャム（Gojam）州の1968年の税収に関する報告があるが，その報告では，予定された税収に対して実際には14％しか徴収できていない（Gebru Tareke 1996, 169, 178）。

　帝政末期になると，1971年の石油ショックや度重なる飢饉などによって政

情が不安定となり、学生や労働組合などを中心とした都市部の人々の不満が高まっていった。グルトによって生計を確保していた兵士の収入も、グルト廃止によって給与制に代わっていたが、その待遇と給与遅配に対する不満を募らせていった（Teferra Haile-Selassie 1997, 92）。その結果、1974年に軍部主導で革命が勃発し、帝政は終焉を迎える（Bahru Zewde 2002, 229-230; Marcus 1994, 181-182）。

第3節　デルグ政権期（1974～1991年）

　1974年に帝政を打倒した革命は軍部主導であり、1987年までエチオピアはデルグ（Derg）による軍事政権となった（Bahru Zewde 2002, 229-230）。デルグとは、アムハラ語で委員会（committee）を意味し、1974年に発足した臨時軍事行政評議会（Provisional Military Administrative Council: PMAC）を指す[9]。東西冷戦の時代にあたるデルグ政権期の政策は、ソビエト連邦に大きな影響を受け、マルクス・レーニン主義をベースとした「科学的社会主義」を標榜している（Marcus 1994, 203）。このイデオロギーに従い、私企業を国営化し、商品の価格や流通を統制し、さまざまな協同組合を結成した。土地政策や農業政策の特徴としては、土地の再分配と再定住政策、そして協同組合の設立とそれを通じた農産物の価格・流通の国家による管理・統制が挙げられる。

　デルグ政権期には、グルトや小作制度のような仕組みは廃止され、小農から少額の土地税を徴収するのみとなり、1986/87年度の歳入の内訳では、農業からの税収といえる農業所得税と土地利用税は合計で3％を占めるにすぎない（表8-2参照）。これは、前出の帝政前期の農業からの税収30％を大きく下回る。

　その一方で、政府は、農産物の価格と流通を統制することで、農業生産の剰余を歳入として確保することを目指した（Teshome Mulat 1994, 155-156）。農民は、政府の流通機関である農業流通公社（Agricultural Marketing Corpora-

表8-2　1986/87年度[1)]のエチオピアの歳入（100万ブル）

	歳入	(％)
［税収］	2,108.5	(73.8)
所得・収益税	858.6	(30.0)
個人所得税	203.0	(7.1)
事業収益税	604.0	(21.1)
農業所得税	49.9	(1.7)
その他	1.8	(0.1)
土地利用税	46.0	(1.6)
間接税	623.7	(21.8)
物品税[2)]	387.5	(13.6)
その他取引手数料	236.2	(8.3)
輸入税	433.3	(15.2)
輸出税[3)]	146.8	(5.1)
［税収以外の歳入］	750.1	(26.2)
資本費用／利子[4)]	487.8	(17.1)
合計[5)]	2,858.6	(100.0)

(出所)　NBE（1987/88, 47-48）をもとに筆者作成。
(注)　1)　確認できた限りで1986/87年度から現在までは会計年度は7月8日始まりである（NBE 1986/87）。9月始まりだった帝政期の会計年度からいつ7月に変更になったかは不明。
　　　2)　おもに石油，アルコール，たばこによる。
　　　3)　ほとんどがコーヒーによる。
　　　4)　おもに公企業からの資本費用の支払いと利益からの納付による（Teshome Mulat 1994）。
　　　5)　これ以外に外国からの現物による援助が2億6130万ブルある。これはエチオピアの歳入の9％にあたる。

tion）に売却する穀物量を割り当てられ，低く設定された価格で穀物を買い取られた（Eshetu Chole 1990, 92-95; Kuma Tirfe and Mekonnen Abraham 1995, 206; Marcus 1994, 205)。これによってもたらされる収益の一部は，公社から国庫への納付金となる。表8-2で「資本費用／利子」（Capital Charge and Interest）に分類された部分は公社から国庫への納付金に該当し，歳入の17％を占めている（NBE 1987/88, 47-48; Teshome Mulat 1994, 155-156)。歳入のなかでは，21％を占める事業収益税に次ぐ収入源である。

1．土地再分配

　20世紀初頭から，土地改革は，知識人のあいだで重要な国家問題として取り上げられてきた。1965年の大学生のデモ行進時のスローガンも「土地を耕作者に」(Meret le Arrashu) であった (Bahru Zewde 2002, 241; Pausewang 1990, 44)[10]。このように，革命以前にも土地改革の試みや議論はあったが，デルグが1975年に出した「農村部の土地の公的所有に関する布告 No.31/1975」(Public Ownership of Rural Lands Proclamation No. 31/1975) は，最も急進的な土地改革政策であった (Bahru Zewde 2002, 242)。

　この布告によって，土地は国有化されるともに，小作制度は廃止され，農民に土地が分配された[11]。ただし，土地は国有であり，法律上は私的所有権の分配ではなく，使用権の分配である。この布告のおもな特徴としては，①個人，団体の私的所有の禁止，②土地の売却，貸借，担保による土地委譲の非合法化，③農業従事希望者への土地分与，④小作廃止，⑤土地再分配のための農民組合 (Peasant Association) の設立などが挙げられる (Brüne 1990, 20)。とくに，農民組合については，土地再分配を行うだけでなく，帝政期の行政組織を代替する役割を担うことを期待されていた (Marcus 1994, 192)[12]。農民の政治的な動員や，流通公社と農民の仲介など，農民と国家をつなぐ役割を担ったのである (Dessalegn Rahmato 1994)。

　政府による土地再分配に対する農民の反応は，地域によって土地制度が異なっていたために一様ではなかった。帝政期に厳しい徴税制度があった南部では土地再分配政策は歓迎されたが，納税義務はあったものの小農の土地保有が確立していた北部では政府による土地の管理には抵抗があったといわれる (Pausewang 1990, 45)。

　実際の土地再分配では，すべての農民に平等に土地を分配することは難しく，布告で禁止された10ヘクタール以上の所有者の土地を分配するのみにとどまった。土地分配が各農村で結成された農民組合に委ねられた結果，ほと

んどの小農はそれまでの土地を保有できたため、実際に再分配された土地はわずかだったという報告もある (Pausewang 1990, 45)。

1987年にエチオピア人民民主共和国が樹立された後も、国家が土地を所有していることに変わりはなかった[13]。憲法第89条5項において、「政府は、人民のために、土地と天然資源を保有し、公益と開発のためにそれらを活用する」と定められているように、土地は国家に属すると定められている。なお、土地の細分化を防ぐために、土地再分配はデルグ政権崩壊直前の1989年に公式に禁止された[14]。その一方で、1990年3月の制度改革の一環として、土地の売買以外の分益小作や法的相続人への土地使用権の移転、雇用労働が認められるようになった (Gudeta 2009, 27-28)。

2. 再定住政策 (resettlement)

エチオピアにおける再定住政策は、人口稠密で飢饉多発地域の住民を主たる対象とし、移住によって人々が新たに土地の使用権を得て、十分な食料を確保することを目的とする。再定住政策は、帝政期の1960年代後半にはすでに計画されていたが、費用の問題でほとんど実行に移されなかった (Cohen and Weintraub 1975, 81)。帝政期の再定住政策のもとでは、800万ドルの費用をかけて1万世帯が移住するにとどまっていた (Pankhurst 1990, 121; Piguet and Pankhurst 2009, 9)。

しかし、デルグ政権になると同時に、大規模な再定住政策が行われるようになった。その背景には、上述の「農村部の土地の公的所有に関する布告No.31/1975」によって土地を国有化し、大地主を排除したことで、国家が土地を人々に割り当てることが容易になったことと、頻発する干ばつに緊急に対応する必要性が高まったことなどが挙げられる。大規模な干ばつのあった1984年から1989年にかけては、緊急事態としてさらに大規模な再定住政策が行われ、2年間で150万人の人々が干ばつ地域から南西部へと移住した (Pankhurst 1990, 121-122)。この再定住計画は過度に性急であり、ずさんな計画の

結果失敗に終わったと，多くの先行研究によって批判されている（Pankhurst 1990, 122；石原 2006, 209-210）。

3．集村化（villagization）

デルグ政権下では，南部および再定住地域を中心に，1977年以降集村化が進められた。集村化は，1977年に隣国ソマリアからの侵略をうけたエチオピア南東部のバレ地方において，治安を確保するとともに公共サービスを効率的に提供するために始まった（Alemayehu Lirenso 1990, 136; Keller 1988, 227）。図8-1にあるように地域によってばらつきがあるが，ソマリアやスーダンとの国境に近い州に比較的多い。

集村化は，1984/85年度から始まる10年長期計画（Ten Year Perspective Plan 1984/85-1993/94）のなかの農村開発戦略の一環として1985年より大々的に進められた（Keller 1988, 228）。集村化プログラムは，散村を中心とした伝統的農業から脱却して，より効率的な資源利用を行うことを目的に，平均500世帯からなる村の建設を目指した（Alemayehu Lirenso 1990, 135; Pankhurst 1992, 52-53）。エチオピアの農村人口の40％が集村化を経験したとされる。このような集村化とともに土地再分配が行われた地域が多かったと考えられる（松村 2008, 225）。

ただし，集村化に関しては，従来のコミュニティを破壊し，新たな地域での家の建設などへの労力と時間の消費によって農業生産にも悪影響を及ぼし，経済的には農民に利益をもたらすことができなかったという意見が多い（Alemayehu Lirenso 1990, 142; Keller 1988, 229; Pankhurst 1992, 53）。集村化には，国家による農民の管理や反政府勢力からの隔離を容易にするという政治的な意図も指摘されている（Keller 1988, 229）。

1990年にデルグ政権が混合経済政策を導入し，小農の生産活動に対しても自由化が進んだ。その結果，まず，生産者協同組合やサービス協同組合などは政策導入直後に瓦解したといわれる。元の居住地に戻るには時間がかかる

図8-1　1987年までのエチオピアの州ごとの集村化率

(出所) Pankhurst (1992, 53) 引用による NVCC (1987, 16) をもとに筆者作成。
(注) 1) デルグ政権の行政区分は，現在とは異なる。
　　 2) エリトリアは，1993年にエチオピアから独立した。

ため，集村化プログラムは協同組合と比較するとそのペースは緩慢ではあったが，徐々に解体していった。この政策が導入されて6カ月後には，半数以上の村民が転出していったと推測されている地域もある（Dessalegn Rahmato 1994, 262-263）。また，オロミヤ州の集村化された地域では，土地取引が急増して土地の権利が流動化し，もともとの住民は転出してしまっている場合も多いという報告もある（松村 2008, 225）。

4．小括——中央集権化と土地をめぐる権力関係——

　帝政期には，中央集権化を志向した土地改革は目的を達成できなかった。しかし，デルグ政権期においては，農産物に対する直接的な徴税を行わず，強力な中央集権制度のもと流通の国有化や農産物価格統制を行って，農業からの利潤を国家が確保することを目指した。

　土地保有に関しては，土地再分配を行うことによって大地主を排除し，より平等な土地保有を目指した。一方で，帝政期の行政機構を代替する役割を担わせるために農民組合を設立し，権力が国家に集中する制度を構築した。また，大規模な再定住政策や集村化を進めたことを考えると，デルグ政権は，既存の権力関係を排除して新たな国家社会関係を構築しようとしたといえよう。

　既存の権力関係を破壊する革命を経由して成立したデルグ政権は，貢納や徴税ではなく，農産物価格や流通の統制による新たな国家財政の基盤を求めたが，それは小農にとっては新たな搾取の制度にすぎなかった。生産者価格はその他の消費財の物価水準よりも低く設定され，その流通も流通公社によって統制されることによって，農業生産が生み出した余剰は，農業生産の向上ではなく，製造業などほかのセクターへの投資に回されたのである（Eshetu Chole 1990; Teshome Mulat 1994; Kuma Tirfe and Mekonnen Abraham 1995, 206）。

　甚大な被害をもたらした1984～1985年の大飢饉は，不適切な農業政策がそのおもな要因の一つであるといわれている（Yeraswork Admassie 2009, 811）。天候不順による大規模な干ばつ被害が飢饉の原因の第1に挙げられるが，不適切な政策による長期的な農業生産能力の低下，反政府勢力が活動していた地域に対する政府の農業生産妨害，政府が援助物資を適切に使わず軍事用に転用したといった人為的な要因も指摘されている（Clay and Holcomb 1986, 42-45）。

第4節　EPRDF 政権期（1991年～）

　1991年にデルグ政権を倒した EPRDF は，1995年に憲法を制定し，エチオピア連邦民主共和国（Federal Democratic Republic of Ethiopia）を樹立した。ティグレ主体のティグライ人民民主戦線（Tigray People's Democratic Front: TPLF）が EPRDF 政権の中枢を担っているが，EPRDF はエスニック・グループ単位で結成された党の連合政権でもある。中央集権制であったこれまでの政権と比較すると，EPRDF 政権は大幅な地方分権化を進めている。現在のエチオピアの行政区分は，上から，中央政府―州（Region）―ゾーン（Zone）―郡（woreda）という構成になっているが，郡レベルに大きな権限が委譲されている。

　EPRDF 政権は経済自由化を進めており，デルグ政権時代のような農産物の価格・流通の統制は廃止された。土地制度についても，引き続き国家の所有となっているものの，貸借や譲渡が可能となり，自由化が進んでいる。また，土地登記を進めて農地の使用権者を確定する作業も進めている。ローカルな土地問題については，村レベルでの解決が求められるが，不服であれば裁判所に訴えることも可能である。

　EPRDF 政権の土地政策は，土地と農産物の生み出す利潤に対しての国による直接的支配を強化しようという方向にはない。EPRDF 政権下では，地代徴収が富の源泉であった帝政期や，農産物流通の統制によって歳入を確保しようとしたデルグ政権期とは異なり，国家と農民とのあいだで新たな関係が構築されつつあると考えられる。

　EPRDF 政権下の国家と農民との関係については，農業政策の柱である農業開発先導型工業化（Agricultural Development Led Industrialization: ADLI）が重要な示唆を与えてくれる。ADLI は，開発戦略の一つとして小農の農業生産性の向上を通した食料安全保障の確立と国際競争力の獲得を目指している（Dessalegn Rahmato 2008a, 138; MoFED 2002, iii）[15]。長期的には，農業生産の向

上で農村部の貧困が削減されるのと同時に余剰作物を都市へ適切な価格で供給することができるようになり，農村部と都市部の消費者の購買力が向上し，国内向け商品を生産する製造業の成長が牽引され，さらに経済が成長するというモデルである。農業セクターが工業セクターの成長を支えるモデル自体は1960年代からすでに議論されているが，ADLI は大規模農業に向かうのではなく，小農の生産性向上を重視している（Dessalegn Rahmato 2008a, 138）。ADLI のもとで行われたプログラムは，広く農業振興を目指したものであり，小規模金融や肥料や新品種の導入や灌漑支援などによって農業の生産性を向上させ，それによって生じた余剰食物を市場に流通させることに主眼をおいている。また，季節変動に対応するための倉庫の建設やインフラ整備や土地登記なども ADLI の一環とされている（MoFED 2006, 7, 39）。

1．土地登記と土地法の整備

　農村部の土地問題については，前政権と比較して法的枠組みにおいて根本的なちがいはなく，「土地行政については，二つの政権のあいだでは相違点よりも類似点のほうが多い」（EEA/EEPRI 2002, 27）とされる。現在の EPRDF 政権の土地政策は，全国的に土地登記を行うとともに，農地利用に関する規制を緩和するなど，農民の土地使用権を保護する方向へと進んでいるが，土地所有権はあくまで国家にある。

　農村部の土地登記は，1997年にティグライ州で開始し，2003年にアムハラ州，その後オロミヤ州や南部諸民族州などでも始まり，2013年の段階でほぼ終了している（Dessalegn Rahmato 2008b; Solomon Abebe 2006）。登記によって保障される権利は，個人または配偶者との共同土地使用権である。共有地については，地方政府とコミュニティが使用権をもつ（Solomon Abebe 2006, 167）。

　つぎに，農地の利用に関する規制の緩和であるが，連邦州が2005年に出した「エチオピア連邦民主共和国の農地管理と土地利用に関する布告」[16]にお

いて，土地使用権に関する規定が変更されている。重要な変更としては，譲渡の規定（第8条），土地分配に関する規定（第9条）と，土地保有の最低面積の設定（第11条）が挙げられる。第8条では，これまで禁止されていた土地の賃貸や相続人への譲渡が認められ，賃借人はその土地使用権を担保にすることができると定められている。ただし，完全に使用権を自由化したわけではなく，第11条で土地細分化を防ぐために最低面積が定められ，それ以下の面積の土地の譲渡は禁じられている[17]。また，第9条では相続人がいない土地は，行政によって土地無し農民などへ土地を分配することが定めてある。

2．再定住政策

　デルグ政権時代に行われた再定住政策は，上述のとおり失敗として批判されている。しかし，人口圧力の高まりによる土地不足の問題は解決しておらず，EPRDF政権下でも再定住政策は引き続き行われており，2003～2007年のあいだに約19万世帯，62万7000人が他地域へ再定住している（Pankhurst 2009, 138）。EPRDFは，政権を握った当初はデルグ政権期の失敗もあり再定住政策には否定的であったが，2000年代初頭の食料問題の深刻化によって，食料安全保障のために，再定住政策が解決策の一つとして再び注目を浴びるようになった。デルグ政権下の再定住政策と大きく異なる点は，州内限定の再定住である点である（Food Security Coordination Bureau 2004, i; Pankhurst 2009, 140）。その理由としては，連邦制度のもと地方分権化によって各州に大幅に権限が移譲されており，州政府が再定住政策を立案していることが挙げられる。また，デルグ政権時代に州外への再定住によって民族対立や武力紛争が起きたことと，現在でも自発的に州を越えて移住した人々と異なるエスニック・グループである現地住民とのあいだで紛争が生じていることも，再定住政策を州内に限定している理由の一つである（Pankhurst 2009, 142）[18]。

　EPRDF政権下の最初の再定住政策は，最も土地不足が深刻化しているアムハラ州で2001年に行われた。隣接するオロミヤ州の西ワッラガゾーンで，

1980年代に北部から移住してきた人々と現地住民であるオロモとのあいだで紛争が起きたことが，この再定住政策の実行を速めることになった（Pankhurst 2009, 143；石原 2006, 215）。また，オロミヤ州でも2000年に再定住計画を開始し，2002年までに3万3000世帯が移住者となった（Pankhurst 2009, 143）。EPRDF政権下の再定住政策については，農業適地かどうか，十分な準備期間があったか，そして適切な行政サービスの提供があったのかといったさまざまな要因を検討する必要があるため，評価は分かれている（Pankhurst 2009；石原 2006）。

3．小括――開発政策のなかでの土地政策――

　EPRDF政権における土地政策は，土地を国有とし，再定住政策も引き続き行うなど，前政権との類似点も多い。しかし，その政策の背後にあるアイデアは，土地を通して農民を支配するというよりも，ADLIに示されるように，生産活動をより自由化することで食料安全保障を確立し，結果的に国全体の経済成長に資することを期待するものである。土地登記のプロジェクトも，農民の捕捉というよりも農民の土地保有権の保障を目指したものであるといえる。

　デルグ政権期の1982年にはGDPの58％を占めていた農業も，現在では世界銀行の最新のデータで45％（2013年）へと減少しており，農業に代わってサービス業（同時期で32％から43％に増加）の伸張が著しい。ただし，近年は10％前後の実質経済成長率を維持しており，各セクターは縮小傾向にあるわけではなく，それぞれ成長率の差はあっても上昇傾向にある。EPRDF政権にとっての土地政策は，精査が必要ではあるが，経済自由化政策と土地使用権の保障のもとに農民が生産活動に従事することで，農業生産を安定させ，結果的に農業以外のセクターの経済成長を下支えするものであったとも考えられる[19]。

おわりに

　エチオピアの歴史においては，その土地で収穫される農産物のもたらす利潤をどのように国家が確保し利用するのかが重要であった。帝政期では，皇帝が臣下に特定の土地の徴税権を与え，代わりに貢納を受け取るという土地制度が形成された。臣下は対象の土地の使用権をもつ農民たちから貢納や労役を受け取り，その一部をさらに皇帝に貢納するという形をとる（Crewett, Bogale, and Korf 2008; Donham 2002; Pausewang 1983; Perham 1969）。南部と北部では土地制度は大きく異なってはいるものの，土地政策の根底にあるのは，国家が土地を支配し，その土地から生産される資源を貢納という形で徴収する権利をもつというものであった。ただし，その生産性の向上に対して帝国政府は大きな関心をもつこともなく，土地制度改革の混乱とともに政権末期の大飢饉を招く一因となった。

　社会主義を標榜していたデルグ政権期でも，土地は国有であり，国家は土地を再分配する権利をもった。大土地所有者や地主を廃止した結果，国家はより土地に対する直接的な支配権を確保したといえる。その一方で，帝政期の貢納のような土地から資源を直接徴収する制度を廃止し，その代わりに農産物価格や流通の国家による統制によって，農業生産のもたらす利潤を国庫収入として確保する制度をデルグ政権は構築した（Eshetu Chole 1990; Teshome Mulat 1994）。デルグ政権は，土地を国有化して支配権を強める一方で，生産活動については深く関与せず，流通や価格を統制することを重視したのである。

　EPRDF政権になると，農業は引き続きエチオピア経済のなかで重要な地位にあるものの，国家は，土地を介して農民を支配することよりも，より自由な生産活動に農民を従事させることで，経済全体に資することを期待している。EPRDF政権の開発政策は，経済自由化による市場経済の活発化を通じた経済成長を目指している一方で，土地は引き続き国有と定めているが，

これまでの政権と比較すると個人の土地使用権の譲渡や賃貸を認めるなど，土地使用者の土地に対する裁量が大幅に認められるようになっている。ただし，国による土地登記や土地法の整備によって，国が土地使用権の状況をより正確に把握し管理することが可能になっている。

　現在，国家による土地の管理が強化されるなかで，政府による国家的開発プロジェクトが遂行されていく過程にあり，土地政策は新たな局面を迎えている。ダム建設や国立公園建設のような国家プロジェクトや，企業による大規模農場経営などに伴う住民の立ち退きが，近年問題として取り上げられるようになってきている（Dessalegn Rahmato 2011; Kassahun Kebede 2009; Taddesse Berisso 2009）。上述の農民の食料安全保障を目的とする自発的な再定住政策とは異なり，都市部への電力補給や食料確保，そして環境保護といった開発を目的とした強制的な移動（Development-induced Displacement）の問題である。この問題については，また別稿にて検討していきたい。

〔注〕

(1) ルストの起源は明らかではないが，グルトの存在は16世紀には文書で確認されている（石川 2009, 70）。
(2) 勅許状（Charter）については，アングロ・サクソン期のイングランドの勅許状との類似が指摘されているが，その一方で，ローマ法における土地委譲に関する私的証書を起源とする説もある。後者の説では，エジプトのアレクサンドリアやトルコのアンティオキアからの僧侶によってもたらされたのではないかと推測されている（Huntingford 1965, 16）。
(3) ただし，グルトの権利のなかには，皇帝によって相続を認められた永続的なものもある（ルステ・グルト，riste-gult）。皇帝側は，自らの権力が弱体化することを恐れて，この権利を与えることに消極的であったが，有力な一族には与えざるを得なかったとされる（Pausewang 1983, 24）。
(4) グルト権を与えたのか，実際に土地の私有を認めたのかは，Perham（1969）では不明である。
(5) ただし，教会のグルト権は保持されたままで，免税特権を享受していた（Bahru Zewde 2002, 193）。
(6) データは，Ministry of Land Reform and Administration（1967-1970）をGilkes（1975, 40）が引用したものである。

(7) 前出の皇室所有の農地と政府所有地が同じものを指すのかは、先行研究では明らかではない。例外として、McCann（1995, Chapter 6）の調査において、首都アディスアベバ近郊にあるアダ（Ada）にある皇室所有の土地を、1941年以降には役人に給与代わりに与えていたことが明らかになっている。先行研究における皇室所有の農地と政府所有地についての記述が類似していることから、両者はほぼ同じものと推測される。

(8) イタリア占領による1936年から1941年のハイレ・セラシエ1世の国外への亡命に対して、エチオピアに残ってイタリアへの抵抗運動を行っていたエリート層の反発は大きかった。失敗に終わった1960年のクーデタの後、反政府運動は、増税に不満をもつ農民や民族自決を求めるエスニック・グループ、そして学生や知識人も含めてさまざまな層へと広がっていくことになる（Bahru Zewde 2002, 209-210）。

(9) 正確には、デルグは革命勃発直前の1974年6月に設立された、「国軍、警察、国防義勇軍の調整委員会」（the Coordinating Committee of the Armed Forces, Police, and Territorial Army）を指す。革命勃発直後にこの調整委員会はPMACへと変更されたが、引き続きデルグと呼ばれている（Bahru Zewde 2002, 236; Marcus 1994, 187-189）。

(10) 第二次世界大戦後、大学生による政治運動が活発化した。その背景には、他国でのさまざまな抵抗運動からの影響もあった。とくに米国におけるアフリカ系アメリカ人の公民権運動や、キューバ革命、ベトナム戦争に対する平和運動などの影響が挙げられる（Bahru Zewde 2010, 35-39）。

(11) エチオピア正教会が保有していた土地についても、すべて国有化された（Mulatu Wubneh 1993, 167）

(12) 農民組合設立と同時に、都市部の高校生、大学生そして大学スタッフらが農村部に自発的に赴いて、土地改革や農民組合設立などの活動を支援した。この活動は、ゼメチャ（zamacha、アムハラ語でキャンペーンの意）と呼ばれた（Bahru Zewde 2002, 240-241; Dessalegn Rahmato 1984, 41; Marcus 1994, 192; Pausewang 1983）。1975~1976年のあいだに4万5000人が農村に送られたといわれる（小倉 1989, 38）。

(13) 1987年に国民投票によって憲法を批准してエチオピア人民民主共和国（People's Democratic Republic of Ethiopia: PDRE）が成立した時点でPMACは廃止された。しかし、PMAC議長のメンギストゥ・ハイレ・マリアム（Mengistu Haile Maliam）が引き続き大統領となるなど大きな権力構造の変化はなかった。PDREは、1990年に統制経済と自由経済との混合経済宣言を出して経済自由化に着手したが、その効果が表れる前に1991年にEPRDFによって打倒された。

(14) ただし1989年以降も2回土地再分配は行われている。内戦による避難民の

⒂　国際連合経済社会理事会（The United Nations Economic and Social Council ）ウェブサイト"Development Strategies That Work Database"（http://webapps01.un.org/nvp/indpolicy.action?id=124）も参照。

⒃　Federal Democratic Republic of Ethiopia Rural Land Administration and Land Use Proclamation No.456/2005.

⒄　現在でも有効な法律である1960年に制定された民法第842条2項において，子どもの均等相続が規定されている。しかし，第11条の最低面積の設定は，親の土地をすべての子どもが均等に分割相続することができなくなることを意味する。今後土地不足がさらに厳しくなっていくことを考えると，この第11条は，土地相続における紛争の火種となる可能性がある。

⒅　ただし，同じ州のなかにも複数のエスニック・グループが居住していることを考えると，州内での再定住政策がエスニック・グループ間の対立を防ぐために有効かどうかについては，今後も注視する必要があろう。

⒆　後述のように，近年エチオピアではランド・グラビングの問題が指摘されている。2010年の段階で，364万ヘクタールの農地が企業によって保有されていることが確認されている（Dessalegn Rahmato 2011, 51）。エチオピアの農民が保有する農地面積は1336万ヘクタールである（CSA 2011）ことから，企業による土地保有は全体の約2割と考えられる。現状では，企業による農場経営が拡大しつつあるものの，農業セクターのおもな担い手は小農であるといえよう。

ための土地分配と，土地不足が深刻化しているアムハラ州での土地再分配である（Gudeta 2009, 28）。

［参考文献］

＜日本語文献＞

石原美奈子 2006.「『移動する人々』の安全保障——エチオピアの自発的再定住プログラムの事例——」望月克哉編『人間の安全保障の射程——アフリカにおける課題——』アジア経済研究所　193-249.

石川博樹 2009.『ソロモン朝エチオピア王国の興亡——オロモ進出後の王国史の再検討——』山川出版社.

小倉充夫 1989.「社会主義エチオピアにおける農業政策と農村社会の再編成」林晃史編『アフリカ農村社会の再編成』アジア経済研究所　35-65.

松村圭一郎 2008.『所有と分配の人類学——エチオピア農村社会の土地と富をめぐる力学——』世界思想社.

＜外国語文献＞

エチオピア人の姓名は姓に父親の名を使用している。本章では，第15回エチオピア学国際会議報告書（Uhlig 2006）の表記法に従って，エチオピア人の著者名は，名・姓の順番で表記した。本文でも姓だけでなく名・姓で表記している。

Alemayehu Lirenso 1990. "Villagization: Policies and Prospects." In *Ethiopia: Rural Development Options*, edited by S. Pausewang, Fantu Cheru, S. Brüne, and Eshetu Chole. London and New Jersey: Zed Books, 135-143.

Bahru Zewde 2002. *A History of Modern Ethiopia, 1855-1991 (2nd Edition)*. Addis Ababa: Addis Ababa University Press.

―― ed. 2010. *Documenting the Ethiopian Student Movement: An Exercise in Oral History.* Addis Ababa: Forum for Social Studies.

Brüne, Stefan 1990. "The Agricultural Sector: Structure, Performance and Issues (1974-1988)." In *Ethiopia: Rural Development Options*. edited by S. Pausewang, Fantu Cheru, S. Brüne, and Eshetu Chole. London and New Jersey: Zed Books, 15-29.

CSA (Central Statistical Agency) 2011. *Statistical Abstract 2011/12* [CD-ROM]. Addis Ababa: CSA.

Clapham, Christopher 1969. *Haile-Selassie's Government*. New York: Praeger.

Clay, Jason W., and Bonnie K. Holcomb 1986. *Politics and the Ethiopian Famine: 1984-1985*. Cambridge, Mass.: Cultural Survival, Inc.

Cohen, John M., and Dov Weintraub 1975. *Land and Peasants in Imperial Ethiopia: The Social Background to a Revolution*. Assen: Van Gorcum.

Crewett, Wibke, Ayalneh Bogale, and B. Korf 2008. *Land Tenure in Ethiopia: Continuity and Change, Shifting Rulers, and the Quest for State Control,* Washington, D. C.: CAPRi.

Dessalegn Rahmato 1984. *Agrarian Reform in Ethiopia*. Uppsala: Scandinavian Institute of African Studies.

―― 1994. "The Unquiet Countryside: The Collapse of 'Socialism' and Rural Agitation, 1990 and 1991." In *Ethiopia in Change: Peasantry, Nationalism and Democracy*, edited by Abebe Zegeye and S. Pausewang. London: British Academic Press, 242-279.

―― 2008a. "Ethiopia: Agriculture Policy Review." In *Digest of Ethiopia's National Policies, Strategies and Programs*, edited by Taye Assefa. Addis Ababa: Forum for Social Studies, 129-151.

―― 2008b. *The Peasant and the State: Studies in Agrarian Change in Ethiopia*

1950s-2000s. N. A. (US) : Custom Books Publishing.

―― 2011. *Land to Investors: Large-Scale Land Tranfers in Ethiopia*. Addis Ababa: Forum for Social Studies.

Donham, Donald 2002. "Old Abyssinia and the New Ethiopian Empire: Themes in Social History." In *The Southern Marches of Imperial Ethiopia*, edited by D. L. Donham and W. James. Oxford: JAmes Currey, 3-48.

Dunning, Harrison C. 1970. "Land Reform in Ethiopia: A Case Study in Non-Development." *UCLA Law Review* 18: 271-307.

EEA (Ethiopian Economic Association) / EEPRI (Ethiopian Economic Policy Research Institute) 2002. *A Research Report on Land Tenure and Agricultural Development in Ethiopia*. Addis Ababa: EEA/EEPRI.

EPA (Environmental Protection Authority) 1997. *The Conservation Strategy of Ethiopia Volume I: The Resources Base, Its Utilization and Planning for Sustainability*. Addis Ababa: Environmental Protection Authority and Ministry of Economic Development and Cooperation.

Eshetu Chole 1990. "Agriculture and Surplus Extraction." In *Ethiopia: Rural Development Options*, edited by S. Pausewang, Fantu Cheru, S. Brüne, and Eshetu Chole. London and New Jersey: Zed Books, 89-99.

Food Security Coordination Bureau 2004. *The New Coalition for Food Security in Ethiopia: Food Security Programme, Monitoring and Evaluation Plan (October 2004-September 2009)*. Addis Ababa: The Federal Democratic Republic of Ethiopia.

Gebru Tareke 1996. *Ethiopia: Power & Protest: Peasant Revolts in the Twentieth Century*. Lawrenceviille: Red Sea Press.

Gilkes, Patrick 1975. *The Dying Lion: Feudalism and Modernization in Ethiopia*. London: Julian Friedmann.

Gudeta, Zerihun 2009. "How Successful the Agricultrual Development Led Industrialization Strategy (ADLI) will be Leaving the Existing Land Holding System Intact-a Major Constraints for the Realization of ADLI's Targets?" *Ethiopian e-Journal for Research and Innnovation Foresight* 1 (http://www.nesglobal.org/eejrif4/index.php?journal=admin&page=article&op=view&path%5B%5D=7&path%5B%5D=85) : 19-35.

Hoben, A. 1973. *Land Tenure among the Amhara of Ethiopia: The Dynamics of Cognatic Descent*. Chicago: University of Chicago Press.

Huntingford, G. W. B. 1965. "The Land Charters of Northern Ethiopia: Introduction." In *The Land Charters of Northern Ethiopia*, edited by G. W. B. Huntingford. Addis Ababa: Haile Sellassie I University, 1-28.

Kane, Thomas Leiper 1990. *Amharic-English Dictionary Volume II*. Wiesbaden: Otto Harrassowitz.

Kassahun Kebede 2009. "Social Demensions of Development-Induced Resettlement: The Case of the Gilgel Gibe Hydro-Electric Dam." In *Moving People in Ethiopia: Development, Displacement & the State*. edited by A. Pankhurst and F. Piguet. Suffolk: James Currey, 49-65.

Keller, Edmond J. 1988. *Revolutionary Ethiopia: From Empire to People's Republic*. Bloomington and Indianapolis: Indiana University Press.

Kuma Tirfe, and Mekonnen Abraham 1995. "Grain Marketing in Ethiopia in the Context of Recent Policy Reforms." In *Ethiopian Agriculture: Problems of Transformation*, edited by Dejene Aredo and Mulat Demeke, Addis Ababa: Addis Ababa University Press, 203-228.

Lautze, Sue., Yacob Aklilu, Angela Raven-Roberts, Helen Young, Girma Kebede, and Jenifer Leaning 2003. *Risk and Vulnerability in Ethiopia: Learning from the Past, Responding to the Present, Preparing for the Future*. Boston: Feinstein International Famine Center, Tufts University and Inter-University Initiative on Humanitarian Studies and Field Practice.

Levine, Donald N. 2000. *Greater Ethiopia: The Evolution of a Multiethnic Society (2nd Edition)*. Chicago & London: University of Chicago Press.

McCann, James C. 1995. *People of the Plow: An Agricultural History of Ethiopia, 1800-1990*. Wisconsin: Univ. of Wisconsin Press.

Marcus, Harold. G. 1994. *A History of Ethiopia*. Berkeley: University of California Press.

Ministry of Land Reform and Administration 1967-1970. *Report on Land Tenure Survey of Arussi, Bali, Gemu Gofa, Haraghe, Illubabor, Kefa, Shewa, Shidamo, Wellega and Welo*. Addis Ababa: Deparment of Land Tenure.

MoFED (Ministry of Finance and Economic Development) 2002. *Ethiopia: Sustainable Development and Poverty Reduction Program*. Addis Ababa: MoFED.

—— 2006. *Ethiopia: Building on Progress- a Plan for Accelerated and Sustained Development to End Poverty (PASDEP)*. Addis Ababa: MoFED.

Mulatu Wubneh 1993. "The Economy." In *Ethiopia: A Country Study (Fourth Edition)*, edited by T. P. Ofcansky and La Verle Berry. Washington, D. C.: Federal Research Division, Library of Congress, 143-205.

NBE (National Bank of Ethiopia) 1986/87. *Quarterly Bulletin, Fiscal Year Series, 2 (2), Second Quarter 1986/87*, Addis Ababa: National Bank of Ethiopia.

—— 1987/88. *Quarterly Bulletin, Fiscal Year Series, 3 (3), 3rd Quarter 1987/88*, Addis Ababa: National Bank of Ethiopia.

NVCC (National Villagization Committee) 1987. *Mender*. Addis Ababa. National Villagization Committee.

Office of the Population Census Commission. n.d. *The 2007 Population and Housing Census of Ethiopia: Statistical Tables for the 2007* [CD-ROM]. Addis Ababa: Central Statistical Agency of Ethiopia.

Pankhurst, Alula 1990. "Resettlement: Policy and Practice." In *Ethiopia: Rural Development Options,* edited by S. Pausewang, Fantu Cheru, S. Brüne, and Eshetu Chole. London and New Jersey: Zed Books, 121-134.

――― 2009. "Revisiting Resettlement under Two Regions in Ethiopia: The 2000s Programme Reveiwed in the Light of the 1980s Experience." In *Moving People in Ethiopia: Development, Displacement & the State,* edited by A. Pankhurst and F. Piguet. Suffolk: James Currey, 138-179.

Pankhurst, Helen 1992. *Gender, Development and Identity: An Ethiopian Study.* London: Zed Books.

Pankhurst, Richard 1961. *An Introduction to the Economic History of Ethiopia from Early Times to 1800.* London: Lalibela House.

――― 1966. *State and Land in Ethiopian History.* Addis Ababa: Institute of Ethiopian Studies.

――― 1985. *The History of Famine and Epidemics in Ethiopia Prior to Twentieth Century.* Addis Ababa: Relief and Rehabilitation Commission.

Pausewang, Siegfried 1983. *Peasants, Land, and Society: A Social History of Land Reform in Ethiopia.* München: Weltforum Verlag.

――― 1990. ""Meret Le Arrashu" Land Tenure and Access to Land: A Socio-Historical Overview." In *Ethiopia: Rural Development Options,* edited by S. Pausewang, Fantu Cheru, S. Brüne, and Eshetu Chole. London and New Jersey: Zed Books, 38-48.

Perham, Margery 1969. *The Government of Ethiopia.* London: Faber & Faber.

Piguet, Francois, and Alula Pankhurst 2009. "Migration, Resettlement & Displacement in Ethiopia." In *Moving People in Ethiopia: Development, Displacement & the State,* edited by A. Pankhurst and F. Piguet. Suffolk: James Currey, 1-22.

Solomon Abebe 2006. "Land Registration System in Ethiopia: Comparative Analysis of Amhara, Oromia, Snnp and Tigray Regional States." In *Standardization of Rural Land Registration and Cadastral Surveying Methodologies: Experiences in Ethiopia,* edited by G. A. S. Bekure, L. Frej and Solomon Abebe. Addis Ababa: Ethiopia-Strengthening Land Tenure and Administration Program (ELTAP), 165-188.

Taddesse Berisso 2009. "Planninng Resettlement in Ethiopia: The Experience of the Guji Oromo & the Nech Sar National Park." In *Moving People in Ethiopia: Development, Displacement & the State,* edited by A. Pankhurst and F. Piguet. Suffolk:

James Currey, 93–101.

Teferra Haile-Selassie 1997. *The Ethiopian Revolution, 1974–1991: From a Monarchical Autocracy to a Military Oligarchy*. London & New York: Kegan Paul International.

Teshale Tiberu 1995. *The Making of Modern Ethiopia: 1896–1974*. New Jersey: The Red Sea Press.

Teshome Mulat 1994. "Trends in Government Expenditure Finance." In *The Ethiopian Economy: Problems of Adjustment: Proceedings of the Second Annual Conference on the Ethiopian Economy*, edited by Mekonen Taddesse and Abdulhamid Bedri Kello. Addis Ababa: Addis Ababa University Printing Press, 143–168.

Uhlig, Siegbert ed. 2006. *Proceedings of the XVth International Conference of Ethiopian Studies (Humburg July 20–25, 2003)*, Wiesbaden: Harrassowitz Verlag.

Yeraswork Admassie 2009. "Lessons from the Food-for-Work Experience of the 1970s and 80s: The Case of Project Ethiopia 2488—Rehabilitation of Forest, Grazing and Agricultural Lands." In *Proceedings of the 16th International Conference of Ethiopian Studies, Trondheim July 2007*, edited by H. Aspen, Birhanu Teferra, Shiferaw Bekele, and S. Ege. Trondheim, 809–821.

Zemelak Ayele 2011. "Local Government in Ethiopia: Still an Apparatus of Control?" *Law, Democracy & Development* 15: 133–159.

終　章

アフリカの国家建設と土地政策

武　内　進　一

　本書の各章は，19世紀後半に遡り，アフリカ諸国の土地政策の変遷を各国別に描き出してきた。まとめにあたる本章では，そこに共通する特徴や変化を国家建設という観点から整理し，得られた知見を明らかにしたい。そのうえで，政策的含意や今後の課題にふれる。土地政策史の歴史的変化は序章でも議論したが，二つの関心——資源管理と領域統治——のせめぎ合いという観点から，国家建設と土地政策の関係性を整理しておきたい。

第 1 節　国家建設と土地政策

　ベルリン会議（1884~1885年）後に植民地国家が成立すると，多くの国で行われたのは，国土の大部分を国家に帰属させ，それを譲渡，処分する権利を政府に与えるための法整備であった。用いられる論理は違っても，アフリカ人による土地利用の私的所有を認めず，国土のほとんどを王領地や国有地として国家に帰属させ，そして国家からヨーロッパ人に譲渡された土地に対してのみ自由土地保有権や土地リース権などの形で私的所有権を与えるという土地権利にかかわる法的枠組みが，植民地期初期に多くの国で構築された。ただし，そうした法的枠組みが設定された後，どの程度の土地がアフリカ人からヨーロッパ人へ移転されるかは，国によって差がみられる。ケニアでは

相当規模の土地がヨーロッパ人入植者に譲渡されたし，コンゴ自由国や仏領赤道アフリカでは広大な土地がコンセッションとしてヨーロッパ企業の手に渡った。一方で，タンザニアやコートジボワールでは入植者に譲渡された土地は限定的であったし，ルワンダとブルンジではヨーロッパ人の入植は進められなかった。気候や居住条件のほかに，入植者以外のヨーロッパ人の利益や，植民地なのか国際連盟（国際連合）の管理下におかれたのかによっても，実際にヨーロッパ人に譲渡される土地の面積は大きく異なった。

すべてのアフリカ植民地において，こうした経過で土地移転が進行したわけではない。植民地国家の法整備より先に土地収奪の実践が進んだ例としてザンビア（北ローデシア）があり，イギリス南アフリカ会社（British South African Company: BSAC）が特許会社として初期の土地取得を主導した。北ローデシアに関しては，後になって英本国政府とBSACとのあいだで土地に対する権限をめぐって論争となり，1924年に正式な英領植民地に変わった。初期の征服をBSACが担い，それが完了した段階で国土を英国政府へと引き渡したことになる。シエラレオネでは，海岸部の西部地域では18世紀末から特許会社による開発が進み，19世紀初頭には英国植民地となって自由土地保有権や土地リース権が配分された。その一方で，19世紀後半に英国の保護領となった内陸部（プロヴィンス）では，植民地当局による土地収用権こそ確立していたが，広大な王領地が設定されることはなかった。法的な枠組みは共通していても，実際にとられた土地政策にはかなりの差があった。

植民地化の初期段階において，どのような土地政策がとられ，どのようにアフリカ人からヨーロッパ人への土地移転が進むかは，どのように／どのような植民地国家が樹立されるかに依存していた。ベルリン会議の後，ヨーロッパ列強にとっての最大の関心事項は実効的支配の確立，すなわち強制力をもった植民地国家の樹立にあった。多くの場合は法制度の整備と実効的支配の確立が同時に進められたが，BSACのような特許会社の活動を通じて後者が先行することも少なくなかった。財政難から，特許会社を利用して国土の開発と統治を請け負わせたコンゴ自由国はその典型例である。時代は1世紀

ほど早いが，特許会社の統治から英国直轄植民地へ変わったのはシエラレオネ西部地域も同じである。その内陸部については，ヨーロッパ人からの土地需要もなく，現地のチーフを介した統治制度によって政治的安定を担保できると考えたために，英国は介入を控えたのであろう。植民地化直後においては，ヨーロッパが中心となった政治秩序，すなわち「ブラ・マタリ」（Young 1994：本書序章参照）の確立が優先されたのである。

　第一次世界大戦後になると，アフリカ人による初期抵抗はほぼ鎮圧され，本格的な植民地統治の時代に入る。政治秩序確立という目的がさしあたり達成された植民地国家は，社会の包摂へと政策の舵を切る。ここでは二つの方向からアフリカ社会を統合し，植民地国家の安定と発展を実現することが目指された。

　第1に，経済開発に資するアクターの養成である。この時期，多くの植民地で，ヨーロッパ人入植者やヨーロッパ系企業への土地譲渡を制限する一方，アフリカ人の土地権利を保護する政策や，アフリカ人小農を育成し，換金作物生産を奨励する政策がとられた。これらは，同時期に進められた教育推進政策やフォーマルセクター労働者への福祉政策などと同様に，アフリカ人を近代資本主義経済に貢献するアクターとして育成する政策といってよい。フォーマル経済にアフリカ人を参加させ，所得向上を通じて生活を改善することは，植民地国家の財政基盤を強化するとともに，社会の安定化を導くと考えられた。ただし，政策転換は決して一斉に行われたわけではない。ヨーロッパ人入植者が相対的に少なかった地域では早い段階から換金作物生産が奨励されたが，ケニアなど入植者の影響力が強い地域ではアフリカ人の換金作物生産は長く抑制された。入植者との競合を避けるためである。それでも，第一次世界大戦終結後，そして戦間期において植民地当局は，アフリカ人を開発のアクターとみなし，市場向け生産活動を奨励する観点から土地政策を見直していった。結果として，土地政策における資源管理の要素が強まったといえる。

　第2に，間接統治政策である。そこでは，原住民統治機構（部族統治機構）

として制度化されたアフリカ人コミュニティに行政，司法権力が委譲され，チーフが植民地権力の末端を担った。これによって，植民地当局の意向がチーフを通じてアフリカ人社会に伝えられることとなり，チーフの権力は以前に比べて大幅に強化された。また，特定領域をカバーする原住民統治機構のもとでは，統治機構の構成員だけが当該領域の土地利用権をもった。こうしたコミュニティはエスニック集団の一部であることが多かったため，エスニック・コミュニティと土地とが強く結びつけられる結果となった。チーフが司法権力を手にしたことで，土地利用などさまざまな社会規範にかかわる慣習法が整備され，仏領では法典などの形で公式化された。間接統治政策は，慣習法のもとで共同体的に土地を利用するというヨーロッパ人のアフリカ人理解に沿って，アフリカ人社会を原住民統治機構のもとに組織化し，植民地国家に統合するものだった。それは領域統治を精緻化する試みであり，同時に土地政策としての側面を色濃くもっていた。

　本書のケーススタディは，アフリカ諸国の土地政策が，植民地期末期に一つの岐路をもつことを示している。ケニアではその時期にアフリカ人に対する私的所有権付与政策がとられたのに対して，それ以外の国々では圧倒的多数のアフリカ人が私的な土地所有権をもたないまま独立を迎えた。白人入植者が強い政治力をもっていたケニアでは，アフリカ人小農による市場向け生産活動は他の植民地よりも長く抑圧されたものの，反植民地闘争対策の一環で劇的な政策転換が起こり，アフリカ人小農に対する土地私有権供与が進められた。独立後もこの政策が引き継がれ，私有地は急速に拡大した。私有化の波は農業適地のみならず半乾燥地にも及び，多くの野生動物が生息するマサイランドのような地域でさえ私有地化が進展した（目黒 2015；Campbell 1993; Mwangi 2007a）[1]。

　一方，ほとんどのアフリカ諸国では，アフリカ人が土地に対して私的所有権をもつことが許されないまま独立した。そして，独立後の政府もまた，自国民に対して私的土地所有権を付与することに熱心ではなかった。タンザニア，ザンビア，ザイール，ルワンダなど多くの国で，独立後の政府は土地の

国有化を宣言し，国民に私的所有権を与えなかった。独立したアフリカ諸国の多くにとって，土地の私的所有権は植民地当局がヨーロッパ人に与えたものであり，したがって克服すべきものであった。社会主義への指向性，資源ナショナリズム，そして国家主導の開発政策といった，この時代を特徴づけるイデオロギーも，私的土地所有権の確立を促進する政策を阻害した。この時期のアフリカ諸国は，植民地を脱して新たな政治秩序を確立する必要に迫られていたが，彼らが目指す政治秩序は，多くの場合，土地の私的所有権と親和的ではなかった。こうした状況下，独立後のアフリカにおいて，私的土地所有権の確立が進まなかったのである。

しかし，1990年代以降，アフリカ諸国の多くが，土地利用者の権利を強化する方向で土地改革を実施した。そのほとんどは土地再分配政策ではなく土地関連法の改革であり，市場化政策と歩調を合わせて，国際社会（とくに先進国ドナー）の後押しで制度改革が行われた。個人の土地権利を強め，生産拡大のインセンティブを高める政策が，本格的に導入されたのである。ただし，この時期の個人所有権強化政策は，国際社会の強い影響／圧力の結果として導入された側面が強いとみるべきだろう。多くのアフリカ諸国は，人々に強力な私的所有権を与えようとしていない。土地は依然として国家に帰属し，人々の土地に対する権利にはさまざまな制約が加えられている。その背景には，多くの国にとって政治秩序確立の課題が過去のものとはいえない実情がある。

その点がはっきり現れるのは，紛争経験国である。この時期の土地改革は基本的に土地法の改革であったが，紛争後という文脈で考えれば，幾つかの国でラジカルな土地再配分政策がとられている。たとえば，ルワンダやブルンジでは，帰還民に対して土地を分配する政策が実施された。とくにルワンダにおいて顕著だが，この再配分政策には政権の支持基盤強化という動機づけが観察される。すなわち，領域統治の安定化という目的に沿った政策といえる。そうした再配分政策を誘発するほどに内戦によって政治権力構造が変化したのであり，その安定にはしばらく時間がかかると考えるべきだろう。

冷戦終結後のアフリカで個人の権利強化政策がとられているとはいえ，政権基盤の安定化という政策上の動機は依然として重要である。

　われわれの事例研究では，エチオピアは植民地経験を事実上もたない。しかし，国家建設の観点から土地政策を分析し，領域統治（支配）と資源管理（開発）のせめぎ合いとしてそれを解釈する視角は，エチオピアに対しても有効である。サブサハラアフリカでは例外的に，エチオピアは自律的な国家形成の歴史をもち，19世紀後半には皇帝を頂点とする封建的な土地制度が成立していた。20世紀半ば以降，皇帝の主導により中央集権化が進められ，封建的な土地制度の改革が試みられた。1974年の革命によって政権を握った軍部は，皇帝や領主階級を追放し，貢納制度を廃止する一方，土地を国有化して農地改革を実施した。この段階までの土地政策は，いずれも国家権力側（皇帝，軍部）が政権基盤の強化を目指して立案・実施したものであり，生産者の土地権利安定化という動機づけは不在だった。開発への関心以上に支配への関心が土地政策の性格を規定していたといえよう。1991年に内戦に勝利したエチオピアの新政権は，生産者の権利強化を謳い，土地登記を実施した。農民主導の開発という特徴が強まってはいるが，土地所有権は公式には依然国家の手に残されたままであり，農民が手にしているのは使用権にすぎない。新政権下の経済政策は全体として自由化の方向を向いているものの，所有権政策や再定住政策など，土地関連政策にはトップダウンの要素が強く残っている。

　皮肉なことに，土地に対する個人の権利を強化する政策が多くの国々で導入されている近年のアフリカにおいて，人々が土地を失う現象，いわゆるランドグラブが進行している。この現象にはもちろん多様な要因があるが，アフリカ諸国の国家建設と土地政策にかかわる議論から次の点を指摘することができる。すなわち，ドナーの要請で土地利用者の権利強化を目指す土地法改正に踏み切ったとしても，多くのアフリカ諸国の政権担当者にとって政治秩序確立の課題は依然として重大な関心事であり，国家が主導するトップダウンの政策が選好される。その結果，政府関係機関や政治的有力者が土地取

引に大きな裁量権をもつ構造が成立しやすい。国家による統治が社会に十分に貫徹しておらず，政治秩序確立の課題が解決されていないことが，土地政策や土地権利のあり方に反映するのである。

　アフリカの国家建設は，19世紀末にヨーロッパ人によって創られた「ブラ・マタリ」がアフリカ人社会を組み込み，独立後はアフリカ人の手によって再編される過程であった。建設当初の「ブラ・マタリ」は，アフリカ人から土地を奪っただけで，彼らの土地権利を守ることはしなかった。その役割を担ったのは，もっぱらアフリカ人社会（コミュニティ）であった。しかし今日，ルワンダやエチオピアなど，相当な数の国民に土地権利証書を分配する国家が出現している。これは，「ブラ・マタリ」の創設から一世紀余りが過ぎ，国家が人々の土地権利に深くかかわり，それを保護する役割を担うようになったことを意味している。ただし，今日にあっても，人々の土地権利保護に果たすコミュニティの役割は依然非常に大きい。土地権利の根拠として，国家による公式な法制度と，ローカルに複数存在する非公式なそれの双方がともに重要なのである。公式な法制度が十分に浸透せず，人々の日常的な権利を守ることが難しいからこそ，非公式な法制度が残存する。複数の法制度体系の併存状況は，アフリカにおける国家建設の今日的特質を反映しているといえよう。近年の土地法改革によって，公式の法体系は従来以上に住民の土地権利に深くかかわるよう再編された。この政策の影響を検討することは，土地利用者の権利強化を謳った政策や法制度が施行されるなかでランドグラブが急速に進行するという，アフリカの現実を理解するために不可欠である。検討のためには政策に対する社会の対応を詳細に分析する必要があり，したがって本書の射程を超えるが，今後の重要な研究課題だと認識している。

第2節　本書の意義と政策的含意

　アフリカ諸国の土地政策の変遷を百年余りの国家建設のなかで跡づける本書の試みは，幾つかの意義を有している。こうした方法を選択したそもそもの問題意識は，現在の政策を理解し，評価するためには，政策形成の経緯を把握する必要があるというものであった。本書各章が明らかにする各国の土地政策史は，それ自身各国の現在の土地政策を理解するうえで不可欠の事実を知らしめてくれる。歴史的な経緯や変化を理解する重要性はいかなる政策に関しても同じだが，対象が土地であるとき，こうした方法は国家建設に光を当てる。土地という社会の根幹をなす資源に対する政策（すなわち国家の意図）を跡づけることにより，国家が社会を包摂する過程が浮かび上がるからである。10カ国を扱った各章のケーススタディから，土地政策の二つの経路が明らかになった。

　植民地化の初期には，強力な政策執行能力をもつ植民地国家（「ブラ・マタリ」）の創出と，それによる政治秩序の確立およびヨーロッパ人への土地移転の促進が，政策課題として優先された。戦間期以降は，アフリカ人を経済開発に資するアクターととらえて土地利用の安定化を図るとともに，間接統治を通じてアフリカ人社会を植民地国家に連結させる政策がとられた。ここまでの過程は，ほぼ共通している。しかし，植民地期末期に政策の分岐点がある。ケニアとそれ以外の国々である。ケニアでは，植民地期末期以降，アフリカ人に対して土地の私的所有権が政策的に供与され，独立以降もそれが継続された。結果としてケニアでは，私有地が顕著に拡大した。それに対して，ケニア以外の国々では，植民地期において多くのアフリカ人に土地の私的所有権は与えられなかったし，その傾向は独立後も変わらなかった。自由土地保有権や土地リース権などの私的所有権は植民地期にヨーロッパ人に与えられた経緯から忌避された一方で，国家主導型経済政策や民族主義と相まって，土地の国有化が進んだのである。

これら土地政策の二つのパターンは一見すると対照的だが，いずれも土地利用者の権利の安定化に成功しなかった点で共通している。土地の国有化が進んだ国々においては，土地利用者の権利は法的に曖昧なままにされ，それが国家による恣意的な土地分配を許した。モブツ政権下のザイール（コンゴ民主共和国）で1975年に制定された国家中心的な土地法によって，多くの土地が政治的有力者に都合のよいように分配され，深刻な土地紛争と政治不安を引き起こしたのはその一例である。一方，ケニアでは私有地が顕著に拡大したものの，やはり土地利用者の権利は必ずしも安定しなかった。第1章で詳述されたように，ケニアでは土地私有化の過程で，土地が政治資源として利用された。政治エリートはしばしば公有地を私物化し，支持層に分配したり，批判勢力から土地を収奪した。権威主義的政治体制下で進められた土地の私有化は，市民の所有権を保護して民主主義の社会的基盤を提供するというより，有力政治家の道具としてパトロン・クライアント関係の強化に使われたのである[2]。キクユ人の入植地拡大はその一例であり，カレンジンやマサイなど他のエスニック集団と軋轢を深めた結果[3]，とくに複数政党制が導入された1990年代以降，土地をめぐる武力衝突の頻発を招くこととなった（津田 2000；2003）。大統領選挙をきっかけとして2007〜2008年にケニア全土に広がった暴力の波は，その帰結である。ザイールとケニアの土地政策は大きく異なるが，その結果は驚くほど似通っている。

　土地政策と国家建設という観点からアフリカの百年余りを跡づけたとき，従来アフリカ研究で流通してきた幾つかの類型を相対化する必要に気づく。たとえば，これまで当然のように，宗主国ごとに植民地経営が異なると考えられてきた。その種の差異を否定するつもりは毛頭ないが，国家がアフリカ人社会を包摂していく過程，そしてその方法や帰結に関しては，宗主国による差異よりも共通点の方が大きい。どの宗主国も——使う論理にちがいはあっても——アフリカ人から土地を奪うために法制度を利用し，また間接統治制度を通じてアフリカ人社会を植民地国家に接合させた。独立直前の時期を分岐点としてケニアとそれ以外の国々のあいだで対照的な土地政策がとられ

たが，結局土地権利の安定化に寄与しなかったという帰結に大きなちがいはない。旧宗主国による類型にせよ，入植植民地と小農輸出経済という類型にせよ，土地政策の分析を通じて差異のみならず連続や共通性が浮かび上がる。

本書が有する政策的な含意として，土地ガバナンスにかかわる問題がある。世界銀行によれば，ガバナンスとは「公的部門が公共政策を決定し，公共財を提供する際に，権威を獲得して行使するやり方」（World Bank 2007, 67）と定義できるが，土地ガバナンスとは土地所有権の定義や交換，移転のあり方，土地の利用，管理，課税に関する公的監督，国有地の管理，土地所有情報の管理，土地紛争解決の方法などが含まれる（Deininger, Selod and Burns 2012, 12）。国家による土地管理を総合的に示す言葉ととらえてよい。分析を通じて明らかになったのは，多くのアフリカ諸国においては，政治秩序確立の課題が依然として中心的な関心事であり，政治的有力者が土地取引に大きな裁量権をもつ構造が成立しやすいということであった。これは国民に強い土地所有権が与えられていない多くのアフリカ諸国はもとより，それが与えられたケニアも同じである。いずれにしても，アフリカにおける土地ガバナンス，国家による土地の管理は多くの問題をはらんできたといえるだろう。

ここには政治秩序確立をめぐる重大な矛盾が内包されている。独立後のアフリカ諸国では，政治秩序の確立が，しばしば国家にかかわる法や制度の強化ではなく，政治エリートの権力強化を通じて追求されてきた。国家を支える制度ではなく，国家権力を握る人々の裁量権を強めることで，政治秩序の確立が目指されたわけである。パトロン・クライアント関係強化の道具として私有地の分配が利用されたケニアは，その典型である。しかし，こうして確立された政治秩序は脆弱なものでしかない。まさにケニアがそうなったように，土地配分をめぐる不満が蓄積され，いったん噴出すれば大規模な暴力を伴って政治秩序を根底から揺るがせる。政治秩序確立の努力が，その安定性を足元から掘り崩すことになる。

近年アフリカの土地ガバナンスが注目され，その評価や改善に向けて具体的な取り組みが進められている（Byamugisha 2014）。たとえば，世銀が作成

した土地ガバナンスの評価マニュアルでは，土地ガバナンスの構成要素を1）法制度枠組み，2）土地利用計画，管理，課税，3）公有地管理，4）土地関連情報提供，5）土地紛争解決・管理，の五つの要素に分解し，全21項目（下位分類項目総数80）で評価する（Deininger, Selod and Burns 2012）。こうした「成績表」を通じて国ごとに強化すべきガバナンスの要素を明確化し，また経年比較によってその傾向を把握する取り組みといえよう。

　一方，本書の分析から明らかなのは，アフリカの土地ガバナンスの問題は政治権力のあり方と密接に関連していること，したがってその問題にアプローチするためには政治権力構造を理解し，それをふまえて対応策を講じる必要があるという政策含意である。逆にいえば，土地ガバナンスを政治権力構造と切り離し，技術的な問題として扱うことは危険である。土地の利用や所有に関する公的制度の導入だけを重視し，それをむやみに急がせるなら，人々の土地に対する権利を不安定化させる恐れさえある。アフリカでは今日なお，公的な法制度だけでなく，人々のあいだに根付いた慣習的な制度が，土地の利用や管理，分配に極めて重要な役割を担っている。農村部を中心に，大部分の人々が日常生活で依拠しているのは，この慣習的な制度なのである。アフリカの土地ガバナンスが脆弱だと指摘され，国家による土地の管理が多くの問題をはらむ背景には，公的な法制度と慣習的な制度が併存するという事実がある。

　近年の土地法改革は，国家による公的な土地管理制度を整備し使用者の権利を強化しようとするものだが，それが現実にどのような効果をもつのかは慎重な検討が必要である。土地ガバナンス強化の名のもとに全国一律の公的な制度が導入され，土地に対する政策的介入が強まれば，政治エリートが土地分配に関与する機会も増えるだろう。それは政治エリートが複数の法体系の差異を操作する余地を広げ，結果として彼らが土地を獲得する機会，そしてローカルな場に生きる人々が土地を失う機会を増やすかもしれない[4]。こうした事態をどのように防止するかは極めて重要な政策課題である。本書においてこの問題を正面から検討することはできないが，少なくとも土地政策

の評価にあたっては，上述したアフリカにおける土地制度の二重性をふまえて，それがローカルレベルでどのような影響を与えるのか，十分に検討される必要がある。

第3節　今後の課題

　本書は，10カ国を対象としてアフリカ土地政策史を明らかにし，相互に比較検討を加えつつ，土地への介入という観点からアフリカにおける国家建設の歩みを描き出した。こうした試みは，日本では（おそらく世界的にも）類をみない重要なものと自負している。ただし，本書は2年間の共同研究会の最終成果物ではあるものの，ここで研究を終えるような区切りではない。むしろ，これを礎として，さらなる研究が要請されると考えている。

　本書の成果は，今後三つの方向に展開すべきものである。第1に，もっと多くの国々の土地政策史が明らかにされねばならない。本書はアフリカ10カ国を扱ったが，それでも南アフリカやジンバブウェ，ナイジェリアやガーナといった重要な国々が欠落している。こうした国々の経験を子細に検討することを通じて，アフリカの国家建設と土地との関係がより詳細に浮かび上がってくるだろう。第2に，国家の意図だけでなく，社会の反応をより細かく検討する必要がある。序章で述べたように，本書では扱うタイムスパンが長いこともあり，政策史，つまり国家の意図に焦点を合わせた。しかし，国家建設という観点から考えようとすれば，社会の反応についてより詳細な分析が必要とされる。この点については，2015年度からアジア経済研究所で実施されている後継の研究プロジェクト「冷戦後アフリカの土地政策」において検討を深める予定である。第3に，あるべき政策についての議論を深める必要がある。本研究の根本的な問題意識は，食糧価格が高騰し，ランドグラブが進行するアフリカにおいて，今日どのような土地政策がとられるべきなのかという点にある。具体的な政策の検討や政策担当者との対話を通じて，こ

れに関する検討を進めていく必要がある。たとえば，本書の政策的含意として，前節では土地ガバナンスの重要性やその潜在的な危険性が指摘された。この指摘を政策実施に際してどのように生かすことができるのか，さらに考えていかねばならない。

　Boone（2014）はアフリカの土地問題に関する重要な著作だが，そこには土地政策に関する悲観的な政策含意を読み取ることができる。土地紛争のパターンを類型化した彼女は，アフリカにおいて国家が土地に直接介入する政策をとったとき，それが常に国家レベルの甚大な紛争に帰結してきたという結論を導く。ケニアの土地再配分政策，コートジボワールにおけるコーヒー・ココア生産地帯への移民導入政策，独立後ルワンダの「ペイザナ」（小農民育成）政策など，国家が直接土地権利を分配する政策をとったとき，それがのちになって武力紛争の原因を生み出してきたと彼女は主張する。そして，その主張は過去の事例をみるかぎり，かなりの程度説得的である。しかしながら，彼女はこの研究によって，アフリカの国家は土地に介入すべきでないという政策的含意を導こうとしているのではないだろう。そうした紛争に帰結する危険性の高さを認識しつつ，どのような土地政策をとるべきか，慎重に検討すべきだというのが真意だと思う。今日のアフリカにおいて，国家が土地から手を引くだけで問題が解決するとは考えられない。どのような政策的関与があり得るのか，過去の経験をふまえて考え続けることこそ，同時代を生きるわれわれの責務だと思う。

〔注〕
(1) ケニアの事例は，もともとアフリカ人が居住・利用していた地域に対しても私有地化政策が進められた点で特殊である。本書のケーススタディでは扱っていないが，南アフリカやジンバブウェにはケニア以上に大量のヨーロッパ系住民が入植した。白人入植地にはどの国でも私的所有権が供与され，アフリカ人が政治権力を握った後はその返還問題が議論されてきた。しかし，ケニアと違ってこの両国では，旧アフリカ人地域に対してまで私有地化政策が積極的に進められてはいない。ケニアにおける近年の土地改革では，過度な私有化政策への反省から，土地に対する私的所有権を相対化し，必要に応

じて政府の収用を促す方向へと政策が転換されつつある。しかし，現実に実効的な政策転換がなされているかについては疑問が呈されており，その方向性についてはしばらく観察が必要と思われる（詳しくは，本書第1章参照のこと）。

(2) 私的所有権の確立は，たとえばフランス革命に際してブルジョワジーの中核的要求の一つであったし，それが経済発展の前提条件をなすとの議論もある（De Soto 2000）。私的所有権は近代における基本的人権の構成要素の一つだが，その供与，配分の方法によっては，政治的資源としてパトロン・クライアント関係の強化にも資するということである。

(3) マサイランドの私有化を推進させた要因として，独立前後からキクユ人など農耕民の入植が進んだため，土地不足を恐れたマサイ人が自己の所有地を確保しようとしたことが指摘されている（Mwangi 2007a; 2007b）。

(4) ザンビアでは，1995年に新しい土地法が制定されて以降，ローカルチーフが住民に相談なく土地を外部者に売却する事例が報告されている（大山 2015）。この背景には，土地法改革や土地に対する需要増に加えて，やはり近年ドナーによって積極的に進められた地方分権化政策の影響がある。近年の土地政策の評価は，こうした具体的事例をふまえつつ慎重になされる必要がある。この論点に関しては，島田周平教授（東京外国語大学）に示唆をいただいた。

[参考文献]

＜日本語文献＞

大山修一 2015.「慣習地の庇護者か，権力の濫用者か――ザンビア1995年土地法の土地配分におけるチーフの役割――」『アジア・アフリカ地域研究』14(2) 244-267.

津田みわ 2000.「複数政党制移行後のケニアにおける住民襲撃事件――92年選挙を画期とする変化――」武内進一編『現代アフリカの紛争――歴史と主体――』アジア経済研究所 101-182.

―― 2003.「リコニ事件再考――ケニア・コースト州における先住性の政治化と複数政党制選挙――」武内進一編『国家・暴力・政治――アジア・アフリカの紛争をめぐって――』アジア経済研究所 219-261.

目黒紀夫 2015.「野生動物保全が取り組まれる土地における紛争と権威の所在――ケニア南部のマサイランドにおける所有形態の異なる複数事例の比較――」『アジア・アフリカ地域研究』14(2) 210-243.

＜外国語文献＞

Boone, Catherine 2014. *Property and Political Order in Africa: Land Rights and the Structure of Politics*. Cambridge: Cambridge University Press.

Byamugisha, Frank F. K., ed. 2014. *Agricultural Land Redistribution and Land Administration in Sub-Saharan Africa: Case Studies of Recent Reforms*. Washington D. C.: The World Bank.

Campbell, David J. 1993. "Land as Ours, Land as Mine", In *Being Maasai: Ethnicity and Identity in East Africa*, edited by Thomas Spear and Richard Waller, London: James Currey, 258-272.

Deininger, Klaus, Harris Selod, and Anthony Burns 2012. *The Land Governance Assessment Framework*. Washington D. C.: The World Bank.

De Soto, Hernando 2000. *The Mystery of Capital: Why Capitalism Triumphs in the West and Fails Everywhere Else*. New York: Basic Books.

Mwangi, Esther 2007a. "Subdividing the Commons: Distributional Conflict in the Transition from Collective to Individual Property Rights in Kenya's Maasailand", *World Development*, 35 (5) : 815-834.

——— 2007b. "The Puzzle of Group Ranch Subdivision in Kenya's Maasailand", *Development and Change*, 38 (5) : 889-910.

World Bank 2007. *Strengthening World Bank Group Engagement on Governance and Anticorruption*. Washington D. C.: The World Bank.

Young, Crawford 1994. *The African Colonial State in Comparative Perspective*. New Haven: Yale University Press.

索引

【アルファベット】

ADLI（農業開発先導型工業化） 242, 243, 245
AOF（フランス領西アフリカ） 150, 151, 153, 167
APC（全人民会議） 117
BSAC（イギリス南アフリカ会社） 64-75, 84, 85, 256
CNTB（土地その他財産に関する国家委員会） 188, 194
EPRDF（エチオピア人民革命民主戦線） 225, 226, 242-246, 248
HCB（ベルギー領コンゴ搾油会社） 175, 176, 190
MPR（革命人民運動） 180
PEV（選挙後紛争，2007/08年紛争） 31, 32, 34, 46, 48, 50, 54, 58
PFR（農村土地計画） 157
RPF（ルワンダ愛国戦線） 172, 184-187, 192, 193
SLIEPA（シエラレオネ投資輸出促進庁） 110
SLPP（シエラレオネ人民党） 117
UMHK（上カタンガ鉱業連合） 176, 180

【あ行】

アサル 197, 198, 204, 217-219
アジア系 33, 54, 55, 128
アラブ系 23, 32, 36, 39, 53-55, 126, 140
アラブ人→「アラブ系」を見よ
空き地ならびに無主地 9, 150-153
イギリス南アフリカ会社→「BSAC」を見よ
イタリア 21, 68, 200-204, 220, 221, 226, 227, 231, 234, 248
イボワール人性 159, 168
インド人→「アジア系」を見よ
一般法 89, 96-98, 106, 107, 114, 116
ウジャマー村 123, 134-136, 139, 140, 142
ウフェ＝ボワニ，フェリックス 16, 156-158
ウムドゥグドゥ 185
エチオピア 5, 15, 18, 19, 21, 22, 201, 220, 225-227, 229-231, 233-235, 238, 239, 242, 243, 246, 248, 249, 260, 261
――人民革命民主戦線→「EPRDF」を見よ
――正教会 229, 230, 248
エリオット，チャールズ 33
オガデン 214, 215, 217
オディンガ，ライラ 48, 49, 52, 58
オルドナンス xii, 24, 173, 181
オロモ 214, 245
王領植民地 100, 103, 104
王領地 xii, 8-10, 16, 33, 34, 39, 45, 53, 56, 57, 74, 76-80, 84, 85, 100, 101, 103, 105, 124, 125, 255, 256
王領地条令（ケニア） 10, 33, 34, 39, 45, 56

【か行】

カガメ，ポール 185
ガルチ 197, 198, 204, 217, 218
カレンジン人 46, 47
革命人民運動→「MPR」を見よ
慣習占有権 122, 123, 137-140
慣習地 17, 63, 64, 83, 84, 137, 182, 183
慣習的権利 20, 21, 153, 157-159, 161, 163, 175, 181-183
慣習的な土地権 121-124, 126, 127, 131-134, 136, 137, 139, 140, 142, 188
慣習法 9, 13, 16, 38, 57, 63, 75, 76, 79, 85, 89, 90, 96-98, 102, 107, 116, 122, 126, 128, 130, 135, 137, 138, 179, 181, 182, 258
間接統治 12-16, 77, 84, 90, 118, 127, 129, 141, 142, 166, 178, 179, 191, 257, 258, 262, 263
上カタンガ鉱業連合→「UMHK」を見よ
キクユ人 15, 41, 42, 44, 46-48, 53, 54, 263, 268

北チャーターランド開発会社　71, 74, 75
北ローデシア　10, 64, 65, 67, 70-80, 82, 84, 85, 256
キバキ，ムワイ　47-49, 52
旧ホワイトハイランド　14, 42-44, 46, 48, 53
行政財産国有地　xii, 24, 151, 166, 190
行政評議会　xii, 66, 74
共同保有　63, 64, 83
居留地　xii, 8-10, 16, 34, 36-42, 55-57, 70, 73-76, 78-85, 173
グリ　197, 198, 204, 217-219
クリオ　101, 106
グルト　227-233, 235, 247
ゲッバル　227-229
ケニア　5, 9, 10, 14, 15, 17, 18, 20, 21, 23, 25, 31-34, 36-42, 45-55, 57, 73, 125, 193, 255, 257, 258, 262-264, 267
ケニヤッタ，ジョモ　15, 46, 58
憲法　xii, 36, 42, 43, 48-51, 54, 55, 57, 58, 81, 96, 136, 179-181, 185, 191, 207, 227, 231, 238, 242, 248
県行政官　94, 130, 133
県長官　56, 77, 94, 107, 129
原住民　8, 12, 45, 76, 78, 81, 90, 106, 116, 123, 127-129, 139, 140, 150, 151, 178, 181
　――居留地　xii, 8, 9, 16, 34, 36-42, 55-57, 70, 73-76, 78-81, 84, 85
　――財務局　129, 130
　――裁判所　129, 130
　――信託地　77-81, 84, 85
　――政策　177, 178, 191
　――土地法（南アフリカ）　10
　――統治機構　12, 13, 38, 56, 77, 78, 84, 129, 130, 133, 139, 142, 257, 258
限嗣所有権　xii
鉱山鉱物条令（シエラレオネ）　112, 114
鉱山鉱物法（シエラレオネ）　112, 114, 118, 119
鉱物権　112-114
ゴーシャ　198, 199, 203, 204, 207, 213, 214, 217, 219, 220
コートジボワール　5, 16, 20, 21, 24, 25,

147-150, 152, 154-157, 159, 160, 163-168, 256, 267
コーヒー　12, 147, 152, 154, 156, 157, 165, 192, 229, 267
公有地　58, 121, 124, 128, 131, 132, 141, 208, 263, 265
国有地　16, 24, 45, 47-49, 53, 54, 80, 81, 115, 151, 167, 173, 182, 183, 190, 192, 255, 264
ココア　12, 147, 152, 155-157, 165, 267
国家建設　4, 5, 22, 23, 123, 134, 255, 260-263, 266
国家土地委員会（ケニア）　49, 51, 52, 54, 57, 58, 115
国家土地政策原案（シエラレオネ）　115, 116
小屋税　71
コロマ，アーネスト・バイ　117
コロンヤシステム　202
コンゴ自由国　8, 11, 23, 24, 171-174, 177, 188, 190, 256
コンゴ民主共和国　5, 21, 25, 171, 189, 263
コンセッション　xii, 10, 11, 24, 66-71, 73-75, 84, 109, 110, 114, 166, 172-176, 179-182, 186, 190, 192, 201-203, 205, 256
　――条令，1931年　109, 110, 114
　――法　110, 111

【さ行】

ザイール　5, 16-18, 24, 171, 172, 180-182, 184, 189, 192, 258, 263
　――化政策　18, 181, 192
ザンビア　5, 9, 10, 19-21, 63-66, 68, 80-85, 256, 258, 268
再定住政策　16, 235, 238, 241, 244, 245, 247, 249, 260
シアド・バーレ，モハメド　197, 206, 212, 214-221
シーガド　200
ジーモ　199
シエラレオネ　5, 16, 21, 89-91, 93-100, 102, 104, 108, 112, 114, 118, 256, 257

──植民地　89, 90, 99-103, 105, 106, 109
──人民党→「SLPP」を見よ
──投資輸出促進庁→「SLIEPA」を見よ
──保護領　89, 105, 106, 108, 112
資源管理　4, 5, 12, 14, 21, 23, 31, 148, 189, 226, 255, 257, 260
私的所有権　8, 9, 12, 13, 16, 17, 19, 23, 24, 32, 34, 36, 39, 41-43, 45, 49, 53, 57, 173, 174, 180, 182, 186, 227, 237, 255, 258, 259, 262, 267, 268
市場メカニズム　83
シャラムブード　210
私有　13, 16-19, 23, 36, 37, 40-45, 47-55, 57, 63, 64, 83, 100, 174, 247, 258, 262-264, 267, 268
集村化　134-136, 138, 140, 239-241
州長官　91, 92, 129, 130, 133
自由土地保有権　xii, 17, 32, 75-77, 80, 81, 85, 100-103, 107, 112, 116, 125, 127, 130, 131, 141, 190, 255, 256, 262
首席行政官　94
ジュバ川　198, 199, 201, 215
生涯所有権　xii
証書登記条令. 1906年（シエラレオネ）　101, 102
植民地省　73, 108, 191
所有権　ix-xii, 9, 19-21, 33, 34, 38, 42, 48, 54-56, 58, 64, 73, 74, 83, 105, 121, 136, 153, 154, 159, 166, 167, 176, 177, 179, 231, 259, 260, 263
枢密院　73, 74
西部地域　89-93, 95-99, 102-104, 111, 115-118, 256, 257
セッション　172-176, 179, 180, 182, 190
絶対的所有権　xii, 77
選挙後紛争→「PEV」を見よ
全人民会議→「APC」を見よ
占有権　xii, 39, 82, 122, 123, 127-129, 131, 132, 136-141, 151, 160, 173, 189
専有地　183
総督　xii, 33, 34, 39, 45, 53, 55, 56, 66, 74-78, 82, 85, 89, 105, 106, 109, 125, 127-130, 151, 166, 167, 228, 231
ソマリア　5, 17, 21, 24, 34, 197-199, 201-207, 209, 212, 213, 215-221, 239
村落土地法. 1999年（タンザニア）　121-123, 137-140
村落入植計画（タンザニア）　132, 134

【た行】

ダシェーゴ　199, 200, 203
タンザニア　5, 15, 17, 19, 21, 24, 34, 121-124, 127, 129, 131, 132, 134-136, 138-142, 194, 256, 258
チーフ　12-15, 20, 24, 37, 39, 40, 56, 64, 66-68, 71, 73, 77, 78, 82-84, 90, 95, 106, 178, 179, 183, 191, 228, 257, 258, 268
チーフダム　16, 94, 95, 98, 115, 116, 118, 178, 179, 181, 191
──議会　16, 94, 95, 106-108, 113, 116, 118
地表権　112-114
地方議会　93-95
地方裁判所　96, 98, 118
直接統治　90, 141, 142
勅令　xii, 36, 38, 39, 41, 55, 67, 68, 70, 72-76, 79, 80, 82, 84, 127, 128
ディーガーン　200, 215
ディギル　204, 217
デクレ　xii, 167, 168, 173, 175, 178, 182, 191, 192
デルグ　225, 226, 235, 237-239, 241, 242, 244-246, 248
伝統的権威　63, 64, 66, 80-83, 85, 139
10（テン）マイル帯状地域　34, 36, 47, 55
ドーンク　199
土地ガバナンス　20, 21, 25, 264, 265, 267
土地権利証書　xi, 19, 23, 52, 137, 138, 140, 186, 261
土地再分配　31, 44, 237-239, 241, 248, 249, 259
土地収奪　8-10, 20, 22, 24, 46, 80, 84, 124, 174, 214, 256
土地証書　158, 162, 164, 168

土地所有　12, 15, 23, 24, 33, 37, 41, 44, 46, 50, 53, 54, 63, 76, 82-84, 95, 102, 105-108, 113, 114, 116, 118, 154, 160-163, 167, 185, 230, 246
土地所有権　5, 33, 34, 38, 42, 54, 83, 149, 157, 160, 161, 163, 174, 180, 190, 193, 243, 258-260, 264
土地所有証明書　63, 82-84
土地その他財産に関する国家委員会→「CNTB」を見よ
土地登記　41, 42, 45, 51, 129, 138, 161, 162, 172, 175, 179, 183, 186-188, 210, 213, 214, 216, 217, 225, 242, 243, 245, 247, 260
土地法　3, 10, 16, 19, 20, 25, 41, 51, 52, 63, 65, 81-83, 107, 108, 111, 113, 116-118, 127, 128, 131, 132, 134, 135, 152, 166, 183, 184, 186, 188, 189, 192, 193, 204-207, 210, 213, 214, 216, 218, 243, 247, 259-261, 263, 265, 268
土地法，1973年（ルワンダ）　180-182, 189
土地法，1998年（コートジボワール）　149, 155, 157, 158, 160-162, 165, 168
土地法，1999年（タンザニア）　121, 122, 137
土地保有　ix, x, xii, 6, 17, 37, 41, 46, 83, 121, 132, 135, 136, 141, 158, 197, 199, 200, 210, 215, 216, 218, 221, 233, 237, 241, 244, 249
土地保有権　151, 153, 158, 161, 216-219, 245
土地リース権　xii, 32, 76, 77, 80-85, 100-103, 107, 112-114, 116, 125, 127, 128, 130, 131, 141, 208-213, 216, 217, 219, 255, 256, 262
土壌保全　11, 12, 38, 177, 191

【な行】

ナショナリズム　17, 80, 181, 188, 259
ナバドゥーン　199, 214
2007/08年紛争→「PEV」を見よ
二重性　63, 64, 85, 266

入植者　8-10, 16, 24, 33, 34, 40, 43, 47, 48, 55, 64, 68, 72-80, 84, 85, 99-101, 103, 125, 147, 148, 152, 153, 156, 176, 177, 191, 192, 256-258
入植植民地　9, 16, 99, 100, 103, 104, 152, 154, 264
認可占有権　122, 129, 131, 132, 138, 141
農業開発先導型工業化→「ADLI」を見よ
農業土地法，1975年（ソマリア）　207, 210, 213, 214, 216, 218
農村土地計画→「PFR」を見よ

【は行】

ハイレ・セラシエ1世　15, 227, 231, 248
パラマウント・チーフ　13, 64, 66-68, 71, 75, 95, 106, 107, 111, 114-116, 118, 130
バロツエランド　67, 68, 70, 73, 74, 77, 81, 84
――協定　81
非原住民　106, 107, 114, 116, 124, 125, 127-131, 141
ファラック　197, 198, 204, 217, 218
不在地主　81, 213, 233, 234
ブラ・マタリ　8, 22, 257, 261, 262
フランス民法　9, 150, 166, 167
フランス領西アフリカ→「AOF」を見よ
ブルンジ　5, 17, 21, 23-25, 124, 127, 141, 171-173, 182-184, 187, 188, 192, 194, 256, 259
プロヴィンス　16, 89-98, 102, 104, 105, 107, 110-116, 118, 256
――土地法　107, 108, 111, 113, 116, 118
複数政党制選挙　46, 47, 82
布告　xii, 174, 207, 237, 238, 243
部族統治機構　16, 106, 112, 114, 257
「部族の土地」（tribal land）　78
普通財産国有地　xii, 24, 151, 166, 190
分枝国家　89-91, 97, 115
ペイザナ　177, 191, 267
ベディア，H・コナン　158-160, 168

ベルギー領コンゴ搾油会社→「HCB」
　を見よ
法的無策　149, 154, 155
北西ローデシア　66, 67
北東ローデシア　66, 70, 72
保護領　32, 33, 36, 39, 45, 49, 55, 70, 73,
　78, 89, 90, 94, 102, 104-112, 114, 115,
　118, 256
　──条令, 1896年（シエラレオネ）
　105, 108
　──土地条令, 1927年（シエラレオネ）
　106-108, 114
ホワイトハイランド　14, 33, 37, 39-44,
　46-48, 53, 57, 125

【ま行】

マウマウ　17, 40, 42
マサイランド　57, 258, 268
マムダニ, マフムード　89
ミジケンダ人　36
ミドル・ジュバ　199, 200, 210, 213, 219
看做（みなし）占有権　122, 123, 129,
　131, 137, 139, 141
ミリフル　204, 217
無主地　9, 16, 24, 105, 124, 150-153, 158,
　166, 173, 190, 216
モイ, ダニエル・アラップ　46, 47
モガディシュ　212, 213, 215, 219
モブツ, セセ・セコ　18, 171, 172, 179-
　182, 189, 192, 263

【や行】

ヤシ油条令, 1913年　109, 114
ヨーロッパ系　7-10, 12-14, 18, 24, 32, 33,
　43, 44, 54, 55, 64, 68, 71-73, 75-80,
　84, 85, 90, 101, 124, 125, 130, 140,
　172, 173, 175, 176, 178, 180, 181, 188,
　191, 219, 255-259, 261, 262, 267
ヨーロッパ人→「ヨーロッパ系」を見よ

【ら行】

ラハンウェイン　200, 204, 217, 218
ランド・バンキング　212, 213
ランドグラブ　3, 20, 22, 110, 111, 113, 114,
　212, 213, 215, 219, 221, 260, 261, 266
リーバ兄弟社　108, 175
立法評議会　xii
リバーライン地域　204
リフトバレー州　15, 31, 42, 44, 46-48, 54
領域統治　5, 14, 21, 23, 31, 148, 189, 255,
　258-260
ルスト　227, 229, 247
ルワンダ　5, 15, 19-21, 23-25, 124, 127,
　141, 171-173, 182-189, 191-193, 256,
　258, 259, 261, 267
　──愛国戦線→「RPF」を見よ
レオポルド2世　11, 23, 172
ローアー・ジュバ　198-200, 202, 205, 212-
　214, 219, 220
ローズ, セシル　10, 65, 66, 69
ローデシア・ニアサランド連邦　80

【わ行】

ワタラ, A. D.　149, 161, 165

【ん行】

ンギル, チャリティ　52

複製許可およびPDF版の提供について

　点訳データ，音読データ，拡大写本データなど，視覚障害者のための利用に限り，非営利目的を条件として，本書の内容を複製することを認めます（http://www.ide.go.jp/Japanese/Publish/reproduction.html）。転載許可担当宛に書面でお申し込みください。

　また，視覚障害，肢体不自由などを理由として必要とされる方に，本書のPDFファイルを提供します。下記のPDF版申込書（コピー不可）を切りとり，必要事項をご記入のうえ，販売担当宛ご郵送ください。折り返しPDFファイルを電子メールに添付してお送りします。

　〒261-8545　千葉県千葉市美浜区若葉3丁目2番2
　　日本貿易振興機構 アジア経済研究所
　　研究支援部出版企画編集課　各担当宛

　ご連絡頂いた個人情報は，アジア経済研究所出版企画編集課（個人情報保護管理者－出版企画編集課長 043-299-9534）が厳重に管理し，本用途以外には使用いたしません。また，ご本人の承諾なく第三者に開示することはありません。

　　　　　　　　　アジア経済研究所研究支援部　出版企画編集課長

PDF版の提供を申し込みます。他の用途には利用しません。

武内進一編　『アフリカ土地政策史』【研究双書620】　2015年

住所 〒

氏名：　　　　　　　　　　　　年齢：
職業：
電話番号：
電子メールアドレス：

<ruby>武内<rt>たけうち</rt></ruby>　<ruby>進一<rt>しんいち</rt></ruby>（アジア経済研究所地域研究センター・センター長）

<ruby>津田<rt>つだ</rt></ruby>　みわ（アジア経済研究所地域研究センター・アフリカ研究グループ主任研究員）

<ruby>大山<rt>おおやま</rt></ruby>　<ruby>修一<rt>しゅういち</rt></ruby>（京都大学大学院アジア・アフリカ地域研究研究科准教授）

<ruby>落合<rt>おちあい</rt></ruby>　<ruby>雄彦<rt>たけひこ</rt></ruby>（龍谷大学法学部教授）

<ruby>池野<rt>いけの</rt></ruby>　<ruby>旬<rt>じゅん</rt></ruby>（京都大学大学院アジア・アフリカ地域研究研究科教授）

<ruby>佐藤<rt>さとう</rt></ruby>　<ruby>章<rt>あきら</rt></ruby>（アジア経済研究所地域研究センター・主任研究員）

<ruby>遠藤<rt>えんどう</rt></ruby>　<ruby>貢<rt>みつぎ</rt></ruby>（東京大学大学院総合文化研究科教授）

<ruby>児玉<rt>こだま</rt></ruby>　<ruby>由佳<rt>ゆか</rt></ruby>（アジア経済研究所地域研究センター・アフリカ研究グループ主任研究員）

―執筆順―

アフリカ土地政策史　　　　研究双書No.620

2015年11月13日発行　　　定価［本体3500円＋税］

編　者　　武内進一

発行所　　アジア経済研究所
　　　　　独立行政法人日本貿易振興機構
　　　　　〒261-8545　千葉県千葉市美浜区若葉3丁目2番2
　　　　　研究支援部　　電話　043-299-9735
　　　　　　　　　　　　FAX　043-299-9736
　　　　　　　　　　　　E-mail syuppan@ide.go.jp
　　　　　　　　　　　　http://www.ide.go.jp

印刷所　　日本ハイコム株式会社

Ⓒ独立行政法人日本貿易振興機構アジア経済研究所　2015

落丁・乱丁本はお取り替えいたします　　　　無断転載を禁ず

ISBN978-4-258-04620-1

「研究双書」シリーズ

(表示価格は本体価格です)

No.	タイトル	内容説明
619	**中国の都市化** 拡張,不安定と管理メカニズム 天児慧・任哲編　2015年　173p.　2,200円	都市化に伴う利害の衝突がいかに解決されるかは,その都市または国の政治のあり方に大きく影響する。本書は,中国の都市化過程で,異なる利害がどのように衝突し,問題がいかに解決されるのかを政治学と社会学のアプローチで考察したものである。
618	**新興諸国の現金給付政策** アイディア・言説の視点から 宇佐見耕一・牧野久美子編　2015年　239p.　2,900円	新興諸国等において貧困緩和政策として新たな現金給付政策が重要性を増している。本書では,アイディアや言説的要因に注目して新たな政策の形成過程を分析している。
617	**変容する中国・国家発展改革委員会** 機能と影響に関する実証分析 佐々木智弘編　2015年　150p.　1,900円	中国で強大な権限を有する国家発展改革委員会。市場経済化とともに変容する機能や影響を制度の分析とケーススタディーを通じて明らかにする。
616	**アジアの生態危機と持続可能性** フィールドからのサステイナビリティ論 大塚健司編　2015年　294p.　3,700円	アジアの経済成長の周辺に置かれているフィールドの基層から,長期化する生態危機への政策対応と社会対応に関する経験知を束ねていくことにより,「サステイナビリティ論」の新たな地平を切り拓く。
615	**ココア共和国の近代** コートジボワールの結社史と統合的革命 佐藤章著　2015年　356p.　4,400円	アフリカにはまれな「安定と発展の代名詞」と謳われたこの国が突如として不安定化の道をたどり,内戦にまで至ったのはなぜか。世界最大のココア生産国の1世紀にわたる政治史からの問いに迫る,本邦初のコートジボワール通史の試み。
614	**「後発性」のポリティクス** 資源・環境政策の形成過程 寺尾忠能編　2015年　223p.　2,700円	後発の公共政策である資源・環境政策の後発国での形成を「二つの後発性」と捉え,東・東南アジア諸国と先進国を事例に「後発性」が政策形成過程に与える影響を考察する。
613	**国際リユースと発展途上国** 越境する中古品取引 小島道一編　2014年　286p.　3,600円	中古家電・中古自動車・中古農機・古着などさまざまな中古品が先進国から途上国に輸入され再使用されている。そのフローや担い手,規制のあり方などを検討する。
612	**「ポスト新自由主義期」ラテンアメリカにおける政治参加** 上谷直克編　2014年　258p.　3,200円	本書は,「ポスト新自由主義期」と呼ばれる現在のラテンアメリカ諸国に焦点を合わせ,そこでの「政治参加」の意義,役割,実態や理由を経験的・実証的に論究する試みである。
611	**東アジアにおける移民労働者の法制度** 送出国と受入国の共通基盤の構築に向けて 山田美和編　2014年　288p.　3,600円	東アジアがASEANを中心に自由貿易協定で繋がる現在,労働力の需要と供給における相互依存が高まっている。東アジア各国の移民労働者に関する法制度・政策を分析し,経済統合における労働市場のあり方を問う。
610	**途上国からみた「貿易と環境」** 新しいシステム構築への模索 箭内彰子・道田悦代編　2014年　324p.　4,200円	国際的な環境政策における途上国の重要性が増している。貿易を通じた途上国への環境影響とその視座を検討し,グローバル化のなか実効性のある貿易・環境政策を探る。
609	**国際産業連関分析論** 理論と応用 玉村千治・桑森啓編　2014年　251p.　3,100円	国際産業連関分析に特化した体系的研究書。アジア国際産業連関表を例に,国際産業連関表の理論的基礎や作成の歴史,作成方法,主要な分析方法を解説するとともに,さまざまな実証分析を行い,その応用可能性を探る。
608	**和解過程下の国家と政治** アフリカ・中東の事例から 佐藤章編　2013年　302p.　3,700円	紛争勃発後の国々では和解の名のもとにいかなる動態的な政治が展開されているのか。そしてその動態が国家のあり方にどのように作用するのか。綿密な事例研究を通して紛争研究の新たな視座を探究する。
607	**高度経済成長下のベトナム農業・農村の発展** 坂田正三編　2013年　236p.　2,900円	高度経済成長期を迎え,ベトナムの農村も急速に変容しつつある。しかしそれは工業化にともなう農村経済の衰退という単純な図式ではない。ベトナム農業・農村経済の構造的変化を明らかにする。